智慧劳动
教育教程

董亮 谢自贵 刘国懂 饶晓雯 主 编

肖丽 钟海斌 刀源 肖兰 钱勇 张议丹 马秋 张玉娟 副主编

清华大学出版社

北京

内 容 简 介

本书深入贯彻《中共中央、国务院关于全面加强新时代大中小学劳动教育的意见》精神,融合劳动实践教育的新内涵和新要求,从理论到实践,全面阐述新时代智慧劳动实践的内涵和特点,旨在培养具备现代劳动素养与创新能力的新时代人才。

本书采用模块化编写方法,结构清晰、重点突出;以案例阅读和任务实践的形式,直观展现智慧劳动对学生个人发展的积极影响;从多个维度融入课程思政理念,引导学生树立正确的劳动观。

本书适合作为高等学校"劳动教育"课程的教材,也可作为所有参与劳动教育的教师、辅导员及相关教育工作者的参考用书。

图书在版编目(CIP)数据

智慧劳动教育教程 / 董亮等主编. -- 北京 :清华大学出版社,
2025. 8. -- ISBN 978-7-302-70074-6

Ⅰ. G40-015

中国国家版本馆 CIP 数据核字第 202562GH72 号

责任编辑:付弘宇　李　燕
封面设计:刘　键
责任校对:韩天竹
责任印制:杨　艳

出版发行:清华大学出版社
　　　　　网　　　址:https://www.tup.com.cn,https://www.wqxuetang.com
　　　　　地　　　址:北京清华大学学研大厦 A 座　　　邮　　编:100084
　　　　　社 总 机:010-83470000　　　　　　　　　邮　　购:010-62786544
　　　　　投稿与读者服务:010-62776969,c-service@tup.tsinghua.edu.cn
　　　　　质量反馈:010-62772015,zhiliang@tup.tsinghua.edu.cn
　　　　　课件下载:https://www.tup.com.cn,010-83470236
印 装 者:北京同文印刷有限责任公司
经　　销:全国新华书店
开　　本:185mm×260mm　　印　张:14.5　　　　　　字　　数:362 千字
版　　次:2025 年 8 月第 1 版　　　　　　　　　　　印　　次:2025 年 8 月第 1 次印刷
印　　数:1~2000
定　　价:49.80 元

产品编号:111617-01

前 言

2020 年 3 月 20 日,中共中央、国务院印发了《中共中央、国务院关于全面加强新时代大中小学劳动教育的意见》,对构建德智体美劳全面发展的教育体系提出了新的要求,并明确了新时代学校劳动教育的重要意义和实施路径。在此背景下,智慧劳动实践作为新时代劳动教育的重要组成部分,不仅拓展和创新了传统劳动实践模式,更顺应了数字化、智能化时代的发展需求,致力培养具备现代劳动素养与创新能力的新时代人才。

结合智慧劳动实践的新内涵和新要求,我们组织了一批长期坚守在一线的职业院校教师编写了本书。在编写过程中,始终坚持"劳动创造美好生活"的育人理念,力求从理论到实践,全面阐述新时代智慧劳动实践的内涵和特点。

本书既保留了传统劳动教育教材的优点,又富有新的特色,主要体现在以下 4 方面。

(1) 全面贯彻新时代智慧劳动教育的要求。本书严格按照《大中小学劳动教育指导纲要(试行)》编写,紧密结合人工智能、物联网等现代智能科技发展趋势,创新性地将无人机技术引入劳动教育实践,涵盖智慧绿色校园、智能投送、智慧农业等多个领域,为学生提供系统化的智慧劳动实践内容。

(2) 提供丰富的案例材料。本书针对大学生身心特点和思想状况,通过国内外智慧劳动领域的优秀案例,如"构建智慧绿色校园——寻找校园最佳垃圾站点""小型物资精准投递比赛""智慧农业——利用无人机喷洒农药"等,以案例阅读和任务实践的形式,直观展现智慧劳动对学生个人发展的积极影响。学生可以通过理论结合案例的学习方式,更高效地掌握劳动教育的知识。

(3) 采用模块化结构,助力教师开展智慧劳动的教学与实践。本书采用模块化编写方法,包含"引言""认知目标""能力目标""素养目标""课程思政""任务技术指标""任务描述"等模块,结构清晰,重点突出,便于教师组织课堂教学和实践活动。

(4) 结合课程思政建设,提升大学生的劳动素养。本书从劳动综述、劳动教育思想、劳动精神、工匠精神、劳模精神、家庭/学校和社会劳动实践以及智慧劳动实践等多个维度,融入课程思政理念,引导学生树立正确的劳动观,提升社会责任感。同时,设置"实践任务""任务自评"等内容,鼓励学生在实践中培养劳动创新思维,形成良好的劳动习惯。

本书由云南特殊教育职业学院董亮、饶晓雯老师和云南科技信息职业学院谢自贵、刘国懂老师担任主编,云南科技信息职业学院肖丽、钟海斌、刀源、肖兰、钱勇、张议丹、马秋和张玉娟老师担任副主编。项目 1 由董亮、刘国懂老师编写,项目 2 由董亮、肖兰老师编写,项目 3 由董亮、张议丹老师编写,项目 4 由董亮、钱勇老师编写,项目 5 由肖丽、马秋老师编写,项目 6～8 由谢自贵老师编写,项目 9 由钟海斌、刀源老师编写。实践任务 1～8 由董亮、张玉娟老师编写,实践任务 9～23 由饶晓雯、张玉娟老师编写。参加编写的老师还有云南科技信息职业学院陈敏、方玉峰、李玉英、梁希芳、张红、王智军、徐江和夏友巧。本书在编写过程中得到了其他兄弟院校的大力支持和帮助,在此一并表示感谢。同时,我们在编写过程中参考了诸多与智慧劳动实践相关的文献、资料,对这些文献、资料的编著者表示衷心的感谢。

由于编者水平有限,书中错误和不妥之处在所难免,敬请广大读者批评指正。

编　者

2025 年 7 月

理 论 篇

实践篇　劳动实践指导手册

理论篇

项目 1

劳 动 综 述

通过本课程的学习，大学生可以熟悉劳动的含义、本质、类型和特征，为深入研究劳动价值理论、掌握劳动法规、明确劳动者权利与义务、构建完整的劳动知识体系奠定坚实基础。

通过本课程的学习，大学生能运用所学知识分析就业市场、职场中的劳动现象，如就业竞争、职业倦怠等问题，并提出可行对策。同时，熟练掌握与专业相关的劳动技能，积极参与实践，在团队劳动中学会沟通协作，提升组织协调能力，还能在劳动中大胆创新，探索新方法。

通过本课程的学习，大学生可以深刻领会"劳动最光荣、劳动最崇高、劳动最伟大、劳动最美丽"的劳动思想，摒弃不劳而获的错误观念，养成主动劳动、勤奋敬业的习惯；并且，将个人劳动与国家发展紧密相连，关注社会劳动问题，如就业不平等、劳动权益保障不足等，积极投身公益劳动、社区服务，以实际行动为社会进步贡献力量，实现个人成长与社会发展的同频共振。

2024 年荣获全国五一劳动奖的部分集体代表在大会上的合影如图 1-1 所示。

图 1-1　2024 年荣获全国五一劳动奖的部分集体代表在大会上的合影

认知目标

- 清晰认识劳动和劳动教育的内涵，区分不同劳动形态，深入理解劳动价值理论，阐述劳动在经济、文化和社会结构中的核心地位；

- 掌握劳动教育的重要性。

能力目标

- 运用劳动经济理论分析就业市场趋势，为自身职业规划制定合理策略；
- 针对劳动实践中的问题，提出创新解决方案，设计并实施劳动改进计划；
- 学会通过合法途径维护自身及他人劳动权益，妥善处理劳动争议。

素养目标

- 养成主动参与劳动的习惯，在校园和社区劳动中展现积极态度和责任感；
- 培养劳动创新思维，在团队劳动中有效沟通协作，提升劳动效率。

课程思政

- 坚定"幸福生活都是奋斗出来的"信念，将个人职业理想与国家发展紧密相连；
- 树立正确的劳动价值观，尊重所有劳动者和劳动成果，抵制不劳而获的思想。

1.1 劳动内涵

1.1.1 劳动的含义

劳动是人类生活中的一种普遍现象。它不仅涉及物质生产活动，也深刻关联到人的存在、社会关系以及人类历史的发展。劳动是一个复杂而多维的概念。

劳动是人类生存和发展的基础。马克思认为，劳动是人类社会生存和发展的基础。从字面意思看，劳动指发生在人与自然界之间的活动。其实质是通过人的有意识、有一定目的的自身活动来调整和控制自然界，使之发生物质变换，即改变自然物的形态或性质，为人类的生活和自身的需要服务。

劳动是主体、客体和意义的内涵集成体。从哲学意义来看，恩格斯曾指出"劳动创造了人本身"，强调了劳动对于人的本质形成的重要性。马克思进一步发展了这一观点，将劳动视为人的生命活动，认为通过劳动，人能够实现自我发展和完善。这种观点超越了简单的生产活动，强调了劳动在实现人的全面发展中所起的作用。劳动是人类运动的一种特殊形式。

劳动是劳动力的支出和使用。马克思给出了这样的定义："劳动力的使用就是劳动本身。劳动力的买者消费劳动力，就是叫劳动力的卖者劳动。"劳动不仅是人类创造物质财富的过程，也是人类自我实现和社会关系形成的重要途径。劳动创造了人本身，是理解全部人类社会历史的钥匙。这表明，劳动在人类历史和社会结构中占据着核心地位，具有伦理和社会价值。

另外，书籍中也对劳动教育作出了解释。《中国大百科全书(哲学卷)》将劳动定义为：人类特有的基本的社会实践活动，是指人通过有目的的活动改造自然对象，并在这一活动中改造人自身的过程。劳动体现了人与自然、人与人两方面关系的统一。《教育大辞典》将劳动定义为：劳动力的使用和消费，是人以自身活动来引起、调整和控制人和自然之间的物质变换过程。制造和使用生产工具，并在一定的社会关系中进行劳动，是人和动物的本质区别。《辞海》认为劳动是人们改变劳动对象使之适合自己需要的有目的的活动，即劳动力的支出或使用，是人类社会存在和发展的最基本条件。《50000 词现代汉语词典》将劳动解释为：人类创造物质或精神财富的活动。如前所述，马克思在《资本论》中对劳动作了具体的论述：劳动力的使用就是劳动本身。劳动是人的自我实现，是人的体力和智力的表现；在劳动这一真正的活动过程中，人使自己得到了发展，成为人自身；劳动不仅是达到目的即产品的手段，而且是目的本身，是人的本质能力的一种有意义的表现，因而劳动是一种享受。

以上几种表述虽措辞有所不同，但基本内涵是一致的，即可将劳动定义为：劳动是人类特有的，为满足自身的物质和精神需要，有目的地调整和控制人和自然界之间的物质变换过程的一种改变自然物的社会实践活动。

【案例分享】

古诗词里的劳动美

翻开我国古代诗歌作品，历代文人墨客写下了许多关于古人辛勤劳动的诗篇，抒发了歌颂劳动之美、劳动之乐的美好情怀。《诗经》是我国最早的一部诗歌总集，里面有大量描绘劳动生产的农事诗。如著名的《伐檀》，一开头就说"坎坎伐檀兮，置之河之干兮"，这是一首描写伐木工人日常劳作的民歌。《芣苢》诗曰："采采芣苢，薄言采之。采采芣苢，薄言有之。采采芣苢，薄言掇之。"这是农妇采摘车前草时所唱的歌谣，既生动又欢快，热情歌颂了劳动人民热爱劳动的高贵品质。

陶渊明不为五斗米折腰，甘愿归田务农，他把农活写进诗里，充满诗情画意。譬如他的《归园田居》："种豆南山下，草盛豆苗稀。晨兴理荒秽，带月荷锄归。道狭草木长，夕露沾我衣。衣沾不足惜，但使愿无违。"全诗平淡自然，清新质朴，言简意赅，真挚感人，抒写了他对田园生活的热爱以及享受田园劳作之乐的惬意、闲适的心情。他在《庚戌岁九月中于西田获早稻》一诗中写道："人生归有道，衣食固其端。孰是都不营，而以求自安。"告诫人们要自食其力，勤奋劳动，如果什么事都不做，又怎么能解决自己的温饱问题呢？

白居易在《观刈麦》里把劳动的艰辛描绘得细致入微，生动感人。"田家少闲月，五月人倍忙。夜来南风起，小麦覆陇黄。妇姑荷箪食，童稚携壶浆。相随饷田去，丁壮在南冈。足蒸暑土气，背灼炎天光。力尽不知热，但惜夏日长。"五月，是麦收时节。妇女领着小孩往田野去，给正在割麦劳作的男子送饭送水。这些农民在麦田埋头割麦，脚下暑气熏蒸，背上烈日烘烤，累得筋疲力尽也不觉得炎热，为的是珍惜夏天昼长能够多干点活。他的另一首名作《卖炭翁》，也充满了对劳动人民的真挚感情，引人深思，扣人心弦。

晚唐诗人罗隐有《蜂》云："不论平地与山尖，无限风光尽被占。采得百花成蜜后，为谁辛苦为谁甜？"这首寓言诗赞美了蜜蜂辛勤劳动的高尚品格，寓意着劳动光荣。劳动让人们拥有了幸福的生活，劳动让人们收获了成就和荣誉。

南宋诗人范成大的《四时田园杂兴》，用清新自然的笔调，描写了农忙时节紧张的劳动氛围和富有生趣的乡村生活："昼出耘田夜绩麻，村庄儿女各当家。童孙未解供耕织，也傍桑阴学种瓜。"农忙时节，大人们早出晚归，白天种田晚上搓麻，就连不会耕田和织布的小孩子，也学着大人的样子种起瓜来。好一幅热烈而生动的劳动生产图。

"富贵本无根，尽从勤里得。"人世间的一切幸福都需要靠辛勤的劳动来创造。劳动最光荣，劳动最崇高，劳动最伟大，劳动最美丽。崇尚劳动、热爱劳动、尊重劳动永远是中华民族的传统美德。

（资料来源：钟芳.古诗歌中的劳动美.读书,2019 年 19 期.有改动）

1.1.2 劳动的特征

1. 人类专属性

从表面上来看,劳动作为一种活动,是对自身生活有用的自然物质的占有,这与自然界动物的活动没有什么区别。例如,蜘蛛通过织网来捕食猎物,蜜蜂通过建造蜂房来储存蜂蜜,燕子通过衔草筑巢来繁殖后代。然而,动物的这些活动不能称为劳动,因为它们是动物生存的本能。人的劳动和动物的本能活动最不同的地方是,人的劳动是由自觉意识支配的、能动的且具有一定目的的活动。

【拓展阅读】

人与动物的区别

在恩格斯的思想中,劳动创造了人类自身,人类是从动物中经过长期的实践活动发展而来的。人类利用劳动来认识自然和改造自然,从而在自然属性的基础上发展出社会属性,通过劳动使人成为区别于其他动物的真正的人。恩格斯在《自然辩证法》中指出:"动物仅利用外部自然界,简单地通过自身的存在在自然界中引起变化;而人则通过他所作出的改变来使自然界为自己的目的服务,来支配自然界。这便是人与其他动物的最终的本质差别,而造成这一差别的又是劳动。"人与动物都是自然界的一部分,人与动物一样需要从自然界中获取生存资料,从而维系自身的生存、繁衍和发展。人在依靠自然界生存的过程中,逐渐通过劳动实践,使手解放,进而产生了语言,最终实现了从猿脑到人脑的过渡和意识的产生,使人类不断发展。而动物依然维持着它们最基本的生存需要,通过利用自然界来使自身生存下去。

(资料来源:中共中央马克思恩格斯列宁斯大林著作编译局.马克思恩格斯选集(第4卷).北京:人民出版社,1995.整理改写)

2. 自觉意识和能动性

马克思指出:"蜘蛛的活动与织工的活动相似,蜜蜂建筑蜂房的本领使人间的许多建筑师感到惭愧。但是,最蹩脚的建筑师从一开始就比最灵巧的蜜蜂高明的地方,是他在用蜂蜡建筑蜂房以前,已经在自己的头脑中把它建成了。"人类的劳动不仅知道为什么去做、怎样去做,而且知道将会做成什么样,这些就是人类劳动和动物本能活动之间的本质区别。

【拓展阅读】

劳动产生意识

劳动是人类生活中的第一个基本条件。而在达成这个基本条件的过程中,劳动创造了人区别于动物的特征,即手的解放、语言的产生和人脑的形成等。首先,劳动解放了手。古代类人猿由于自然界的变化,生活方式也随之改变,从森林走向平地生存与发展。"这种猿类,大概受在攀缘时手干着和脚不同的活这样一种生活方式的影响,在平地上行走时开始摆脱用手帮忙的习惯,逐渐以直立姿势行走。由此迈出了从猿到人的具有决定意义的一步。"由于直立行走,手就被解放出来了,手的功能大大增强。其次,劳动产生了语言。在劳动过程中,人们相互帮助和共同协作的场景增多,随之产生了人们之间交流思想的需求,进而促使发音器官发展,发出一个接一个清晰的音节。语言是从劳动中产生并同劳动一起发展的,这是其他动物无法比拟的。再次,劳动产生了人脑。"首先是劳动,然后是语言和劳动一起,成了两个最主要的推动力,在它们的影响下,猿脑逐渐过渡到人脑。"人脑比猿脑完善得多。伴随着人脑的发展,感觉器官也发展起来,而且越来越灵敏,这是其他动物无法超越的。劳动使猿转变成人,使人的手得以解放,使人的语言得以产生,使人的脑得以形成,使人的感觉器官得以发达,进而产生了人的意识,所以意识也是劳动的产物。

(资料来源:中共中央马克思恩格斯列宁斯大林著作编译局.马克思恩格斯选集(第4卷).北京:人民出版社,1995.整理改写)

3. 劳动创造性

劳动具有自觉意识和能动性,它是有目的的活动。然而,有自觉能动意识、有目的性的活动,并不都是劳动。因为人是有意识和思想的,人的一切活动都受意识的支配。例如,旅游、跳舞、吃饭、睡觉,虽然具有目的性,但不能称为劳动。只有那些能够创造出物质财富和精神财富的创造性活动,才能称为劳动。而前面所说的消费性活动,则不能称为劳动。

【案例分享】

"社会主义是干出来的,幸福是奋斗出来的"

"社会主义是干出来的,幸福是奋斗出来的。"2020年6月8日下午,习近平总书记在宁夏吴忠市利通区金花园社区考察时这样强调。

2016年7月,同样是在宁夏,习近平总书记在宁东能源化工基地考察时发出了"社会主义是干出来的"响亮号召,强调民族复兴事业前途光明,全面建成小康社会胜利在望,我们要埋头苦干、真抓实干,不断取得一个个丰硕成果。

中华民族向来以勤劳著称于世,"中国人民是具有伟大奋斗精神的人民"。2018年3月,在第十三届全国人民代表大会第一次会议上的讲话中,习近平总书记从八个方面高度概括了中国人民"革故鼎新、自强不息"取得的成果:"开发和建设了祖国辽阔秀丽的大好河山,开拓了波涛万顷的辽阔海疆,开垦了物产丰富的广袤粮田,治理了桀骜不驯的千百条大江大河,战胜了数不清的自然灾害,建设了星罗棋布的城镇乡村,发展了门类齐全的产业,形成了多姿多彩的生活。"正是在这样的伟大实践中,中国人民明白了一个简单却又深刻的道理:世界上没有坐享其成的好事,要幸福就要奋斗。

"今天,中国人民拥有的一切,凝聚着中国人的聪明才智,浸透着中国人的辛勤汗水,蕴含着中国人的巨大牺牲。"经过70多年的不懈奋斗,神州大地沧海桑田换了人间:从一穷二白,到成为世界第二大经济体,成为世界经济增长的主要动力源;从连火柴、煤油都要进口,到成为唯一拥有联合国产业分类目录中全部工业门类的制造业第一大国;从民不聊生、食不果腹,到建成覆盖十几亿人的世界最大社会保障网,7亿多农村贫困人口成功脱贫,人民生活迈向全面小康,精神面貌焕然一新……历史深刻证明,对于中国这样一个有着14亿人口的大国来说,好日子等不来、要不来,唯有奋斗,别无他路。

历史的航程,是由一段一段的奋斗连接起来的。经过长期努力,中国特色社会主义进入了新时代,但中华民族伟大复兴绝不是轻轻松松、敲锣打鼓就能实现的。"我们具备过去难以想象的良好发展条件,但也面临着许多前所未有的困难和挑战。"2020年是第一个百年奋斗目标的收官之年,在决胜全面建成小康社会、决战脱贫攻坚到了"临门一脚"的关键时刻,又遭遇疫情影响,困难和挑战叠加,容不得有半点懈怠。

"社会主义是干出来的!"全党全国人民牢记习近平总书记的嘱托,不忘初心、牢记使命、奋发有为,就必定能创造属于新时代的光辉业绩。

(资料来源:社会主义是干出来的,幸福是奋斗出来的.求是网,2025年3月.整理改写)

1.1.3　劳动的分类

人们按照不同的标准、从不同的角度,可以将劳动分成不同的种类,下面介绍几种不同的分类方式。

1. 体力劳动、脑力劳动和生理力劳动

一般的人类劳动由体力劳动、脑力劳动与生理力劳动按照不同的比例关系组合而成。

体力劳动是指以人体肌肉与骨骼的活动为主,以大脑和其他生理系统的活动为辅的人类劳动。体力劳动强度分级是中国制定的劳动保护工作科学管理的一项基础标准,是确定体力劳动强度大小的依据。应用这一标准,可以明确工人从事体力劳动强度较大的重点工种或工序,以便有重点、有计划地减轻工人的体力劳动强度,提高劳动生产率。体力劳动强度按劳动强度指数大小分为:Ⅰ级体力劳动(轻劳动)、Ⅱ级体力劳动(中等劳动)、Ⅲ级体力劳动(重劳动)、Ⅳ级体力劳动(极重劳动)四种。

脑力劳动是指以大脑神经系统的活动为主,以其他生理系统的活动为辅的人类劳动。脑力劳动是以脑力消耗为主的劳动,是质量较高的复杂劳动。其特征在于劳动者在生产中运用的是智力、科学文化知识和生产技能,故亦称"智力劳动"。脑力劳动分为四种基本形态:创造知识的脑力劳动、传授知识的脑力劳动、管理知识的脑力劳动和实现知识的脑力劳动。

生理力劳动是指除了体力劳动和脑力劳动以外的其他形式的人类劳动。生理力劳动分为恢复性生理力劳动、加强性生理力劳动、生育性生理力劳动三种。例如,人口的生产过程虽然以生理力劳动为主,但也伴随着一定的体力劳动和脑力劳动。

【拓展阅读】

脑力劳动的"四种形态"

一是创造知识的脑力劳动。其职能是对自然科学和社会科学进行创造性的研究、探讨,劳动成果表现为精神产品,即应用自然科学、理论自然科学和理论社会科学。创造知识的脑力劳动是潜在的生产力,一般不直接形成价值,但科学技术日益成为直接生产力。

二是传授知识的脑力劳动。其职能是从事传授知识和技术的教育工作,劳动成果表现为知识转移,使更多的人掌握更多的文化、科学技术。这类劳动一般也不直接创造价值,而是通过培养人、提高劳动者的质量来间接创造价值。

三是管理知识的脑力劳动。其职能是进行宏观经济和微观经济管理及其他管理,组织生产,调节生产关系和生产力之间的矛盾、生产力内部的矛盾,劳动成果表现为国家、社会部门、企业管理水平的提高。这种形态的脑力劳动通过组织管理,将潜在的生产力转化为现实的生产力。

四是实现知识的脑力劳动。其职能是将人类创造的和学习到的知识技术付诸实践,变为现实的生产力。劳动成果表现为物质产品或劳务的增加、非物质生产的发展。这种类型的脑力劳动、属于物质生产领域的部分直接创造价值,属于非物质生产领域的部分间接影响价值。

(资料来源:顾明远.教育大辞典.上海:上海教育出版社,1998.有改动)

2. 具体劳动和抽象劳动

马克思在剖析商品的价值和使用价值的时候指出:生产商品的劳动有两方面,即生产使用价值的具体劳动和生产价值的抽象劳动。

具体劳动也称为有用劳动,是指在一定的具体形式下进行的劳动。具体劳动包括劳动目的、劳动工具、劳动对象、操作方法和劳动结果五个要素。劳动的目的、使用的工具、加工的物质对象和采用的操作方法不同,便可生产出具有不同使用价值的物品。例如,木匠制造家具的具体劳动,是用斧子、锯、刨、凿等劳动工具对木材等劳动对象进行加工,结果生产出桌、椅、柜、床等产品;农民种地的具体劳动则是用拖拉机、收割机、犁、耙等劳动工具,进行翻地、播种、收割等活动,从而收获农产品。我们可以看到,由于生产的使用价值众多,因此相应的具体劳动方式也很多。具体劳动体现着人和自然的关系。

抽象劳动是指撇开劳动的具体形式的一般人类劳动。尽管生产商品的劳动的具体形式千差万别,但它们都是人类劳动力的耗费,这是无差别的。不论种地还是织布,都是人类劳动力的支出,即人的脑、肌肉、神经、手等的生理耗费。从这个意义上来说,种地和织布的劳动,不过是耗费人类劳动力的两种不同的形式。这种抽去了具体形式的一般人类劳动,就是抽象劳动,它形成商品的价值。

以手机这个商品为例,具体劳动创造的是商品的使用价值,即人们使用手机满足自身需求的价值;抽象劳动形成的是商品的价值实体,商品价值体现的是人类劳动本身,是一般人类劳动的耗费,即制造手机所耗费的劳动力、体力和脑力等。

3. 简单劳动和复杂劳动

简单劳动是指不必经过特别训练、每个正常的劳动者都能从事的劳动。复杂劳动是需要经过专门训练、具有一定技术专长的劳动者才能从事的劳动。它包含着比较多的技巧和知识的运用,是倍加的简单劳动。马克思指出:"比社会平均劳动较高级较复杂的劳动,是这样一种劳动力的表现,这种劳动力比普通劳动力需要较高的教育费用,它的生产要花费较多的劳动时间。因此它具有较高的价值。"

【拓展阅读】

如何区分简单劳动和复杂劳动

20 世纪 80 年代中期,"脑体倒挂"现象普遍存在,当时社会上流行"造原子弹的不如卖茶叶蛋的""拿手术刀的不如拿剃头刀的"等俗语。商品的价值是凝结在商品中的无差别的人类劳动,价值量的大小则由生产商品的社会必要劳动时间决定,生产商品所耗费的劳动量越大,商品价值量也越大。但是,在相同的时间内,复杂程度不同的劳动所创造的价值量是不同的,复杂劳动所创造的价值量等于自乘的或倍加的简单劳动所创造的价值量。所以,在相同的时间内,造原子弹的和拿手术刀的复杂劳动所创造的价值量远远大于卖茶叶蛋的和拿剃头刀的简单劳动所创造的价值量。

4. 必要劳动和剩余劳动

必要劳动是指劳动者为生产维持劳动力再生产所必需的那部分社会产品而耗费的劳动。劳动者为维持本人及其家属的生活、再生产劳动力,需要一定的社会产品,这部分产品称为必要产品。生产必要产品所耗费的劳动称为必要劳动。从事这种劳动的时间称为必要劳动时间。必要劳动时间的长短一方面取决于必要产品的数量和范围,另一方面取决于劳动生产率的高低。在必要产品的数量和范围既定的条件下,劳动生产率是决定必要劳动时间长短的主要因素。

剩余劳动是指超过维持劳动力生产和再生产需要的劳动。在私有制社会中,它是被剥削者所占有的劳动。在社会主义社会中,剩余劳动仍将长期存在,且剩余劳动所创造的产品归社会支配,用于扩大再生产和提高劳动者的物质和文化生活水平。

例如,如果你是一名开挖掘机的工人,今天开挖掘机10小时,给公司创造了500元的价值(平均每小时50元),老板给你发了200元工资,你今天除吃饭外的各种开销为100元。那么你的必要劳动所创造的价值就是这100元,折合劳动时间为2小时,也就是说,你今天只要工作2小时就足以支付各方面的开销,而多工作这8小时就是剩余劳动。也正是因为你多工作了8小时,为整个社会创造了财富,人类社会的物质资料才得以极大发展。

此外,依据其他的分类标准,还可以将劳动分为技术性劳动与非技术性劳动、生产性劳动和劳务性劳动;物质生产劳动和精神生产劳动、私人劳动和社会劳动等。

【案例分享】

贺　年

劳动是最有滋味的事。肯劳动,连过年都更有滋味,更多乐趣。

记得当初我还是个孩子的时候,家里很穷,所以母亲在一入冬就必积极劳动,给人家浆洗大堆大堆的衣服,或代人赶作新大衫等,以便挣到一些钱,作过年之用。

姐姐和我也不能闲着。她帮母亲洗、作;我在一旁打下手儿——递烙铁、添火、送热水与凉水等等。我还兼管喂狗、扫地,和给灶王爷上香。我必须这么作,以便母亲和姐姐多赶出点儿活计来,增加收入,好在除夕与元旦吃得上包饺子!

快到年底,活计都交出去,我们就忙着筹备过年。我们的收入有限,当然不能过个肥年。可是,我们也有非办不可的事:灶王龛上总得贴上新对联,屋子总得大扫除一次,破桌子上已经不齐全的铜活总得擦亮,猪肉与白菜什么的也总得多少买一些。由大户人家看来,我们的这点筹办工作的确简单的可怜。我们自己却非常兴奋。

我们当然兴奋。首先是我们过年的那一点儿费用是用我们自己的劳动换来的,来得硬来得正。每逢我向母亲报告:当铺刘家宰了两口大猪,或放债的孙家请来三堂供佛的、像些小塔似的头号"密供",母亲总会说:咱们的饺子里菜多肉少,可是最好吃!当时,我不大明白为什么菜多肉少的饺子反倒最好吃。在今天想起来,才体会到母亲的话确有很高的思想性。是呀,第一我们的饺子不是由开当铺或放高利贷得来的,第二我们的饺子是亲手包的,亲手煮的,怎么能不最好吃呢?刘家和孙家的饺子想必是油多肉满,非常可口,但是我们的饺子会使我们的胃里和心里一齐舒服。

劳动使我们穷人骨头硬,有自信心。回忆起来,在那黑暗的岁月里,我们一家子闯过了一关又一关,终于挣扎过来,得到解放,实在不能不感谢共产党,也不能不提到母亲的热爱劳动。她不懂得革命,可是她使儿女们相信:只要手脚不闲着,便不会走到绝路,而且会走得嘡嘡的响。

我还体会到:劳动会使我们心思细腻。任何工作都不是马马虎虎就能作好的。马马虎虎,必须另作一回,倒不如一下手就仔仔细细,作得妥妥帖帖。劳动与取巧是结合不到一处的。要不怎么劳动能改变人的气质呢。

(资料来源:老舍.老舍儿童文学作品选.长沙:湖南文艺出版社,2013.有删减)

1.2 劳动教育

1.2.1 劳动教育的内涵

《辞海》从德育的角度对劳动教育进行了定义：劳动教育是德育的内容之一，是对学生进行热爱劳动和劳动人民，珍惜劳动成果，树立正确的劳动观点和劳动态度，通过日常生活培养劳动习惯和技能的教育活动。

《中国大百科全书》对劳动教育的定义为：劳动教育是使学生树立正确的劳动观点和劳动态度，热爱劳动和劳动人民，养成劳动习惯的教育，是德育的内容之一。

2020 年 3 月 20 日，中共中央、国务院联合发布《关于全面加强新时代大中小学劳动教育的意见》，其中对劳动教育基本内涵的解释是：劳动教育是国民教育体系的重要内容，是学生成长的必要途径，具有树德、增智、强体、育美的综合育人价值。实施劳动教育重点是在系统的文化知识学习之外，有目的、有计划地组织学生参加日常生活劳动、生产劳动和服务性劳动，让学生动手实践、出力流汗、接受锻炼、磨炼意志，培养学生正确的劳动价值观和良好的劳动品质。

综上所述，劳动教育是有目的、有计划地向学生传递劳动知识和劳动技能，培养学生良好的劳动态度和劳动习惯，让学生形成正确的劳动价值观和具有一定的劳动权益意识，提升学生劳动素养的教育活动。

1.2.2 劳动教育的内容

1. 劳动价值观

劳动价值观教育让学生认识到劳动的意义、劳动的价值，使学生能够理解马克思主义劳动价值论和中国特色社会主义劳动价值观。习近平总书记指出："教育引导学生崇尚劳动、尊重劳动，懂得劳动最光荣、劳动最崇高、劳动最伟大、劳动最美丽的道理，长大后能够辛勤劳动、诚实劳动、创造性劳动。"让学生认识到"不劳而获""好逸恶劳"是可耻的行为，从而培养学生对劳动的情感，使其热爱劳动、乐于劳动，逐步形成对劳动正确的态度和价值观。

2. 劳动情感和态度

劳动情感是指一个人基于情感满足需要的程度而形成的对劳动的良性心理体验和情感依赖关系。对大学生劳动情感的教育有助于激发大学生的学习热情，使其形成尊重劳动成果和尊重劳动人民的深厚感情，发扬艰苦奋斗的优良传统，促进大学生全面和谐发展。劳动态度是个人对劳动所持的肯定或否定情感的程度，反映个体进入劳动行为的准备状态，是一种比较稳定的心理倾向。对大学生劳动态度的教育主要包括热爱劳动教育、辛勤劳动教育、诚实劳动教育、创造性劳动教育、合法性劳动教育，让他们形成对劳动的正确态度。

3. 劳动科学知识与能力

大学生阶段的劳动教育，主要是明确劳动科学体系，掌握劳动科学知识。大学生应当掌握一定的劳动理论知识、劳动法律知识、劳动保护知识、劳动就业知识以及劳动心理健康知识等。要重视新知识、新技术、新工艺、新方法的应用,创造性地解决实际问题,培养学生面对重大疫情、灾害等危机主动作为的奉献精神。要加强对大学生的劳动科学教育,使其初步了解和掌握有关劳动最基本的知识结构,逐步形成对劳动的科学认知,在日常活动中要进行科学劳动,避免劳动异化。当代大学生还应具备作为劳动者最基本的自我管理能力、时间管理能力以及沟通能力等具有个体心理特质的劳动能力。同时,教育要让学生正确认识劳动中遇到的困难和压力,学会自我调适;让学生具备"干一行、爱一行、做一行、钻一行"的心理品质,无论从事什么劳动,都要努力做到精益求精、追求卓越。

4. 劳动实践

对学生进行劳动教育,不仅要重视劳动理论知识的学习,更要重视劳动实践活动,否则理论就显得苍白无力。劳动的成就感不是说出来、听出来、讲出来的,而是从实践中体悟出来的。劳动精神也是在劳动实践中培养出来的。在劳动过程中的付出可以培养积极的劳动价值观,让学生热爱劳动。组织大学生参加生产劳动和社会服务,倡导大学生参加志愿服务等公益活动。引导大学生运用所学知识和技能服务人民,鼓励大学生进行科技创新,在社会实践中参与技术改造、工艺革新、先进适用技术传播,为经济社会发展献计出力。帮助大学生开展勤工助学活动,组织大学生进行"红色之旅"学习参观、"三下乡"和"四进社区"等活动。通过劳动实践,让学生体会劳动创造美好生活,体认劳动不分贵贱,热爱劳动,尊重普通劳动者,培养勤俭、奋斗、创新、奉献的劳动精神;具备满足生存发展需要的基本劳动能力,养成良好的劳动习惯;同时也让大学生明白劳动实践的重要性。

5. 劳动与全面发展

加强劳动教育是构建德、智、体、美、劳全面培养的教育体系,形成更高水平人才培养体系的必然要求。劳动教育是构建全面教育体系不可或缺的一环,劳动具有树德、增智、健体、育美、创新的综合育人价值。通过劳动教育,让学生理解劳动与立德树人、劳动与增长才智、劳动与强健体魄、劳动与美的创造之间的关系,促进大学生全面和谐发展。

1.3 劳动创造美好生活

"幸福都是奋斗出来的。"习近平总书记在 2018 年新年贺词中讲的这句话,揭示了新时代创造人民美好生活的基本路径,激发起全党全国各族人民全面建设小康社会、全面建设社会主义现代化国家的信心和决心。

进入新时代,人民对美好生活的向往不仅对物质文化生活提出了更高要求,而且在民主、法治、公平、正义、安全、环境等方面的要求日益增长。这些赋予新时代的美好生活以新的内涵:它既不等于欲望的即时满足,更不同于资源的无限占有,而是能够不断促进人的全面发展、社会的全面进步的生活;是惠及全体人民、逐步实现全体人民共同富裕,让全体人民在共建共享中拥有更多获得感、幸福感、安全感的生活;是幼有所育、学有所教、劳有所得、病有所医、老有所养、住有所居、弱有所扶的生活;是生态环境不断改善、人与自然和谐共生的生活。这样的美好生活,才是新时代人民所追求的幸福生活。

幸福不会从天而降,坐而论道不行,坐享其成更不可能。要创造美好生活、获得幸福,必须不懈奋斗。奋斗是幸福之母,幸福的真谛就在于奋斗。只有奋斗,才能创造更多更好的物质财富和精神财富,不断丰富幸福的内涵、提升幸福的层次;只有奋斗,才能不断增强成就感、尊严感、自豪感，在创造美好生活的过程中感受幸福。"九层之台，起于累土。"在新时代，要把全面建成小康社会、全面建设社会主义现代化国家的宏伟蓝图变为现实，必须不驰于空想，不骛于虚声，一步一个脚印，踏踏实实地干好每一项工作。这就需要全党全国各族人民以永不懈怠的精神状态和一往无前的奋斗姿态狠抓落实，发扬钉钉子精神，一锤接着一锤敲，一张蓝图绘到底，将美丽愿景变为美好生活。

做新时代的奋斗者，需要在辛勤劳动、务实苦干中不断提升自身素质，不断增强创造和享受幸福的能力。奋斗要实干、苦干，但不能蛮干。人的素质和能力是进行奋斗的前提条件。新时代、新征程、新矛盾、新目标对党和国家各项工作都提出了新要求，每个人都应思考如何提升自己的能力和素质，以适应这个伟大的时代，更好地进行奋斗。比如，对于大学生来说，就要不断增强学习本领，有了这些本领才能更好地奋斗。而且，提高自身素质和能力的过程，就是不断完善自我的过程，也是享受幸福的过程。

做新时代的奋斗者，需要热情，更需要用心。用心，就要爱岗敬业、脚踏实地，不能学一门丢一门、干一行弃一行，而要坚持干一行精一行，把工作做新、做优、做精，把奋斗过程变成创新创优的过程，变成不断为社会提供优质劳动成果的过程，努力创造一流业绩。用心，就要持之以恒、久久为功。如果干什么都三心二意、心猿意马、三天打鱼两天晒网，最终必然一事无成。只有沉下心来干事创业，幸福才会在前方等着我们。

【案例分享】

从《习近平的七年知青岁月》找寻青春答案

《习近平的七年知青岁月》由中共中央党校出版社出版发行。这是由29名采访对象的口述汇集起来的一本采访实录，其中既有曾经同习近平总书记一起插队的北京知青，又有同他朝夕相处的当地村民，还有当年同他相知相交的各方面人士。这些受访者以口述历史的方式，通过自己的亲身经历，用真实的历史细节讲述了习近平总书记当年"苦其心志、劳其筋骨、饿其体肤、空乏其身"的历练故事，再现了习近平总书记知青时期的艰苦生活和成长历程。

"习近平在困境中实现了精神升华""对习近平的思想和价值观起作用的，并不是标语、口号和高音喇叭的灌输，而是知青岁月那日复一日艰苦的生活和劳动，是当年同我们农民兄弟朝夕相处的那两千四百多个日日夜夜产生的潜移默化的影响"……在物质和精神极度匮乏的环境中，青年习近平闯过"五关"——跳蚤关、饮食关、生活关、劳动关、思想关，不仅磨炼了吃大苦、耐大劳的意志，还锻造了不避艰辛、不怕困难的品质。在习近平总书记对青年的一系列讲话和回信中，我们可以深刻感知他在艰苦奋斗中锤炼的意志品质。在成长和奋斗过程中，有缓流也有险滩，有喜悦也有哀伤，我们要处优而不养尊、受挫而不短志，坚持艰苦奋斗，不贪图安逸，不惧怕困难，不怨天尤人，依靠勤劳和汗水开辟人生和事业前程。"不管多累多苦，习近平能一直拼命干，从来不'撒尖儿'""他当了梁家河的村支书，带领大家建沼气池，创办铁业社、缝纫社，我一点儿都不吃惊""我在和他一起生活的时候，就发现他这个人有一股钻劲，有强烈的上进心"……青年习近平在梁家河插队的七年，是受苦受累的七年，也是苦干实干的七年。在这七年里，他用每一滴汗水和每一份付出，生动诠释了他说的那句话："干在实处，走在前列。"在这七年里，他扎根黄土地，于实处用力，用青春书写了无愧于时代、无愧于历史的华彩篇章。"社会主义是干出来的。"青年要敢于做先锋，而不做过客、当看客，扎扎实实干事、踏踏实实做人，实字当头、以干为先，把自己创新创业的梦想融入伟大中国梦，让青春年华在为国家、为人民的奉献中焕发出绚丽光彩。

（资料来源：从《习近平的七年知青岁月》找寻青春答案.南方日报,2017年8月23日.有改动）

劳动创造了历史，也改变了人们的生活。1978年邓小平访问日本，他在乘坐新干线列车时，不无感慨地说："这就是现在我们需要的速度。"中国人民依靠吃苦耐劳、拼搏创新的精神，用辛勤劳动创造了经济持续40多年高速增长的世界奇迹。这就是让世界惊叹的"中国速度"，而这样的"中国速度"也让人们在衣、食、住、行等日常生活方面发生了翻天覆地的变化。"衣"从单调沉闷到追求个性；"食"从"食不果腹"到"绿色健康"；"住"从"拥挤共用"到住有所居；"行"从出门难到走向世界。

劳动让生活更美好，小到个人的衣食住行，大到国家的重大项目建设（如高铁、C919大飞机、港珠澳大桥、"天宫"空间站等），人们的日常生活与社会运行都离不开辛勤的劳动。我们在用劳动服务他人的同时，也享受着他人提供给我们的劳动成果。大家都在为社会的进步与发展作出自己的努力，也在不同种类、不同形式的劳动中收获自己的幸福。

项目 **2**

劳动教育思想

学习劳动思想有助于人们树立正确的价值观,让人们认识到劳动的光荣与伟大,摒弃好逸恶劳的观念,尊重不同职业的劳动。同时,劳动思想能够培养实践能力和创新精神,激发人们在劳动中探索和创造,增强责任感和自立能力,使人们通过劳动实现经济独立,为社会贡献力量。

学习劳动思想有助于促进社会公平与稳定,推动建立合理的劳动报酬制度,减少阶层矛盾。激励劳动者提高效率,推动经济发展,优化产业结构。此外,劳动思想还能传承和弘扬优秀文化传统,促进不同文化之间的交流与融合。劳动思想是个人成长和社会进步的重要基石,能够凝聚人心,激发活力,为社会的繁荣发展奠定坚实基础。

认知目标
- 学习理解马克思主义劳动价值论;
- 学习了解中国特色社会主义劳动价值观。

能力目标
- 通过学习培养创新思维和创新能力;
- 通过学习劳动价值论,提高学生自我管理和自律能力。

素养目标
- 通过学习培养良好的团队协作精神;
- 养成终身学习的良好习惯。

课程思政

通过学习马克思主义劳动价值论,让新时代大学生树立正确劳动观念,培育劳动精神品质,促进新时代大学生全面发展,培养大学生增强对国家、民族和社会的责任感与使命感,将个人的劳动理想融入实现中华民族伟大复兴的事业之中。

2.1 马克思主义劳动价值论

在现代劳动场景中,无数劳动者在各自岗位上发光发热,为国家基础设施建设添砖加瓦。2024 年 4 月 17 日,工人在张北—胜利 1000 千伏特高压输电交流项目工程内蒙古段进行组塔作业,如图 2-1 所示,这一借助无人机记录的劳动画面,正是当代劳动者奋斗姿态的生动写照。

图 2-1　2024 年 4 月 17 日,工人在张北—胜利 1000 千伏特高压
输电交流项目工程内蒙古段进行组塔作业(无人机照片)

1. 劳动创造了人和人类社会

(1) 劳动创造了人本身。

马克思认为,劳动对于人类的首要价值,就在于"劳动创造了人本身"。人类之所以能够"人猿相揖别",摆脱最初的动物状态,就是因为劳动的作用。首先,劳动创造了人区别于其他动物的生物性特征:完全的直立行走、精细的手脚分工、灵巧的上肢结构、发达的大脑构造和完善的语言系统。正是劳动,使得人类从动物界脱颖而出成为人。其次,劳动使生物人转化为具有社会属性的真正的人。脱离动物界的人,最初只是生物性的人,还不能算是真正意义上的人,还不具备社会属性。马克思认为,人是"一切社会关系的总和",人是在一定的社会关系中完成由生物人到社会人的转变的,这个转变过程,也是人的本质的形成过程,而正是丰富多彩的劳动实践,促成了人们之间的相互交往,进而产生了错综复杂的社会关系,人才具备了社会属性。

马克思认为,劳动是人的天职,这是劳动对于人类的基本价值。劳动不仅创造了人类本身,而且是维持人类生存发展的重要手段。"任何一个民族,如果停止劳动,不用说一年,就是几个星期,也要灭亡。"可见,人类只有不断进行劳动,才能生存下去。与动物被动地依靠自然界的赐予而生存不同,人类通过同自然界的交互作用来创造自身的生存条件,这种交互作用的过程其实就是劳动过程。因此,马克思说:"劳动首先是人和自然之间的过程。"人类通过劳动作用于自然界,进而将自己的主观需求外化为客观的物质成果,以维持生存和促进发展,从而形成了人类的经济、政治、精神文化等方面的生活。

(2) 劳动促进人类社会发展。

马克思认为,社会是"一切关系在其中同时存在而又互相依存的社会机体"。劳动在人类社会中具有基础性地位,为了维持生存,人类不得不进行生产劳动。"为了进行生产,人们相互之间便发生一定的联系和关系。"因而,马克思认为,劳动是社会中的劳动,人们在进行物质生产活动时必然会结成一定的社会关系,即产生了社会。同样,正是在劳动过程中,逐渐形成了家庭、私有制、国家和市民社会。所以,在其现实性上,社会就是个人彼此间社会关系的总和。劳动对社会的创造主要体现在三个方面,即劳动创造了社会结构,塑造了社会意识,发展了社会生活。

人类社会的发展得益于劳动的推动作用。劳动推动人类社会发展,其实质就是劳动包含的错综复杂的内在矛盾推动着人类社会的发展。其中,生产力和生产关系的矛盾是贯穿整个人类社会发展始终的最基础性矛盾。历史上不同时代的生产力和生产关系的矛盾作用推动了不同劳动形式(奴隶劳动、徭役劳动和雇佣劳动)的产生。三种不同劳动形式的转变促成了社会形态的演进:奴隶劳动孕育了奴隶制社会;徭役劳动孕育了封建社会;雇佣劳动孕育了资本主义社会。由此推断,阶级社会的消亡必然是以劳动形式的进一步发展为基础。

对社会形态的研究贯穿马克思生命的始终,从早年的哲学经典著作《德意志意识形态》到晚年的《给维·伊·查苏利奇的复信》,马克思花费近40年的时间对人类社会历史发展规律进行研究,逐渐形成了自己的社会形态理论。马克思发现,"一切社会变迁和政治变革的终极原因",存在于生产方式和交换方式的变更、有关时代的经济状况中。因此,他抓住生产力、分工、交换等劳动活动要素,对社会形态演进的原因进行研究。马克思指出,"人们所达到的生产力的总和决定着社会状况"。人们的劳动状况对社会关系和社会形态起着决定性作用,"手推磨产生的是封建主的社会,蒸汽磨产生的是工业资本家的社会"。由此可见,未来共产主义社会形态的产生一定是以劳动形式的进一步发展为基础的。

(3) 劳动实现人的自由全面发展。

实现人的自由全面发展,是马克思对于劳动价值的终极追求。在《共产党宣言》中,马克思指出,"每个人的自由发展是一切人的自由发展的条件"。马克思探索了实现这一价值目标的现实途径,其研究的逻辑起点便是"劳动"这一实践活动。人的全面发展最根本是指人的劳动能力的全面发展,即人的智力和体力的充分、统一的发展,同时也包括人的才能、志趣和道德品质的多方面发展。马克思、恩格斯通过对人类社会发展的历史考察发现,不合理的社会分工会造成人的片面发展。人的发展同其所处的社会生活条件是相联系的,旧式分工造成人的片面发展,机器大工业生产提供了人的全面发展的基础和可能,社会主义制度是实现人的全面发展的社会条件。教育与生产劳动相结合,不仅是提高社会生产的一种方法,而且是造就全面发展的人的唯一方法。现代教育的目标就在于通过教育与生产劳动的结合,实现人的全面发展,使人有能力适应劳动形态的变化,并创造出更多的物质财富和精神财富。

从内在依据来看,劳动实现人的自由全面发展,这是由劳动的本质属性和内在矛盾决定的。劳动是人根据自身的需要,为达到一定目的而自由地进行的生产和再生产活动,自由是劳动的本质特性。人们根据自己的需要、兴趣、爱好和特长等,自由自觉地从事生产劳动,不仅能维持和促进人的生存和发展,而且能提升人自由全面发展的个性。私有制的存在使劳动被异化,劳动自由、自觉的本质特性被扭曲,劳动反而成为折磨人、摧残人的手段,这一过程也是劳动内在矛盾不断发展的过程。在劳动内部,生产力是一种十分活跃、不断前进的力量,它冲击并将最终摧毁束缚它的生产关系,从而赢得自身的解放。劳动内在矛盾的变化结果,就是把人类从奴役性、压迫性的社会关系中解放出来。

从外在条件方面来看,劳动把人类从自然必然性的束缚中解放出来,并为人类的发展创造条件、奠定基础。人类在长期的劳动实践中逐步认识、把握和利用自然规律,创造性地从事农业、畜牧业和手工业等劳动实践活动来改造自然,从而使人类依靠自己的劳动而非依赖自然界的赐予解决了基本的生存问题。人类历史上的一次又一次科技革命,不仅逐渐克服了劳动分工对人的发展的阻碍,而且由于生产效率的提高为人类提供了大量的自由时间。人类在很大程度上克服了时空条件的限制,大大增强了肢体和大脑的功能,并进一步克服了外界条件和自身生理条件的限制,从而获得了更深、更广的自由度。

2. 劳动是价值和财富产生的源泉

(1) 劳动是商品价值的基础。

马克思的劳动价值论是其经济理论的核心,它深刻阐述了劳动在商品价值形成中的关键作用。在马克思主义经济学中,"价值"这一概念有着更深层次且严格的定义。马克思提出,所有有价值的商品均源于劳动的创造,价值是人类抽象劳动的凝结,即商品中所蕴含的无差别的人类劳动。这里的劳动包括所有形式的人类智力和体力的投入,生产商品的劳动具有双重性质:具体劳动和抽象劳动,它们在劳动过程中相辅相成。具体来说,劳动既是人类劳动力在生理层面的耗费,也是形成商品价值的人类抽象劳动。一方面,劳动是人类劳动力在特定目的下的具体耗费,它创造商品的使用价值;另一方面,劳动在抽象层面上,即社会化、无差别的人类劳动,它创造商品的价值。马克思将商品视为使用价值和价值的统一体,二者共同存在于商品之中。社会的、抽象的劳动创造商品的价值,而个人的、具体的劳动创造商品的使用价值。使用价值是价值的物质承担者,没有使用价值,价值就无从谈起;同时,使用价值和价值是商品的两种不同属性,其中使用价值是商品的自然属性,而价值则是商品的社会属性。因此,商品的使用价值和价值是由具体劳动和抽象劳动共同决定的,具体劳动主要决定使用价值,而抽象劳动则是商品价值的唯一源泉。通过对劳动的双重性质的分析,马克思首次深入探讨了劳动创造商品价值的特性,并明确了哪种劳动创造价值、为何创造价值以及如何创造价值的问题。

至于如何衡量劳动价值的大小,马克思认为商品的价值是以抽象劳动作为衡量尺度,影响这一尺度的就是抽象的劳动时间。马克思强调,商品的价值或其相对价值的大小,取决于商品中包含的社会实体量,即生产该商品所需的相对劳动量。这意味着,商品的相对价值是由投入、体现在该商品中的劳动数量或劳动量决定的。这表明,商品的价值是由劳动者创造的,生产一个商品必须投入一定量的劳动,劳动是商品价值的唯一源泉。

(2) 劳动是财富的源泉。

人类的生存和发展离不开物质生产,劳动是超越社会形态的人类基本生存条件,是人类与自然界进行物质交换的过程,是维持人类生活的根本自然法则。人们首先需要通过劳动解决基本的生活需求,如食物、衣物、住所和交通等,之后才能参与政治、宗教和文化等更高层次的活动。因此,人类的一切活动都建立在物质财富的基础之上,而物质财富的创造离不开劳动。

在唯物史观中,劳动不仅是一种经济活动,更是一种社会关系。通过劳动,人类创造了满足物质和精神需求的社会财富,极大地推动了社会的进步。马克思认为,劳动并非创造使用价值或物质财富的唯一因素。正如威廉·配第所言:"劳动是财富之父,土地是财富之母。"这表明在财富创造的过程中,劳动和土地都是不可或缺的重要因素。这一观点突出了劳动在财富形成中的关键作用,同时也表明了自然资源的重要性。

在资本主义体系下,劳动剥削是其固有的社会特性。劳动是价值的创造者,而超出必要劳动时间的剩余劳动则是剩余价值的来源。在这一制度中,资本家通过掌握生产资料的所有权,无偿占有工人的剩余价值,并控制着剩余劳动的过程。因此,劳动剥削实质上是指资本家对工人剩余劳动的无偿占有。资本主义国家作为资本家阶级利益的代表,其与工人的关系本质上也是剥削与被剥削的关系。资本主义的奥秘在于剩余价值的产生和分配。马克思通过对剩余价值的深入研究,揭示了劳动者被资本家剥削的程度,并认为劳动剥削是资本主义社会的本质特征。要改变这种状况,必须从根本上废除这种不劳而获的剥削性分配制度。

马克思提出了"按劳分配"作为未来社会分配制度的核心理念。在一个以生产资料公有制为基础的社会中,个人所获得的不是特定形式的产品,而是他在共同生产中所应得的份额。马克思主张,个人应根据其提供的劳动量获得相应的消费品,劳动量成为衡量个人消费资料分配的唯一标准。在这个体系中,劳动者根据他们向社会提供的劳动量领取相应的消费品,这被视为实现社会公平的重要原则。

2.2 马克思主义劳动价值论在中国的继承和发展

中国共产党自成立之日起,就以马克思主义劳动价值论为指导,不断进行中国化的劳动理论与实践探索。新中国成立后,中国共产党的几代领导人在继承马克思主义劳动价值论的基础上,秉持与时俱进的思想,结合中国革命、建设、改革和现代化的现实情况,在理论和实践上创造性地发展了马克思主义劳动价值论。

2.2.1 习近平新时代中国特色社会主义劳动价值观

习近平新时代中国特色社会主义思想特别强调劳动的价值和意义,明确指出了劳动价值观的重要性。党的十八大以来,习近平在不同场合的多次讲话中强调了劳动、劳动者、劳动模范以及劳模精神在中国社会主义事业中的关键作用。这不仅继承了马克思主义的劳动观,还进一步发展了这一理念,确立了"劳动最光荣、劳动最崇高、劳动最伟大、劳动最美丽"的价值观念。

1. 劳动最光荣

社会的进步依赖全体劳动者的贡献,无论是工人、农民还是领导干部,都在各自岗位以不同方式为社会进步作贡献。他们展现出的勤奋、朴实、自强不息的民族精神,以及爱岗敬业、吃苦耐劳的奉献精神,都是中华民族传统美德的体现。针对社会上存在的对体力劳动者的歧视现象,习近平强调,无论是体力劳动还是脑力劳动,简单劳动还是复杂劳动,只要对人民和社会有益,都值得尊敬,都是光荣的。习近平高度肯定了每一位劳动者的努力和付出,平等对待所有劳动者,并要求我们尊重每一位劳动者的工作。他强调,无论时代如何变迁,我们都要始终崇尚劳动、尊重劳动者,重视工人阶级和广大劳动群众在社会发展中的重要作用。

在全面建成小康社会的过程中,我国亿万劳动人民是主要动力,其中知识分子是创新劳动的主力军。他们的积极性和主动性能否得到充分发挥,对于劳动创新成果的转化和全面建成小康社会目标的实现具有直接影响。为了最大限度地发挥这些高素质劳动者和创新人才的作用,习近平强调,我们需要树立正确的人才观念,培育和践行社会主义核心价值观,致力于提升人才培养的质量,倡导"劳动光荣、技能宝贵、创造伟大"的时代精神,营造一个让每个人都能成才、都能充分发挥才能的良好环境,并努力培养数以亿计的高素质劳动者和技术技能人才。全社会都应贯彻"尊重劳动、尊重知识、尊重人才、尊重创造"的重要方针。

2. 劳动最崇高

"所有尘世间的幸福感都源自不懈的辛勤工作",这句话简洁而深刻地揭示了幸福与劳动之间的联系,并且向广大劳动者发出了创造幸福生活的强烈号召。习近平在多个场合强调了劳动对于幸福生活的重要性,他指出,中国人民历来都明白,世界上没有不劳而获的好事,真正的幸福必须通过奋斗来实现。幸福不是轻易得到的,也不是无代价的,更不是凭空出现的。世间所有的成就和幸福,都源自劳动和创造性的努力。

劳动不仅满足了人们的物质需求,而且在劳动创造的过程中,人们也能感受到幸福和精神上的满足。随着生活水平的提高和物质条件的改善,劳动不再仅仅是为了生计,它也成为实现个人价值的重要途径。人们开始更加重视劳动过程中的体验和感受,通过劳动来满足个人成长和自我实现的需求。党的十八大以来,习近平总书记多次提出要让人民有更多的获得感。在党的十九大报告中,这一要求得到了进一步的强化,强调要使人民的获得感、幸福感、安全感更加充实、更有保障、更可持续。

3. 劳动最伟大

2012年11月29日,习近平在国家博物馆参观"复兴之路"展览时首次提出"中国梦"的概念。他强调:"实现中华民族伟大复兴,是近代以来中华民族最伟大的梦想。这个梦想汇聚了几代中国人的期盼,代表了中华民族和中国人民的共同利益,是所有中华儿女的共同愿望。"但他也明确指出,梦想不会自动成真,也不可能一蹴而就,中华民族伟大复兴不是轻轻松松、敲锣打鼓就能实现的。

习近平强调,我们生活在一个振奋人心的伟大时代,我们所从事的是一项前所未有的伟大事业,我们正在进行的中国特色社会主义事业是全体人民的共同事业。全面建成小康社会,进而建成富强、民主、文明、和谐的社会主义现代化国家,从根本上讲,依赖劳动和劳动者的创造。为了实现我们的奋斗目标,开创美好的未来,我们必须紧紧依靠人民、始终为了人民,必须依靠辛勤的劳动、诚实的劳动、创造性的劳动。

习近平在讲话中明确指出,正是劳动和创造的力量赋予了我们历史上的辉煌,也是这股力量铸就了我们今天的成就。劳动不仅塑造了中华民族,还书写了其灿烂的历史篇章,并且将继续引领我们走向一个光明的未来。他的论述深刻地表明了劳动对于国家繁荣、社会进步的至关重要性,并指出劳动是实现国家富强、民族复兴和人民幸福的根本途径。劳动是连接梦想与现实的纽带,是通往未来的必经之路。只有通过勤奋、诚实和创新的劳动,我们才能开辟出美好的未来。因此,我们必须"激励和帮助所有有劳动能力的人,通过自己的双手去创造更加美好的明天"。

4. 劳动最美丽

劳动是人类生存和发展的基础,它不仅让人们从中找到快乐和幸福,还让人们感受到自我价值的实现。2013年10月,习近平在同中华全国总工会新一届领导班子成员集体谈话时强调,全社会应当广泛弘扬我国工人阶级的优良传统,广泛宣传劳动模范和其他先进人物的典型事迹,加强对青少年的教育引导,激发全体人民的劳动热情,释放创造潜力,通过劳动创造更高质量的生活。这不仅是对劳动者辛勤付出的颂扬,也是对他们劳动成果的认可。习近平关于"劳动最光荣"的重要论述,体现了对马克思主义劳动价值论的继承与创新。

习近平强调,劳动模范所展现的"爱岗敬业、争创一流,艰苦奋斗、勇于创新,淡泊名利、甘于奉献"的劳模精神,是伟大时代精神的具体体现,它不仅丰富了我们民族精神和时代精神的内涵,更是我们极为宝贵的精神财富。习近平对劳模精神的阐述,不仅赋予了劳动以神圣和崇高的地位,而且强调了劳模精神作为精神财富的重要性。这为科学理解和大力弘扬劳模精神提供了明确的方向和指导,有助于在全社会营造尊重劳动的浓厚氛围,树立起劳动最光荣的观念。

党的十八大以来,习近平总书记对众多劳动模范给予了高度评价和赞扬。这些劳动模范身上体现的是对劳动的深厚热爱、不懈的辛勤付出和诚实守信的工作态度。他们在平凡的岗位上展现出了尽职尽责、淡泊名利、无私奉献的高尚品质。这些劳动模范通过自己的实际行动,谱写了新时代劳动者的壮丽篇章,成为我们学习的榜样。习近平总书记号召全国人民向这些劳动模范学习,以他们为楷模,发扬争分夺秒、只争朝夕的奋斗精神,共同为实现中华民族伟大复兴的中国梦贡献力量。

"劳动最美丽"不仅是对所有劳动者的基本价值要求,也是对全社会的价值导向。我们今天所取得的每一项伟大成就,我们所拥有的一切,都离不开劳动者的辛勤汗水和无私奉献。我们必须以劳动模范为榜样,热爱自己的工作,勤奋工作,勇于创新,不断进取,谱写新时代劳动者的新篇章,以不懈的奋斗开创美好的明天。

2.2.2　树立正确的劳动价值观

树立正确的劳动价值观是当前社会发展的迫切需求,这不仅关系到个人的成长和发展,也是实现中华民族伟大复兴的中国梦的重要基础。大学生的劳动价值观总体上是健康、积极向上的。这表明大多数大学生能够认识到劳动的重要性和价值,愿意积极参与劳动实践,尊重和热爱劳动人民。尽管大学生的劳动价值观整体上是积极的,但仍存在一些不容忽视的问题。这些问题包括对劳动缺乏全面深入的认知,重脑力劳动而轻体力劳动,劳动价值取向物质化与功利化,以及劳动知与行不统一等。此外,还有部分大学生存在劳动价值认识不清、劳动情感淡薄、劳动意志不强、劳动追求功利等问题。大学生劳动价值观及其五个维度(劳动认知、劳动品德、劳动能力、劳动法律与经济、劳动态度)与性别、家庭所在地、年级和专业有密切关系,主要受父母引导、自我要求、舆论关注、课程教授和生存压力等因素的影响。我们可以从以下几个方面来探讨如何树立正确的劳动价值观。

首先,劳动是创造价值的唯一源泉,体现了人的本质特征。马克思认为劳动是商品价值的唯一源泉,在新时代的历史背景下,劳动的实然价值是人民群众有更多获得感的逻辑起点。因此,我们应该认识到劳动不仅是改造自然界的客观行为,还具有人的主观目的性,通过劳动实现自身价值的主观感受是幸福的本质。

其次,大学生和高职学生的劳动价值观直接影响其成长成才以及高校人才培养质量。当前,一些学生对劳动缺乏全面深入的认知,存在重脑力劳动而轻体力劳动的现象,劳动价值取向物质化和功利化。因此,需要以社会、高校、家庭及学生自身为着力点,形成合力,有效提升学生的劳动价值观。

再次,劳动教育在新时代具有重要的价值意蕴。新时代劳动教育的价值依据是劳动对人类与社会的发展、对学生的成人成才、实现价值追求和美好生活具有重要作用。其价值目标包括树立正确的劳动价值观,培养积极的劳动精神、优秀的劳动素养和劳动品质,养成良好的劳动习惯。

此外,尊重劳动是社会主义社会生活的必然要求,是社会主义生产关系的必然产物,也是尊重知识、尊重人才、尊重创造的根本体现。只有将尊重劳动作为基本道德规范,才能够符合社会主义社会生活的性质和要求,保证社会生活健康有序发展。

最后,要重塑"劳动最光荣"的价值观,抵御和消除"不劳而获""投机取巧"的劳动价值观对人们思想的负面影响。必须完善劳动保障机制,保障劳动者合法权益,实现劳动分配的公平公正,营造体面劳动的社会氛围;同时加强劳动价值理论的灌输和教育,丰富劳动价值观内涵,提升劳动者素养。

在新时代背景下,大学生劳动价值观的建构要回归马克思主义劳动价值论,站在以中国式现代化全面推进中华民族伟大复兴的新征程上,深刻审视其当下所处的时代坐标与使命担当。树立正确的劳动价值观需要从认识到实践多方面努力,包括深化对劳动和劳动价值论的认识,加强劳动教育,营造尊重劳动的社会风尚,以及重塑"劳动最光荣"的社会主义核心价值观。

【探究分享】

结合自己身边的例子,谈一谈新时代坚持和发展习近平新时代中国特色社会主义劳动价值观的意义。

项目 3

劳动精神

劳动精神是指在工作和实践中,展现出坚定的毅力、无私奉献的品质和追求卓越的精神。对于大学生而言,劳动精神不局限于传统意义上的体力劳动,更涵盖了学术研究、社会实践以及日常生活中的每一项努力。它体现了大学生在面对学习和生活中的各种挑战时,能够保持积极的态度,不怕困难,追求卓越,勇于承担责任。

通过学习和践行劳动精神,大学生能够显著提升多方面的能力。首先,劳动精神能够帮助学生提高解决实际问题的能力,特别是在学习中面对难题时,能够坚持不懈、努力寻找解决方案。其次,劳动精神能够增强团队合作和沟通能力,在集体项目或社会实践中培养协作精神与责任担当。最后,劳动精神能够激发学生的创新意识,提高工作效率,使其在未来职场中更具竞争力,能够不断提升自我、追求卓越。总之,劳动精神不仅是大学生个人发展的重要驱动力,也是推动社会进步、促进高质量发展的关键力量。

以农业生产为例,图 3-1 所示为浙江省建德市更楼街道石岭村的种植户在大棚里摘西瓜,种植户们为了收获优质果实,克服大棚内的高温等困难,这背后是坚定毅力与追求卓越精神的支撑。

图 3-1 浙江省建德市更楼街道石岭村的种植户在大棚里摘西瓜

认知目标
- 理解劳动精神的核心概念及其历史背景;
- 掌握劳动精神在现代社会中的重要性和价值;
- 了解劳动精神在不同领域和行业中的应用实例。

能力目标

- 培养学生通过劳动实践解决实际问题的能力；
- 提高学生分析和总结劳动精神与工作成效之间关系的能力；
- 培养学生在团队协作中展现劳动精神的沟通与合作能力。

素养目标

- 增强学生的责任感和使命感，培养他们脚踏实地的工作态度；
- 提升学生的创新意识，激发他们在劳动过程中发现问题和解决问题的能力；
- 培养学生的自律性和毅力，塑造他们持之以恒、直面困难的精神。

课程思政

引导学生树立正确的劳动观，弘扬集体主义精神，认同创造价值、推动社会进步的理念，培养爱国情怀。

3.1　劳动精神的内涵

3.1.1　劳动精神的含义

"精神"一词有多重含义，其一指"人的意识、思维活动和一般心理状态"；其二指"（人）所表现出来的活力""活跃，有生气"。而劳动精神，主要指人们对劳动的热爱态度以及劳动者在劳动过程中体现出来的积极人格气质。前者包含对劳动价值的认识、对劳动的正向态度以及对劳动者、劳动过程、劳动成果的尊重等。

纵观历史，人类所有的进步和发明创造都是劳动带来的，而创造一切文明奇迹的根源，就在于人类身上体现出的劳动精神。劳动精神是每一位劳动者为创造美好生活而在劳动过程中秉持的劳动态度、劳动观念、劳动习惯以及展现出的精神风貌。综上所述，劳动精神是每一位劳动者为创造美好生活而在劳动过程中秉持的劳动态度、劳动观念及其展现出的精神风貌。党的十八大以来，习近平总书记关于劳动和劳动精神的一系列重要讲话是我们正确理解劳动精神的重要依据，也是大力弘扬劳动精神的重要参考。

（1）劳动精神成就劳动者。

劳动者创造劳动精神，劳动精神成就劳动者。这就表明，劳动精神与劳动者是内在一致的。我们不仅需要从劳动者的角度理解劳动精神，更需要从劳动精神的角度去理解劳动者。当前，我们全面弘扬劳动精神，大力推动劳动精神的践行，一方面展现了党和国家对广大劳动者的高度重视，另一方面也体现了劳动精神对于培养社会主义建设者和接班人的重要意义。

（2）劳动精神创造美好生活。

任何劳动都有一定指向性，任何劳动者都会怀揣对美好生活的向往，这些都需要劳动精神的支撑和指引。"人民创造历史，劳动开创未来"，人类所有的美好生活都是通过劳动获得的，这就要求我们不仅要仰望星空，更要脚踏实地。仰望星空体现的是对美好生活的向往和追求，但最终决定这一向往和追求能否实现的关键，是脚踏实地的劳动精神。

（3）劳动精神体现劳动态度。

劳动精神首先表现为劳动态度。态度决定高度，劳动态度决定劳动的质量。因此，我们学习和践行劳动精神,就需要端正劳动态度。劳动态度左右着我们的劳动思维和判断,影响着我们的劳动情感与劳动实践。有什么样的劳动态度,就会有什么样的劳动成果。

(4) 劳动精神展现劳动观念。

劳动精神的核心是劳动观念,也就是劳动者对劳动的认识和看法。随着社会的发展、科技的进步以及生活水平的提高,资本、知识、技术、信息在生产生活中的作用不断凸显,人们的劳动观念发生了很大变化。有些人对劳动的理解出现偏差,好逸恶劳、渴望不劳而获、盲目消费、拜金主义等社会现象层出不穷。这就需要用马克思主义劳动观,特别是新时代劳动观,引导广大劳动者尤其是新时代大学生树立正确的劳动观念。

(5) 劳动精神彰显劳动习惯。

弘扬劳动精神的目的就是养成热爱劳动、尊重劳动、崇尚劳动、践行劳动的好习惯,每一位劳动者都应该养成良好的劳动习惯。广大青年是新时代的建设者,每一位大学生都属于广大青年群体,也都应该养成良好的劳动习惯。大学生应深化对马克思主义劳动观的认识,牢固树立正确的劳动观,培养爱岗敬业、艰苦奋斗、勇于创新的新时代劳动精神,积极投身劳动,用劳动塑造自己,用实际行动践行大学生的价值,使劳动成为自己的一种生活习惯。

3.1.2 劳动精神的特点

作为体现劳动价值和劳动追求的精神,劳动精神是使人之所以成为人的精神。我们理解劳动精神,需要深入把握劳动精神的社会性、实践性、历史性、人民性、教育性等特点。其中,社会性是前提,实践性是基础,历史性是保障,人民性是立场,教育性是目标。

(1) 社会性。

马克思在《哥达纲领批判》中指出,劳动只有作为社会的劳动,只有在社会中和通过社会才能成为财富和文化的源泉。劳动精神作为一种社会文化现象,代表的是一种先进的文化理念。劳动精神不仅产生于人类社会产生和发展的过程中,而且对于人类社会的发展和进步也起到了重要的引领作用。

(2) 实践性。

劳动精神的实践性指的是劳动精神是在劳动实践中产生的。劳动本身就是一种实践,劳动精神不能离开劳动实践而凭空存在。劳动是人类特有的基本的社会实践活动,是人通过有目的的活动改造自然对象并在这一活动中改造人自身的过程。全部的人类历史是由人们的实践活动构成的。

(3) 历史性。

劳动精神的历史性指的是劳动精神既是创造历史的动力,也是劳动历史的产物。人类在劳动中不断总结经验,凝聚智慧,制造劳动工具,改进生产技术。劳动创造了人类和历史,人类和历史发展过程中也留下了劳动文明和劳动精神。

(4) 人民性。

劳动精神的人民性体现的是马克思主义劳动观的立场,展现的是社会主义社会、共产主义社会的价值追求。马克思主义劳动观坚持人民群众是社会物质财富和精神财富的创造者,是社会进步的决定力量。2020 年 3 月 24 日,习近平总书记在同波兰总统杜达通电话时强调,战胜这次疫情,给我们力量和信心的是中国人民。中国 14 亿人民同舟共济,众志成城,坚定信心,同疫情进行顽强斗争。中国广大医务人员奋不顾身、舍生忘死,人民才是真正的英雄。

(5)教育性。

劳动精神的教育性是指劳动精神既是劳动教育的重要内容,也是发挥劳动自身教育功能的具体表现。进行劳动精神教育,就是要大力宣传辛勤劳动、诚实劳动、创造性劳动的典型人物和事迹,弘扬劳动光荣、创造伟大的主旋律,反对一切不劳而获、贪图享乐的错误观念,营造全社会弘扬和践行劳动精神的良好氛围。

3.1.3 劳动精神的主要内容

1. 崇尚劳动

崇尚劳动,就是树立正确的劳动价值观,充分认识到劳动最光荣、劳动最崇高、劳动最伟大、劳动最美丽,把劳动视为人类的本质活动和创造财富的源泉。

习近平总书记指出:"人民创造历史,劳动开创未来。劳动是推动人类社会进步的根本力量。劳动是财富的源泉,也是幸福的源泉。劳动创造了中华民族,造就了中华民族的辉煌历史,也必将创造出中华民族的光明未来。劳动是一切成功的必经之路。人类是劳动创造的,社会是劳动创造的。"习近平总书记为我们指明了崇尚劳动的重要意义。

崇尚劳动要将崇尚劳动的观念深入人心,劳动在现实社会中表现为不同的形式,有脑力劳动和体力劳动,有简单劳动和复杂劳动,等等。所有直接或间接从事物质生产或精神生产的工作,都属于劳动的范畴。无论哪种形式的劳动,只要是有益于人民和社会的,就是人类历史发展不可或缺的内容和推动力量,都应该得到承认、保护和尊重,正如习近平总书记所指出的:"劳动没有高低贵贱之分,任何一份职业都很光荣。"此外,崇尚劳动本质上是崇尚劳动者,因为劳动的主体是劳动者,劳动的成果也是满足劳动者的需要。因此,不仅要尊重劳动的过程,还要尊重劳动者,尊重和珍惜他人的劳动成果。不论是普通工人、农民所从事的创造社会财富的基础性劳动,还是知识分子的创造性劳动,抑或自由职业者的劳动,只要为社会主义事业的发展作出了贡献,就是伟大的、光荣的、美丽的。

【案例分享】

赵传宏:小事做到极致 平凡铸就辉煌

赵传宏,1956年1月出生,高中学历,高级工职称,原中国农业银行山东东阿县支行综合管理部驾驶员,1995年被山东省人民政府授予"山东省劳动模范"称号,2005年被国务院授予"全国劳动模范"荣誉称号,2012年当选为中国农业银行60年人物。

"小事做到极致,平凡的岗位也不平凡。"在中国农业银行山东东阿县支行,记者见到了退休多年的赵传宏。因为对机械的喜爱,赵传宏一头扎进了汽车这行,不论是开车,还是修车、养车,但凡与车有关的事儿,他都要钻研。他曾驾驶一辆北京吉普12年,安全行驶43万千米未有大修纪录。一起买的吉普,人家报废了三辆,他这辆却又开了好几年,同行都戏称他的车是"长寿车"。

其实哪有"长寿车",一辆车能顶三辆车用得益于他日常细心到位的维护。通过不断的学习和实践,他逐渐摸索出了一套全面、实用的汽车管、用、养、修技术,并养成了出门先掸尘、停车即擦拭、入库先检查、有故障立刻修的维护习惯。

赵传宏还记得一次查库回来已到深夜 12 点多了，在车辆入库检查时，他发现发动机工作不正常，为了不耽误第二天的出车任务，他叫来另一位司机一起修到凌晨 3 点多。

"财神爷掉进醋缸里，越浮（富）越寒酸。"这是看不惯赵传宏作风的人送给他的一句话。正是他这个"寒酸"的"财神爷"，多年来刻苦钻研维修技术，小打小闹的故障他都能应对，有些简单零件要么找材料自制，要么用以前自己攒的旧零件加工改造后再利用。经过精心维护，他开过的车小修自己搞定，大修的情况很少。汽修厂的老板们都说："要是所有的司机都像你这样，我们都得关门大吉喽！"就是这个让人笑话"寒酸"、让汽修厂"嫌弃"的"车把式"，在农行工作二十多年来，累计为行里节约汽油 10000 多升、节省汽车维修费 9 万余元。正因为有这样过硬的技术和良好的工作态度，很少进行维修报销的他，被同事称为"无票司机"。

赵传宏一直用"普通""平凡"来评价自己，但说到"全国劳动模范"，他眼睛里闪出了光芒："那是这辈子最激动的时刻。"不忘初心，方得始终。赵传宏始终用实际行动证明了一名党员、一名劳模的初心，在平凡的岗位上书写了不凡的人生故事。

（资料来源：全国劳动模范赵传宏：小事做到极致　平凡铸就辉煌.大众日报，2021 年 5 月 31 日）

2. 热爱劳动

热爱劳动，就是要培养正确的劳动态度，促使劳动者自觉、积极、主动地劳动。要发自内心地热爱自己的岗位和工作，身体力行去劳动，爱惜劳动成果，焕发劳动热情，在劳动中找到自己的人生定位并实现自己的人生价值。

热爱劳动是指劳动者对劳动积极热衷的态度，是由劳动意识转化为劳动行为的重要环节。在一定程度上，热爱劳动展现着一个人对待整个劳动过程的态度与风貌，是劳动精神的逻辑起点。具体而言，热爱劳动意味着人们要从精神层面上认可劳动、珍视劳动，对劳动存在一种内生的热情；意味着人们要在实践层面上积极劳动、主动劳动，无论客观条件多么恶劣都不会有怨言，都会想办法去完成。

高尔基说："热爱劳动吧，没有一种力量能像劳动，即集体、友爱、自由的劳动的力量那样使人成为伟大和聪明的人。"每一位劳动者都希望通过劳动创造自己的幸福生活和美好未来，更希望能在工作岗位上不断提升自己的综合素质，获得更好的发展机会，这都需要一颗热爱劳动的心。对于劳动者来说，热爱劳动就是勇于承担工作中的重任、积极面对岗位上的难题，恪尽职守，认真完成每一项工作，从而推动企业、社会发展，汇聚成国家振兴的力量。对岗位和工作的热爱，实际上就是对单位、社会和国家的热爱。热爱劳动表面上看热爱的是劳动，实际上热爱的是劳动所承担的责任。热爱劳动对所有人来说都是必不可少的，一个富有高度社会责任感乃至对人民、对国家有大爱的人，他的劳动能够带来难以想象的成就，他的劳动价值也将是无可限量的。

【案例分享】

辛苦了！1 小时为 60 人打疫苗　护士手磨出血

近日，在广州市花都区东风体育馆，医护人员卓冬燕正在为市民接种疫苗。除了接种疫苗之外，她还要清点盘仓、核对数据、清洁、消毒、准备物资、将急救设施整理归位……接种点的工作任务远比想象中繁重。

2021 年 5 月 23 日，花都区疫苗单日接种量突破 4 万剂次，累计接种 66.986 万人次。在井然有序的疫苗接种背后，离不开默默付出的医护人员，他们有的练就了一双接种"快手"，有的曾经连续奋战21小时。

在东风体育馆接种点，记者从花都区妇幼保健院的护士卓冬燕那里了解到她的"工作时间表"：早晨7点半从医院出发，8点开始接种疫苗，12点半轮流吃午饭，吃完继续接种，下午6点轮流吃晚饭，然后继续工作。每天下班时间根据当日接种点疫苗数量清零的时间而定。12小时的工作是常态，如果当天接种人员较多，医护人员完成这一系列工作后，通常已经是深夜。

3月26日，卓冬燕一直坚守岗位到晚上22:30。此时，她临时接到任务，另一接种点由于接种人数太多，需要临时支援。于是，她又奔向了另一个接种点，凌晨2点多再返回东风体育馆与同事们一同清点疫苗数目，登记完回家的时候已经是凌晨4点了。

花都体育馆是辖区三个大型临时接种点之一，由花都区人民医院负责，接种疫苗最多的一天达到约5500人次。在花都体育馆接种点，黄俊媚是有名的"快手"，一小时能为60人接种疫苗，同事们都对她的专业和高效惊叹不已。而她的手也因不断地掰疫苗瓶盖，被磨得出血，干得起皮。黄俊媚笑称，自己一开工就进入机器人模式，脑子里只有接种的标准流程。尽管有时候因为长时间的高度专注和重复动作，身体感到不适，但她也会尽快做好自我调整，不影响工作进度。在她看来，提高接种速度就能减少市民等待时间，而自己加快速度多干点儿，医院其他科室来支援的同事就能少做些。

狮岭镇体育馆临时接种点由花都区第二人民医院负责。连日来，居民接种热情高涨，区第二人民医院的彭霞和同事们一直坚守在岗位上，中间没有休息，午餐也是以轮换的形式进行。只要有一位群众在等候疫苗接种，就要有医护人员提供专业服务。彭霞主动请缨在周末到接种点帮忙，从早上7点忙到晚上7点。她说这几天广州气温炎热，穿着隔离服就像"蒸桑拿"一样，全身都湿透了，但是一忙起来就不觉得渴或累，"少喝一口水，就能多接种几个人。多接种几个人，就能早点达成群体免疫"。

这些默默付出的医护人员，是花都区接种工作人员的一部分。据了解，目前花都区有1520名接种工作人员奋战在各自岗位上。花都区还将通过启用流动疫苗接种车、继续培训医务人员加入接种队伍、增设临时接种点等方式，提升大规模人群接种工作的速度和服务能力。

（资料来源：辛苦了！1小时打疫苗60人　护士手磨出血.广州日报,2021年5月27日）

3. 辛勤劳动

辛勤劳动，是对劳动过程及其强度的充分肯定，表明要充分遵循劳动的客观规律以及要达到的劳动强度，体力劳动要付出辛劳和汗水，脑力劳动也要付出智慧和心血。

辛勤劳动是劳动精神的基本要求。"民生在勤，勤则不匮。"习近平总书记曾用《左传》中的这句古语阐释"只要辛勤劳动，就不会缺衣少食"的朴实道理。幸福不会从天降，美好生活靠劳动创造。"若有恒，何必三更眠五更起；最无益，莫过一日曝十日寒。"中国人民自古以来就明白持之以恒、辛勤劳动的重要性。劳动不是一蹴而就的，而是需要我们久久为功、绵绵用力。

辛勤劳动是对劳动者永葆劳动姿态的形象描述，它是指人们为了明确的目标不辞辛劳，踏踏实实地努力奋斗，以持续不断的实践夺取伟大胜利。自中华人民共和国成立以来，经过中国人民的辛勤劳动，中华民族取得了历史性的成就。在抗击疫情的过程中，广大劳动群众在各自的工作岗位上，用自己的辛勤劳动为疫情防控作出了贡献。习近平总书记在给郑州圆方集团全体职工的回信中指出："伟大出自平凡，英雄来自人民。面对这次突如其来的疫情，从一线医务人员到各个方面参与防控的人员，从环卫工人、快递小哥到生产防疫物资的工人，千千万万劳动群众在各自岗位上埋头苦干、默默奉献，汇聚起了战胜疫情的强大力量。希望广大劳动群众坚定信心、保持干劲，弘扬劳动精神，克服艰难险阻，在平凡岗位上续写不平凡的故事，用自己的辛勤劳动为疫情防控和经济社会发展贡献更多力量。"虽然当前国际环境和国内环境已经发生了许多变化，当今世界正经历百年未有之大变局，我国正处于乘势而上开启全面建设社会主义现代化国家新征程、向第二个百年奋斗目标进军的特殊历史时期，但我们解决发展中的各种难题、应对前进中的各种挑战、实现永续发展的途径没有变也不会变，那就是辛勤劳动。

【案例分享】

谷祥峰：车厢处处是温暖

早上 5 时起床，5 时 20 分乘坐交通车，7 时 20 分跑第一趟车……只要当班，乌鲁木齐市公交珍宝巴士有限公司公交车司机谷祥峰就会准时驾驶着公交车，穿行于乌鲁木齐的大街小巷，无论寒暑，从不缺席。

"我开公交车 30 年了，每天驾驶着公交车穿梭在城市的街道中，看着熟悉的乘客上上下下，早上送他们去上学、上班，晚上送他们平安回家，我觉得自己的工作非常有意义。"2020 年 11 月 24 日，刚刚荣获"全国劳动模范"称号的谷祥峰笑着说。

在乌鲁木齐西山塑料厂至大浦沟社区的 70 路公交线副线上，谷祥峰整整跑了 10 年。如今，他坚守的这条城郊公交线路由 3.6 千米延伸至 6.7 千米，从一人一车变为两人两车，公交线路更名为 2005 路，他和徒弟亚生江·依明相向而行。熟悉的道路、熟悉的居民、熟悉的笑脸，谷祥峰带着徒弟在这条路上坚守，践行着一名共产党员的初心和使命。

谷祥峰每天十几个小时围着公交车转，一天的营运里程为 216 千米，一年下来就是 7 万多千米，相当于绕地球将近两圈。但无论驾驶的线路如何改变，他对公交事业、对岗位的热爱都从未改变。公交车驶入大浦沟社区、草原站这两个站点时，谷祥峰会多停留一会儿，因为他知道草原站每天有七八个孩子要上学。"天冷，孩子们错过一班车就要等很久，我多等一会儿，路上加把劲，时间就赶回来了。"谷祥峰说。

沿路居民遇到难事，谷祥峰都会伸手帮一把，大浦沟社区的年轻人都把谷祥峰当作榜样。在珍宝巴士公司及各级组织的支持和协助下，大浦沟社区的年轻居民亚生江·依明、热依木·芒苏尔等 8 人成了谷祥峰的徒弟。

谷祥峰小时候就很向往当公交车司机。成为公交车司机后，他自知文化程度不高，要努力干好自己喜爱的工作就必须加倍努力。因此，他干好工作最有效的方法就是不怕苦、任劳任怨。功夫不负有心人，努力工作的谷祥峰先后获得了"全国民族团结进步模范个人""全国五一劳动奖章""全国热爱企业优秀员工"等荣誉。

"这是我第四次进京领奖了。"24 日，参加完全国劳动模范和先进工作者表彰大会后，谷祥峰自豪地说："习近平总书记说，幸福是奋斗出来的。我荣获'全国劳动模范'称号，也更加深刻地理解了这句话的内涵。今后我要更加努力去奋斗，和徒弟们一起创造更加幸福的生活。"

（资料来源：全国劳动模范谷祥峰：车厢处处是温暖.新疆日报，2020 年 11 月 30 日）

4. 诚实劳动

诚实劳动,是对劳动者品德的客观规定,表明劳动要踏踏实实、求真务实、真抓实干、实事求是。要遵守国家法律法规和政策,遵循职业道德规范和工作标准,正确认识劳动过程和对待劳动成果。它是崇尚劳动和热爱劳动的具体体现,是辛勤劳动的升华,也是创造性劳动的前提。

"言必信,行必果""人而无信,不知其可也"。诚实劳动是一种正向善性的劳动。具体而言,诚实劳动有两方面含义。一方面,诚实劳动是指劳动要具有务实性。务实性是指人们在劳动过程中要实事求是,一切从实际出发,杜绝一切弄虚作假的行为。另一方面,诚实劳动要具有合法性,"君子爱财,取之有道"。任何劳动成果都应该建立在合法、合规的基础上,必须坚守法律和道德底线,通过合法手段获取劳动成果。虚假的"伪"劳动既损人又害己,只有诚实劳动才能推动个人健康成长,实现全面发展,为社会主义现代化建设贡献力量。

习近平总书记强调:"劳动是财富的源泉,也是幸福的源泉。人世间的美好梦想,只有通过诚实劳动才能实现;发展中的各种难题,只有通过诚实劳动才能破解;生命里的一切辉煌,只有通过诚实劳动才能铸就。"习近平总书记把诚实劳动放在实现梦想的高度和解决发展问题的层面上来阐释,并把诚实劳动作为实现事业辉煌的必要凭借。诚实劳动是基本的劳动状态。习近平总书记在给中国劳动关系学院劳模本科班学员的回信中写道:"社会主义是干出来的,新时代也是干出来的。希望你们珍惜荣誉、努力学习,在各自岗位上继续拼搏、再创佳绩,用你们的干劲、闯劲、钻劲鼓舞更多的人,激励广大劳动群众争做新时代的奋斗者。"因此,在全社会形成"劳动最光荣、劳动最崇高、劳动最伟大、劳动最美丽"的劳动观念,形成诚实劳动、勤勉工作的劳动状态,体现的就是习近平总书记倡导的劳动精神。

【案例分享】

以全民诚实劳动托起民族复兴的希望

五一劳动节,是全世界劳动者的节日。习近平总书记曾指出,无论时代条件如何变化,我们始终都要崇尚劳动、尊重劳动者,始终重视发挥工人阶级和广大劳动群众的主力军作用。在中国,劳动就是这样光荣、崇高、伟大、美丽。劳动是一切幸福的源泉,社会主义是干出来的,新时代是奋斗出来的。

镜头里的中国,故事里的中国,典籍里的中国,现实里的中国,在解读的每一个维度里,都有一个最闪耀的符号,那就是劳动者的激情燃烧。因为波澜壮阔的中华民族发展史是中国人民书写的,博大精深的中华文明是中国人民创造的,历久弥新的中华民族精神是中国人民培育的,一切成就都归功于人民,一切荣耀都归属于人民。

每一场胜利凝结着广大劳动群众的艰辛付出,在伟大的抗疫斗争中,从一线医务人员到各方参与人员,从环卫工人、快递小哥到生产防疫物资的工人,千千万万普通人迎难而上,在各自岗位上埋头苦干、默默奉献,用各自的方式克服困难,为各项事业发展贡献力量,共同挺立起一个国家风雨无阻向前进的雄伟身姿。平凡铸就伟大,英雄来自人民,每个劳动人民都了不起。

伟大梦想不是等得来、喊得来的,而是拼出来、干出来的。立足新发展阶段,贯彻新发展理念,构建新发展格局,推动高质量发展,在危机中育先机、于变局中开新局,必须紧紧依靠工人阶级和广大劳动群众开启新征程,扬帆再出发。说到底,实现中华民族伟大复兴的中国梦,要靠各行各业人们的辛勤劳动、诚实劳动、科学劳动、创造性劳动。

劳动光荣、知识崇高、人才宝贵、创造伟大,鲜明社会风尚形成的背后,离不开"弘扬""尊重""关爱"等一系列要素的支撑。大力弘扬劳模精神、劳动精神、工匠精神,尊重劳模、关爱劳模,完善劳模政策、提升劳模地位、落实劳模待遇,充分发挥工人阶级和广大劳动群众主力军作用,努力建设高素质劳动大军,切实实现好、维护好、发展好劳动者合法权益。让劳动者更有收获,更有保障,更有奔头,更有荣光和尊严。

行百里者半九十。中华民族伟大复兴,绝不是轻轻松松、敲锣打鼓就能实现的。今天,中国人民比历史上任何时期都更接近、更有信心和能力实现中华民族伟大复兴。相信在全国各族人民的辛勤劳动下,中国的未来必然一片光明,中华民族的伟大复兴也将加速到来。

每一滴汗水都折射太阳的光芒,每一份付出都照亮梦想的天空。勿忘昨天的苦难辉煌,无愧今天的使命担当,不负明天的伟大梦想,以全民诚实劳动托起民族复兴的希望,向着民族复兴的光辉彼岸奋勇前进。

(资料来源:李强.以全民诚实劳动托起民族复兴的希望.中国网,2021年5月1日)

5. 创造性劳动

创造性劳动是指劳动者在劳动过程中受创造思维的支配,充分运用科学知识和科学技术,通过创造发明来改变人类与自然的物质交换过程,打破传统生产要素组合,形成新的劳动要素组合和新的劳动秩序,从而加速人类获得物质财富和精神财富的生产活动的总和。创造性劳动是辛勤劳动、诚实劳动的发展。

生活是创造之源。每个人在日常生活劳动中都会或多或少地、自觉不自觉地进行某种创造活动。日常生活中的创造性劳动最常见的表现是生活"小窍门"或者"小妙招",它们能高效解决日常生活中遇到的不便或烦恼,让日常生活更方便、更科学。这样的"小妙招"通常涵盖衣、食、住、行等日常生活的方方面面。比如针对家居空间中衣物、日常用品和厨房用品等物品摆放容易杂乱无序的困扰,衍生出许多家庭整理收纳的创意"小妙招",包括衣物叠放方法并由此衍生出衣物收纳袋等创意产品;日常用品的整理创意产品,如电源线的收纳;食材的分类存放方法和相应的收纳罐创意产品等。

生产服务劳动中蕴含着丰富的创造性劳动。生产服务劳动中的创造通常是指采用新方法、新材料、新技术生产产品或提供服务,以达到保证质量、降低成本、保护环境、提高生产效率的目的。创造性劳动是现代农业的最佳注脚,先进的生产工具、科学技术、管理经验、经营体制和运行机制都是通过人的创造性劳动来实现的。现代工业的创造性劳动表现为产品创新和技术革新。围绕产品创新的创造性劳动包括产品使用功能创新、产品结构创新和产品外观改进等方面。围绕技术创新的创造性劳动则表现为工艺方法的革新、生产材料的替代和重组、工艺装备的革新和操作方法的革新等方面。现代服务业的创造性劳动表现为向用户提供不同于以往的崭新内容,从而提升服务品质与用户满意度,包括服务理念的创新、营销方式的创新、服务技术的革新等方面。

"中华民族是勤于劳动、善于创造的民族。正是因为劳动创造,我们拥有了历史的辉煌;也正是因为劳动创造,我们拥有了今天的成就。"

3.2　劳动精神的当代价值

3.2.1　劳动精神的个体价值

劳动是人的自由创造性活动,是构成人的存在的类本质。这种活动不仅推动了人类社会的发展,也为个体提供了实现自我价值的空间和机会。马克思主义劳动观认为,劳动是人的自由全面发展的前提条件,这意味着通过劳动,个体能够实现自我完善和自我发展。

劳动精神的培养有助于增强个体对劳动的认识和热爱。新时代大学生劳动精神培养的价值内核包括艰苦奋斗、家国情怀、敢闯会创以及追求卓越,这些价值观的培养有助于个体形成积极向上的劳动态度,从而在劳动过程中实现自我价值的满足。

再次,劳动不仅是物质财富的创造源泉,也是精神财富的创造源泉。通过劳动,个体不仅能够创造物质条件以满足生存和发展需要,还能够在劳动过程中体验到成就感、自豪感等精神层面的满足,进一步促进自我价值的实现。

此外,劳动教育作为培养劳动精神的重要途径,对于促进学生健全人格的发展具有重要意义。通过劳动教育,个体能够在实践中培养独立自主、热爱生活等品质,这些品质对于个体自我价值的实现和发展至关重要。

劳动权作为一项基本人权,对人的发展起着促进和保障作用。通过保障劳动权,可以为个体提供更多的劳动机会和发展空间,从而促进其自我价值的实现。

劳动精神通过促进个体对劳动的认识和热爱、提供实现自我价值的空间和机会、创造物质和精神财富,以及借助劳动教育和保障劳动权等方式,有效地促进了个体自我价值的实现和发展。

3.2.2　劳动精神的社会价值

新时代劳动精神展现着新时代砥砺奋进的新风貌,彰显着中国理论、中国制度和中国文化的价值,是促进人的全面发展、夺取新时代中国特色社会主义伟大胜利和实现中华民族伟大复兴中国梦的重要力量源泉。

1. 促进人的全面发展

劳动精神的发挥,是精神力量转化为物质力量的过程。在这一精神的激励下,广大人民群众真正意识到劳动的伟大,树立勤劳致富的理念,自觉投入劳动之中,用自己的双手创造出更多的物质财富和精神财富,劳有所得、劳有所获,共建共享,进而不断增强人民的安全感和幸福感,增进人民福祉。

劳动精神的发挥,将引导人走向全面发展。劳动是促进人的全面发展的根本手段和途径。劳动不仅改造客观世界,也改造主观世界,使人获得自身的发展。人类社会历史的发展表明,劳动的产生就是人类的产生,劳动的异化就是人类的异化,劳动的解放就是人类的解放和发展。从这个意义上说,劳动是人的全面发展的重要内容。通过劳动,人的劳动意识、劳动态度、劳动情感和劳动能力得到发展,自身的道德品质、智力水平、体力水平和审美能力得到充分提升;在劳动过程中,人的本质得以确认,人的需要得到满足,人的发展得以实现,最终实现自我价值与社会价值的统一,增强人们的劳动幸福感与获得感,从而实现人的德智体美劳全面发展。

2. 体现社会主义制度鲜明特色

习近平总书记多次论及劳动精神,强调劳动光荣、劳动者伟大,积极构建和谐劳动关系。新时代劳动精神与剥削阶级所宣扬的好逸恶劳、不劳而获的劳动观有着根本区别,彰显中国特色社会主义制度的鲜明特色,体现出中国特色社会主义制度的优越性。在剥削阶级占统治地位的社会,由于以私有制为经济基础,劳动分工是非自愿和强制性的,劳动对于人本身的活动而言,是与之对立的力量。物的增值同人的贬值成正比,劳动成为奴役性的活动。

我国建立以公有制为主体的经济制度,确立了劳动者的主人翁地位,把劳动者的地位和尊严放在首位。我国实行以按劳分配为主体、多种分配方式并存的分配制度,坚持效率和公平的有机统一,极大地调动了劳动者的积极性。新时代劳动精神生动地诠释了社会主义条件下"劳动光荣、劳动者伟大""劳有所得、劳有所获""成果共享"的劳动观念,强调构建和谐劳动关系,彰显社会公平正义,与剥削阶级宣扬的好逸恶劳的劳动观念和对立的劳动关系划清了界限。体现社会主义特征的新时代劳动精神,是对那些将中国特色社会主义污蔑为"资本社会主义""国家资本主义""新官僚资本主义"等荒谬言论的有力抨击,从先进劳动观的特定角度彰显出中国特色社会主义制度的优越性。

3. 实现中华民族伟大复兴

习近平总书记强调,实现中国梦必须走中国道路、弘扬中国精神、凝聚中国力量。"人民是中国梦的主体,是中国梦的创造者和享有者。"劳动精神的培育,将促使广大群众充分意识到在中华民族伟大复兴、实现中国梦的过程中劳动和劳动精神的意义与价值,批判和摒弃剥削阶级轻视体力劳动和好逸恶劳的观念,明确自我的劳动者职责,以辛勤劳动、诚实劳动、创造性劳动投入伟大中国梦的实现之中。"中国梦是国家的、民族的",每一位劳动者都是追梦者,更是圆梦者,广大人民群众要勇敢承担起筑梦者的责任,敢于有梦,敢于追梦,敢于充当先锋,敢于将青春奋斗、聪明才智奉献给社会主义的伟大事业。劳动精神的伟大在于:它将凝聚广大群众的劳动热情,将14亿人民的需要、意志、智慧汇集到中华民族伟大复兴的事业中来,最广泛、最充分地调动一切积极因素,激活各种劳动资源,让一切劳动、知识和资本的发展活力和创造能力充分释放;它将使广大人民群众正视中国梦的艰难实现过程,发挥主体性、能动性和创造性,为中国梦的实现无悔奋斗,凝聚正能量。

【案例分享】

以"劳动精神"丰富时代价值

对劳模的表彰,就是对劳动的表彰。不管是物质财富的创造,还是精神价值的沉淀,离开了劳动,都只是空谈。

"让劳动光荣、创造伟大成为铿锵的时代强音,让劳动最光荣、劳动最崇高、劳动最伟大、劳动最美丽蔚然成风。"2015年4月28日,全国劳动模范和先进工作者表彰大会召开,习近平总书记的讲话,在全体劳动者心中激起热烈回响。五年一度的隆重仪式,弘扬的是劳动的精神,塑造的是劳动的风尚,彰显的是劳动的价值。

"忆往昔峥嵘岁月稠"。正是无数劳动者,让新中国一路走来,充满活力。激情燃烧的岁月,"铁人"王进喜以双臂搅拌灰浆压住井喷;改革开放的时代,"杂交水稻之父"袁隆平把

"禾下乘凉梦"变成了现实,充实天下粮仓;新世纪新阶段,不管是有48项技术创新成果、创造经济效益1.9亿元的吴吉林,还是让嫦娥三号的"冷暖衣"重量不足美国制造五十分之一的苗建印,这些劳模们身上涌动着创造、创新、创业的激情,在劳动中成就了自己的价值,更托举起一个国家、一个民族的梦想。

模范,原本指的是制造器物的模型、模子,引申开来,就成了值得仿效的人或事。效仿什么? 效仿的正是那一股子辛勤劳动、诚实劳动、创造性劳动的"劳动精神"。物质决定意识,意识反作用于物质,这是马克思主义的基本原理。1945年,毛泽东同志在陕甘宁边区劳动英雄和模范工作者会议上的讲话中就指出,劳动英雄和模范工作者"有三种长处,起了三个作用",三个作用即带头作用、骨干作用和桥梁作用。劳动精神的重要性,正在于它能激发出人的潜力,让劳动真正成为改变世界的力量。

对劳模的表彰,就是对劳动的表彰、对劳动精神的弘扬。不管是物质财富的创造,还是精神价值的积淀,离开了劳动,都只是空谈。在社会主义核心价值观中,"敬业"是重要内容。离开了劳动,谈何敬业? 其实,对于一个公民而言,"爱国"首先体现在做好自己的工作、找到自己的舞台;对于一个国家来说,"富强"需要由无数人的劳动来创造;而一个自由、平等的社会,一个文明、和谐的国家,必然要保障所有人劳动的权利和劳动的尊严。从这个角度看,培育和践行社会主义核心价值观,劳动正是我们可以做,也应该做的事。

对于当代中国,劳动精神更不应该褪色。审视中国的历史方位,我们站在了历史的高处,回首来路有足够多的欣慰,举目四望也有着以往任何时代都未曾遇到过的难题。如何让"中国制造"升级为"中国智造"? 如何增强贫困地区的内生动力,打破贫困的代际传递? 如何让那些"宁愿在宝马车里哭,不愿在自行车上笑"的青年人补足精神之钙,挥动自立自强的臂膀? 这些时代之问,答案可能各不相同,但又一脉相通。任时代如何变化,劳动是一切成功的必由之路,也是一切梦想的坚实根基。崇尚劳动、尊重劳动者,就能"为中国经济社会发展汇聚强大正能量"。

"劳动是人类的本质活动,劳动光荣、创造伟大是对人类文明进步规律的重要诠释。"劳动精神,更应成为每个人的精神底色。通过劳动,我们收获满足感、快乐感、尊严感,正是这些让我们挣脱物质的枷锁,拥有丰盈的精神世界。或许,无论对于一个国家、一个社会,还是每一个个体,面对"你将如何存在"的问题,劳动都是最好的回答。

(资料来源:李斌.以"劳动精神"丰富时代价值.人民日报,2015年4月29日)

3.2.3　新时代积极培育劳动精神

人民创造历史,劳动开创未来。劳动是推动人类社会进步的根本力量。劳动精神是每一位劳动者为创造美好生活而在劳动过程中秉持的劳动态度、劳动理念及其展现出的劳动精神风貌。作为时代新人,必须深刻认识劳动精神的重要性,树立"劳动最光荣、劳动最崇高、劳动最伟大、劳动最美丽"的价值观念,培育积极的劳动精神。

1. 培育勤劳勇敢、爱岗敬业、诚实守信的实干精神

"大道至简,实干为要"。事无论大小,都是靠脚踏实地、一点一滴干出来的。实干可以说是连通"知"与"行"的桥梁,一"实"当先可以胜过百"巧"。今天,我们为什么反复强调实干精神? 因为只有涵养实干的态度,保持实干的姿态,笃定逢山开路、遇水架桥的决心,砥砺滚石上山、爬坡过坎的意志,我们才能战胜一切艰难险阻。那些崇尚奋斗、苦干实干者,也必将练就担当的宽厚肩膀,不断提升个人的视野、能力与境界。

培育劳动精神,就是要培育勤劳勇敢、爱岗敬业、诚实守信的实干精神。全面建成小康社会,我国亿万劳动群众是主体力量。广大劳动群众要爱岗敬业、勤奋工作,锐意进取、勇于创造,不断谱写新时代的劳动者之歌。勤劳勇敢是指劳动中要有毅力、有勇气、有胆量。爱岗敬业是指尊重劳动、崇尚劳动、热爱劳动,做到辛勤劳动、勤奋工作。诚实守信是指脚踏实地、恪尽职守,遵守法律法规和政策,遵循职业道德和规范。勤劳勇敢、爱岗敬业、诚实守信的实干精神,是劳动精神的内涵。全体劳动者都要牢记"大道至简,实干为要"的道理,脚踏实地,撸起袖子加油干,在劳动中实现自身价值。

2. 培育淡泊名利、甘于平凡的奉献精神

奉献是具有鲜明社会主义特征的劳动精神。共产主义信仰和中国特色社会主义信念,是习近平新时代中国特色社会主义建设者和接班人在劳动中培养奉献精神的理想支撑。马克思在中学毕业论文中写道:"如果我们选择了最能为人类福利而劳动的职业,那么,重担就不能把我们压倒,因为这是为大家而献身;那时我们所感到的就不是可怜的、有限的、自私的乐趣。我们的幸福将属于千百万人,我们的事业将默默地但永恒地发挥作用地存在下去,而面对我们的骨灰,高尚的人们将洒下热泪。"

培育劳动精神,就是要培育淡泊名利、甘于平凡的奉献精神。习近平总书记指出:"劳动模范身上体现的'爱岗敬业、争创一流,艰苦奋斗、勇于创新,淡泊名利、甘于奉献'的劳模精神,是伟大时代精神的生动体现。"劳模精神是劳动精神的升华。淡泊名利、甘于平凡的奉献精神,是劳动精神的更高体现。淡泊名利是指轻视外在的名声与利益,不追求名利;甘于平凡是指在劳动中甘于平凡、拒绝平庸,立足本职工作,在平凡的岗位上创造出不平凡的业绩。每一个劳动者都应牢记"幸福是奋斗出来的",生命不息、奋斗不止,在劳动中开创美好的未来。

3. 培育精益求精、追求卓越的创新精神

创新是具有鲜明新时代特征的劳动精神。在新时代的历史坐标上,社会和科技的发展日新月异,智能化、电子化、机械化、高科技化成为时代的鲜明特征。与此相应,劳动形态也发生了巨大变化。新时代的青少年需要适应新时代劳动教育的特点,正确理解劳动教育的新意蕴,在不同形态的劳动中培养创新精神,实现创造性劳动及劳动成果的创造性转化。通过创新科技、创新方法、创新思路等实现高效、节能、环保、利民等价值目标,通过创新劳动创造财富、创造辉煌,不仅能够跟上而且能够引领新时代飞速前进的步伐,从而实现自我价值。

培育劳动精神,就是要培育精益求精、追求卓越的创新精神。精益求精是指对自己的产品有高要求,不惜花费时间和精力,精雕细琢、注重细节,把一件事情做到极致;追求卓越是指为了追求高质量而孜孜不倦、乐此不疲。精益求精、追求卓越的创新精神,是劳动精神的专业要求。新时代劳动者要勇于创新、追求品质,为推动"质量强国"建设提供源源不断的动力。

项目4

劳模精神

　　下面以习近平总书记的讲话作为本项目的引言。在新时代的发展浪潮中,劳模精神熠熠生辉,它是爱岗敬业的坚守,是勇于创新的担当,更是无私奉献的情怀。图 4-1 所示为浙江省玉环市坎门街道灯塔船舶修造厂的工人们,在 2024 年 5 月 4 日对渔船进行维修保养时,以专注和专业诠释着劳动之美。他们在平凡岗位上挥洒汗水,用勤劳双手为渔业发展筑牢根基,正是劳模精神的生动写照。

　　同志们:

　　今天,我们隆重召开大会,表彰全国劳动模范和先进工作者,激励全党全国各族人民弘扬劳模精神,在决胜全面建成小康社会、决战脱贫攻坚取得决定性成就的基础上,乘风破浪,开拓进取,为全面建设社会主义现代化国家、实现第二个百年奋斗目标而继续奋斗。

　　劳动模范是民族的精英、人民的楷模,是共和国的功臣。我国是人民当家作主的社会主义国家,党和国家始终坚持全心全意依靠工人阶级方针,始终高度重视工人阶级和广大劳动群众在党和国家事业发展中的重要地位,始终高度重视发挥劳动模范和先进工作者的重要作用……

　　光荣属于劳动者,幸福属于劳动者。我国工人阶级和广大劳动群众要更加紧密地团结在党中央周围,勤于创造、勇于奋斗,努力在全面建设社会主义现代化国家新征程上创造新的时代辉煌、铸就新的历史伟业!

习近平

2020 年 11 月 24 日

图 4-1　2024 年 5 月 4 日,浙江省玉环市坎门街道灯塔船舶修造厂的工人正在对渔船进行维修保养

认知目标

- 理解劳模精神的内涵；
- 认识劳模精神的内容；
- 了解劳模精神的价值。

能力目标

- 掌握践行劳模精神的方法；
- 探索传承劳模精神的创新途径；
- 增强弘扬劳模精神的责任担当；
- 提升践行劳模精神的技能水平。

素养目标

- 培育具有劳模精神的敬业奉献品质；
- 练就体现劳模精神的过硬职业道德；
- 塑造彰显劳模精神的坚忍不拔意志；
- 树立秉持劳模精神的崇高理想信念。

课程思政

- 强化劳模精神主流价值引领；
- 激发劳模精神责任担当意识；
- 深化劳模精神思政教育内涵；
- 助力劳模精神与民族精神传承。

4.1 劳模精神的内涵

1. 劳模精神内涵

习近平总书记指出："劳动模范是民族的精英、人民的楷模，是共和国的功臣。"劳模精神是对劳动模范身上所蕴含的丰富精神力量与内容实质进行的总体概括，既体现了我国社会主义精神文明和劳动文化独有的社会主义性质与民族性，也随着时代的变迁不断丰富扩展，成为伟大时代精神的重要组成部分。

（1）劳模精神树立学习的榜样。

劳模精神首先是榜样精神的代名词，因为劳动模范是广大劳动群众学习的榜样，他们身上体现的劳模精神为我们学习劳动模范的先进事迹提供了具体的思想内容和精神引领。

（2）劳模精神指明奋斗的目标。

劳动模范一般是在各种劳动竞赛中脱颖而出的先进劳动者代表。作为推动他们创造先进劳动效率、达成超高生产指标的劳模精神，为广大劳动群众指明了奋斗的目标。

（3）劳模精神体现坚定的理想信念。

劳动模范能够在广大劳动者群体中脱颖而出，成为劳动者的杰出代表、创造卓越的劳动业绩，根本上取决于他们坚定的理想信念。这种坚定的理想信念实际上就是他们身上所体现的劳模精神。

（4）劳模精神展现高尚的境界。

劳动模范作为一个先进群体，承载着一种崇高荣誉，代表了一种做人、做事的高尚境界。劳模精神就是展现高尚境界的精神,这种精神主要表现为无私奉献、任劳任怨等丰富内涵。

(5)劳模精神代表时代的潮流。

不同时代有不同的时代主题,每个时代的劳动模范都承担着不同的时代责任。但是,劳模精神都代表了时代的先进思想和价值追求,代表了所在时代的潮流。

综上所述,劳模之所以成为劳模,是因为他们在平凡的岗位上取得不平凡的成绩,以及他们所坚持坚守的奋斗目标、理想信念、价值追求、人生境界及其展现出的整体精神风貌。

2. 劳模精神特点

劳动模范身上蕴含的突出且一致的劳动态度、职业精神与道德品质就是我们常说的劳模精神。劳模精神有利于增强广大劳动群众的竞争意识,劳模精神的特点主要包括制度性、先进性、群众性、时代性、教育性等。

(1)制度性。

劳模精神的首要特点是制度性。劳动模范的评选以及劳模精神的弘扬已经成为我国社会主义制度的重要内容。劳模精神对于坚持和完善发展社会主义先进文化制度、巩固全体人民团结奋斗的共同思想基础具有重要意义。

(2)先进性。

劳模精神的先进性是指劳模精神是一种先进的思想理念和价值追求,是成就劳动模范这一类先进人物的精神动力。这种先进性通过劳动模范的先进事迹来体现。这就要求我们若要理解劳模精神的先进性,必须深入了解劳动模范的发展历史和取得的重要成就,特别是他们在成长过程中经历的重要事件以及形成的重要先进思想观念和价值追求。

(3)群众性。

劳模精神的群众性是指劳模精神产生、发展和升华于广大劳动群众之中。从一定意义上讲,劳模精神体现的是群众的智慧和力量,是党的群众路线发挥作用的重要体现。所以,劳模精神来自群众,还要回归群众。劳模精神既是劳动模范在广大劳动群众中脱颖而出的原因,又为广大劳动群众指明了奋斗的方向。劳模精神是教育、引导和激发广大劳动群众积极性、主动性、创造性的强大精神力量。

(4)时代性。

劳模精神是时代的产物,也是时代的精华,具有鲜明的时代性。所以,劳模精神既有相对稳定的内涵,又有鲜明的时代特点。劳模精神是成就优秀劳动者的精神,这是其永远不变的内涵。同时,劳模精神必须反映时代的要求、顺应时代的发展,才会具有旺盛的生命力。

(5)教育性。

劳模精神的教育性不仅体现在激励广大劳动群众提高劳动技能水平和劳动业绩方面,更体现在塑造广大劳动群众的世界观、人生观、价值观,尤其是理想信念的教育方面。劳模精神的本质既是一种先进的价值理念和文化体系,更是激发广大劳动群众劳动热情和创造活力的重要工具。

3. 劳模精神的主要内容

劳模精神的主要内容包括爱岗敬业、争创一流,艰苦奋斗、勇于创新,淡泊名利、甘于奉献。这些内容一方面道出了劳动模范之所以能在广大劳动者群体中脱颖而出的根本原因,另一方面也为广大劳动者群体指明了奋斗的目标和方向。其中,爱岗敬业是本分,争创一流是追求,艰苦奋斗是作风,勇于创新是使命,淡泊名利是境界,甘于奉献是修为。

(1)爱岗敬业、争创一流。

爱岗敬业是劳模精神的立身之本。2018年4月30日,习近平总书记在给中国劳动关系学院劳模本科班学员的回信中指出:"社会主义是干出来的,新时代也是干出来的。"干一行,爱一行,也只有爱一行,才能真正干好这一行。劳动者只有在情感上对岗位、对劳动有发自内心的热爱,才能在行动上自觉地尊重职业、尊重劳动、崇尚劳动。爱岗源于强烈的主人翁意识,源于勇担历史使命的责任意识,源于劳动者对社会主义劳动本质属性的认识与把握。所有劳动模范都是在工作岗位上取得了卓越成就、超越了很多人,才成为大家学习的榜样和标兵。工作岗位没有高低贵贱之分,只有贡献大小之别。一个人只有立足岗位、了解岗位、热爱岗位才会不断取得进步,在为社会和国家作出贡献的同时,实现自己的人生价值。劳动模范就是因为热爱岗位,敬畏职业,才会专心致志地学习专业知识,掌握技术、技能、技艺,提高自己的业务水平。2016年4月26日,习近平总书记在知识分子、劳动模范、青年代表座谈会上指出:"只要勤于学习、善于实践,在工作上兢兢业业、精益求精,就一定能够造就闪光的人生。"

争创一流是劳模精神的不懈追求。爱岗敬业是劳动态度,而争创一流则是劳动追求的目标。争创一流体现出一种积极作为、奋发向上的精神面貌,代表着劳动者在敬业精神的驱使下,不断勇攀高峰、凝心聚力,追求更高理想与目标的勇气与坚守。争创一流一方面是奋斗的目标,另一方面是内化为工作动力的力量之源。争创一流是劳动的目标,只有以争创一流为目标,爱岗敬业才能成为终生事业。劳动模范能够创造一流业绩的首要原因在于他们总是坚持一流的标准,总能跟随甚至引领行业、国内、国际的潮流。一个国家、一个企业的竞争力主要取决于是否掌握了一流的技术标准。争创一流的劳模精神体现了劳动模范对一流技术永不停歇的追求。劳动模范面对各种问题、困难、挫折、挑战乃至失败时,总会从积极的方面去思考,从可能成功的一面去努力,最终取得一流的业绩,他们的一流态度更多表现为阳光、积极、向上的心理状态。一流的态度转化为一流的习惯,才会取得一流的业绩。劳动模范的一流,根本上表现为一流的工作习惯。一流的习惯就是不断坚持做最好的自己,从而创造一流的成绩。

【案例分享】

张定宇:坚守在"风暴眼"的人民英雄

从战"疫"打响的第一刻起,张定宇所在的武汉市金银潭医院便如暴风雨中的孤舟。这位身患渐冻症的院长对手下说了这样一段硬核的话:"我们已经站在一个风暴眼上,必须保卫我们的武汉,保卫武汉人民!"作为扎根医疗一线的杰出代表,同时身为渐冻症患者,张定宇在疫情期间仍义无反顾地冲锋在前、救死扶伤,为打赢湖北保卫战、武汉保卫战作出重大贡献。

2019年12月27日晚,是他命运曲线中的一次空前波动。像往常一样,武汉市金银潭医院院长张定宇留在办公室。又到年底,正值呼吸道疾病和常见传染病高发期,他请副院长黄朝林留下,想聊一聊。两人刚刚打开话匣子,手机响了,本市同济医院的一位专家打来电话。对方语气急迫:有一位不明原因的肺炎患者,肺部呈毛玻璃状,疑似患有一种新型传染病。

张定宇所在单位是武汉市唯一的传染病专科医院。相关法律规定,传染病患者要定点集中治疗。张定宇语气坚定:"你们做好准备,我马上通知值班医生,派车去接人!"可一会儿,对方又打来电话。病人不愿转院——总有患者忌讳"传染病"三个字。几个小时后,初步基因比对结果提示:这是一种类似SARS的冠状病毒!

隐匿在暗处的病毒开始发起进攻。12月底,张定宇得到消息,湖北省中西医结合医院出现几名奇怪的发热患者,所述症状与同济医院的那名患者类似!张定宇马上安排黄朝林带队,前往会诊,并叮嘱务必做好二级防护,出动专用负压救护车。最后,他一脸严肃地下令:每名患者单独接送,一人一车,不要怕麻烦!就这样,小心翼翼、战战兢兢,直到深夜12时左右,患者被陆陆续续接入金银潭医院南七楼重症病区。

也就是从此刻开始,他置身于一场前所未有的战"疫",一场新中国历史上规模空前的抗疫战斗。春节前后病人暴增,几乎每两天就要开一层楼。眼看这个病区要收满了,另一个病区马上准备清理、消毒,工作量太大了,每个人都绷紧了弦。这是张定宇"一生中遇到的最大挑战",但他语气坚定:"在这非常时期、危急时刻,没理由退半步,必须坚决顶上去!"英雄的样子,不过是普通人披上了战袍。

灯火通明的金银潭医院,张定宇以"渐冻"之躯冲锋在前,拖着高低不平的脚步追赶时间,带领医院干部职工救治2800余名患者,其中不少为重症、危重症患者。在最初的流行病学调查中,正是他率先采集支气管肺泡灌洗液样本送检,为确定病原体赢得先机。而他所率领的武汉市金银潭医院240多名党员,没有一个人迟疑、退缩,全部坚守在急难险重岗位。迅速隔离、开辟专门病区、完成清洁消毒、紧急调配设备物资人员……事实证明,这一系列教科书般的操作让金银潭医院没有出现大面积院内感染事件,稳稳地成为武汉重症救治的主战场之一。

这位外表粗犷、长着两道醒目浓眉的医生,站在了全国聚光灯下。因为患有极为罕见的渐冻症,他的生命正在倒计时;他的爱人感染疾病,在另一家医院生死未卜。这一切,他从未主动对人提及。"生命留给我的时间不多了。必须跑得更快,才能跑赢时间,把重要的事情做完。"从医33年,他曾随中国医疗队出征,援助阿尔及利亚;汶川地震第三天,他带领湖北省第三医疗队出现在重灾区什邡市;他是湖北第一位"无国界医生",曾在巴基斯坦西北的蒂默加拉医院挽救过一位大失血的孕妇……

如今,担任湖北省卫健委副主任、武汉市金银潭医院院长的张定宇,仍坚持每天到金银潭医院工作。他仍是那句口头禅:"我还想做更多的事情。"

(资料来源:陈芳,等.战"疫"英雄.求是,2020(23).48)

(2)艰苦奋斗、勇于创新。

艰苦奋斗是劳模精神的优良作风。艰苦奋斗是一种内涵丰富、历史悠久的传统和作风,不仅是劳模精神的重要内涵,更是中华民族的优良传统。2018年,习近平总书记在春节团拜会上讲话指出:"奋斗是艰辛的,艰难困苦、玉汝于成,没有艰辛就不是真正的奋斗,我们要勇于在艰苦奋斗中净化灵魂、磨砺意志、坚定信念。"艰苦奋斗是一种既具有恒定内核又有时代特征的精神品质。"不管条件如何变化,自力更生、艰苦奋斗的志气不能丢。"艰苦主要是指物质条件的困苦以及面临的处境艰难。孟子曰:"故天将降大任于斯人也,必先苦其心志,劳其筋骨,饿其体肤,空乏其身,行拂乱其所为,所以动心忍性,曾益其所不能。"成功注定不是一条开满鲜花的平坦之路,艰苦奋斗是披荆斩棘、破除阻碍的利器。

只有奋斗的人生才称得上幸福的人生。新时代的奋斗者们,应该在思想上锐意进取,在作风上敢打硬仗,在学习钻研上永不满足,在工作劳动中勇于创新,在生活要求上朴实无华。劳动模范成长、成才、成功的关键在于奋斗。正是因为他们持续不断地奋斗,才有了平凡中的伟大成就。

勇于创新是劳模精神的发展动力。习近平总书记强调:"纵观人类发展历史,创新始终是推动一个国家、一个民族向前发展的重要力量,也是推动整个人类社会向前发展的重要力量。"劳动模范之所以能成为广大劳动群众的模范和榜样,在很大程度上取决于他们不断有创新的思想、创新的技术和创新的成果。一个善于创新的职工会更有作为,一家善于创新的企业会更有活力,一个善于创新的国家会更有力量。创新需要勇气。很多劳动模范能把一些不可能变为可能,其中很重要的原因就是他们有创新的勇气。劳动模范敢于不断挑战极限,特别是不断挑战自我。面对很多人不看好乃至放弃的重大困难,他们总能挺身而出、迎难而上、锲而不舍,最终总会取得重大突破,这绝对离不开巨大的创新勇气。

劳动模范作为党和国家选树的先进劳动者代表,承担着重要的创新责任。劳动模范也有责任和义务引领广大劳动群众担负起创新的责任,营造鼓励创新、尊重创新、保护创新、支持创新的良好氛围,进一步激发人们创新的积极性和主动性。有创新的责任意识对于拥有创新勇气起着重要的支撑作用。

【案例分享】

樊锦诗:敦煌的女儿

1963年7月,樊锦诗从北京大学毕业,带着强烈的事业心和高度的责任感来到敦煌,将全部身心投入国家的文物事业中,在大漠深处一待就是50余年,为敦煌石窟的保护、研究、弘扬事业奉献了一生的心血和精力,极大地提升了敦煌石窟科学保护和管理的现代化水平。

作为考古专家,樊锦诗潜心于石窟考古研究工作,运用考古类型学的方法,结合洞窟中的供养人题记、碑铭和敦煌文献,先后撰写了"莫高窟北朝洞窟分期""莫高窟隋代洞窟分期""莫高窟唐代前期洞窟分期"等论文,完成了敦煌莫高窟北朝、隋代、唐代前期和中期洞窟的分期断代,揭示了各个时期洞窟发展演变的规律和时代特征,其成果成为学术界公认的敦煌石窟分期排年成果。

她主编的26卷本大型丛书《敦煌石窟全集》总结并展示了敦煌研究院在敦煌石窟考古、石窟艺术研究方面的成果,第一次以大型专题丛书的形式全面系统地揭示了敦煌石窟的丰富内涵和珍贵价值。

她主持编写莫高窟考古报告,用文字记录、测绘图、图片等形式全面系统地记录洞窟基本信息,为学术研究提供翔实的基础资料。《莫高窟第266～275窟考古报告》是国内第一本具有科学性和学术性的石窟考古报告。该报告被国学大师饶宗颐先生评价为"既真且确,精致绝伦,敦煌学又进一境,佩服之至"。英国伦敦大学名誉教授韦陀先生称此考古报告"具有前所未有的资料系统完整性,将为中国其他石窟寺遗址的考古报告提供标准与模式"。该书也获得甘肃省第十三次哲学社会科学优秀成果奖一等奖和中国社科领域最高奖项吴玉章奖。

在多年的文物保护工作实践中,樊锦诗为了将"数字敦煌"应用于石窟的展示,促成了莫高窟数字展示中心的建立,开创了敦煌莫高窟开放管理新模式,有效地缓解了敦煌莫高窟文物保护与旅游开放之间的矛盾。

樊锦诗积极推动敦煌石窟的国际合作,秉持"以我为主、为我所用、互利共赢"的原则,先后与日本东京国立文化财研究所、日本东京艺术大学、美国盖蒂保护研究所、英国伦敦大学考陶尔德艺术学院等机构开展合作研究,开创了我国文物保护领域国际合作的先河,使敦煌石窟的保护研究逐步与国际接轨,将敦煌石窟的保护工作推向一个新的高度。

改革开放以来,樊锦诗通过国际交流与合作,派遣专业技术人员前往日本、美国、英国等国进修;同时还通过国内大专院校的学历教育和培训,培养了一批专业人才。

她倡导设立了敦煌研究院中青年优秀科研成果奖,设立专项经费,建立课题申报制度;筹集专门的出版经费,资助学术著作出版;她提出并制定了人才培养、使用制度,大胆起用一批青年专家走上中层领导岗位。

樊锦诗始终坚持贯彻国家"抢救第一、有效保护、合理利用、加强管理"的文物工作方针,重视科技在石窟保护中的应用,走出了一条符合实际、切实可行的路子,使敦煌研究院的工作在前人的基础上又跃上了一个新的台阶,敦煌研究院被党和国家领导人誉为"我国文物有效保护、合理利用和精心管理的典范"。

(资料来源:最美奋斗者网站.人民日报,2019年8月9日第9版)

(3)淡泊名利、甘于奉献。

淡泊名利是劳模精神的崇高境界。劳模精神中的淡泊名利是指劳动模范在平凡岗位上作出不平凡业绩时,不过多在意名和利,而更在意自己对社会的价值和贡献。很多劳动模范几十年如一日,默默耕耘,脚踏实地,为国家和社会作出了重大贡献,实现了自己的人生理想和价值,成为广大劳动群众学习的先进楷模。劳模精神中的淡泊名利要求劳动者在从事劳动时,放下名利,轻装上阵。将个人荣誉、物质利益、待遇享受、社会地位看得淡一些,才会更加超然、更加纯粹地投入工作和劳动中去。如果过多考虑个人得失,很多伟大的壮举是无法完成的,很多惊人的成果是无法取得的。

劳模精神中的淡泊名利倡导劳动者知足常乐、宠辱不惊。欲望是客观存在的,合理的欲望是推动社会进步的动力,但是一定要在欲望控制上知进退、明是非、晓荣辱。以国家大局为重,以社会上大多数人的利益为重,以集体的荣辱为重,看重劳动的过程,而非劳动结果对个人得失的影响。知足常乐,常怀对生活、对社会、对国家的感恩之心,就能够在名利得失面前泰然处之,坚定地踏上劳动的艰辛之路。

甘于奉献是劳模精神的高尚品格。劳模精神的最后一层内涵是甘于奉献,它集中体现了劳模精神在道德层面的内涵。如果没有将自己生命的激情、劳动的热情、人性的温情奉献给事业的决心与恒心,就无法成为一名真正的劳动模范。爱岗敬业是将"爱"和"敬"奉献给了劳动;争创一流是将"拼搏"和"钻研"奉献给了劳动;艰苦奋斗是将"自强"与"奋发"奉献给了劳动;勇于创新是将"智慧"与"创造"奉献给了劳动;淡泊名利是将"大公"和"无私"奉献给了劳动。奉献是一种高尚的道德品质,奉献的原意是将自己的所有物、劳力或者情感等恭敬地呈献,后引申为为了他人或集体的利益,自觉让渡或者舍弃自身利益,并且不求回报的行为。甘于奉献体现了一种爱,是劳动模范对自己事业的不求回报的爱和全身心的付出。奉献对于奉献者来说并不是剥夺与丧失,而是出于爱心与善意的自然流露,奉献者本身也是幸福的。

实现中华民族的伟大复兴,需要"舍小家、顾大家"的甘于奉献精神。只有将自己的命运与国家的命运紧密相连,在为国家富强、民族复兴的进程中奉献自己的力量,才能真正体现生命的意义。甘于奉献是一种美德,更是一种力量。每个时代都会涌现出一批批劳动模范。他们或贫穷,或富有,但心中都有坚定的信念——不图回报。千千万万劳动模范的事迹都凸显了甘于奉献的强大力量。

【案例分享】

<h3 style="text-align:center">黄大年:至诚报国振兴中华</h3>

黄大年,1958年出生于广西南宁。1978年,他以优异的成绩考入长春地质学院(现吉林大学),就读于应用地球物理系,完成本硕学业后,他以优异成绩留校任教。

1992年,黄大年获得"中英友好奖学金项目"的全额资助,赴英国攻读博士学位,成为当时30名公派出国留学生中的一员。出国前,黄大年坚定地对同学说:"我一定会把国外的先进技术带回来!"1996年,黄大年获英国利兹大学地球物理学博士学位。之后在海外的十多年间,他学医的妻子开办了自己的诊所,女儿也学业有成,一家人生活安逸。但黄大年从未忘记自己对祖国的承诺,他总是惦念着母校,经常回去交流,以拓展师生们的国际视野。

随着国家在重点领域引进高端人才,重点支持一批能够突破关键技术、带动新兴学科的科学家和领军人才归国创新创业,黄大年得知消息后,毅然说服家人,辞去国外职务。2009年底,黄大年受聘担任母校吉林大学全职教授,并被选为有关地球探测项目的首席科学家。这个项目以吉林大学为中心,组织全国400多位来自高校和科研院所的优秀科技人员,开展"高精度航空重力测量技术"和"深部探测关键仪器装备研制与实验"两个重大项目攻关研究。骄人成果的背后是艰辛的付出。回国7年,他像陀螺一样不知疲倦地旋转,常常忘了睡觉、忘了吃饭。2016年11月29日凌晨,黄大年又晕倒在出差途中。回到长春,单位强制安排他做了检查,可还没等检查结果出来,他又跑去北京出差。

回到长春还没喘口气,黄大年就接到了住院通知:胆管癌,需住院治疗。2017年1月8日,黄大年因病医治无效在长春逝世,年仅58岁。

黄大年的助手于平发文悼念:"已习惯了每次走过文化广场,都抬头望向地质宫五楼那个窗口,通常灯一直会亮到晚上10点以后,甚至更晚。可是从现在起,我再也看不到灯光,因为那个点亮它的人累了,想休息了,而且一狠心给自己放了一个没有期限的长假……"

师生们也纷纷发悼文。黄大年的学生周文月说:"黄老师总是把国家的事业、民族的事业放在首位。作为黄老师的学生,我们有责任也有义务把这种爱国情怀和科研精神传承下去。"

2017年5月,为贯彻落实习近平总书记对黄大年同志先进事迹作出的重要指示精神,中宣部向全社会公开宣传发布"践行社会主义核心价值观的优秀知识分子"黄大年的先进事迹,追授黄大年同志"时代楷模"荣誉称号;2017年11月,中央精神文明建设指导委员会追授黄大年同志"第六届全国道德模范"荣誉称号。

(资料来源:周立权,黄浩铭.黄大年:至诚报国振兴中华.光明日报,2021年6月17日)

4.2 劳模精神的价值

4.2.1 劳模精神的个体价值

劳模精神在个体层面具有深远的价值。首先,它体现了对劳动的崇高尊重,弘扬了勤劳、奋斗的精神风貌。这种精神鼓励个体通过辛勤劳动实现自我价值,不断追求进步与发展,为社会的进步贡献力量。

其次,劳模精神激发了个体的积极性和创造力。在劳模精神的引领下,个体能够以更加饱满的热情投入工作中,努力创新、追求卓越,在实现个人价值的同时,也推动了社会的发展和进步。

此外,劳模精神还培养了个体的责任感和奉献精神。它让个体意识到,个人的成长和发展离不开集体和社会的支持,因此应该积极履行社会责任,为集体和社会的发展贡献自己的力量。这种责任感和奉献精神有助于构建和谐的社会关系,促进社会的稳定和发展。

最后,劳模精神也有助于个体树立正确的价值观念。它倡导的是一种积极向上、勤奋进取的生活态度,让个体在追求个人利益的同时,也关注集体和社会的利益,实现个人与社会的和谐共融。

综上所述,劳模精神在个体层面具有多方面的价值,它不仅能够提升个体的职业素养和工作能力,还能够促进个体的全面发展和推动社会进步。因此,我们应该积极弘扬劳模精神,让更多的人受益于这种精神的滋养。

4.2.2 劳模精神的社会价值

劳模精神作为伟大时代精神的生动体现,见证着社会发展的变迁,也体现着一个民族的思想精华,代表了一个时代的文化符号。党的十八大以来,我国社会主要矛盾由人民日益增长的物质文化需要同落后的社会生产之间的矛盾转变为人民日益增长的美好生活需要和不平衡不充分的发展之间的矛盾。2013年2月26日,习近平总书记在党的十八届二中全会第一次全体会议上的讲话中指出,发展仍是解决我国所有问题的关键。人民的美好生活需要靠发展来实现,而发展的基础是生产力的解放与发展,生产力的解放与发展则是通过劳动来完成的。新时代,劳模精神被赋予更加神圣的使命、更加丰富的内涵,处于更加关键、重要的位置。

1. 劳模精神是实现中华民族伟大复兴中国梦的重要力量

对于激发广大劳动群众为实现中华民族伟大复兴中国梦而奋斗的劳动热情,有着重大的现实意义。2012年11月29日,在国家博物馆,习近平总书记参观《复兴之路》展览时,第一次阐释了"中国梦"的概念。2017年10月18日,习近平总书记在党的十九大报告中再次强调,实现中华民族伟大复兴是近代以来中华民族最伟大的梦想。劳动模范作为广大劳动群众中的佼佼者和杰出代表,对于实现中华民族伟大复兴的中国梦有着重大的时代引领作用。他们凭借自己的卓越劳动业绩在广大劳动群众中脱颖而出,为广大职工群众作出了示范,成为榜样。特别是他们的事迹及精神,对于引导广大劳动群众不断提升思想道德素质和科学文化素质、提高劳动能力,具有深远的历史意义。

劳动模范以时代领跑者的姿态引领各行各业的劳动者共同为伟大祖国的发展奋勇向前。劳模精神是推动事业成功的强大力量,是一股旺盛的生命力,更是实现中华民族伟大复兴中国梦的强大精神力量。广大劳动模范以高度的主人翁责任感、卓越的劳动创造、忘我的拼搏奉献,谱写了一曲曲可歌可泣的动人赞歌。劳模精神是我们极为宝贵的精神财富。"宁可少活20年,拼命也要拿下大油田"的"铁人精神"、"特别能吃苦、特别能战斗、特别能攻关、特别能奉献"的载人航天精神等一座座精神丰碑,为激励和带动亿万群众投身实现中华民族伟大复兴中国梦的实践提供了重要的精神动力。

2. 劳模精神是践行社会主义核心价值观的生动诠释

"社会主义核心价值观是当代中国精神的集中体现,凝结着全体人民共同的价值追求。要以培养担当民族复兴大任的时代新人为着眼点,强化教育引导、实践养成、制度保障,发挥社会主义核心价值观对国民教育、精神文明创建、精神文化产品创作生产传播的引领作用,把社会主义核心价值观融入社会发展各方面,转化为人们的情感认同和行为习惯。"劳动是践行社会主义核心价值观的基本形式和驱动力量,而劳模精神集中体现和诠释了社会主义核心价值观的内涵。

2015年,习近平总书记在庆祝"五一"国际劳动节暨表彰全国劳动模范和先进工作者大会上指出,劳模精神"生动诠释了社会主义核心价值观,是我们的宝贵精神财富和强大精神力量"。作为各行各业的优秀代表,劳动模范以自己的实际行动让劳模精神得到了广泛传播。他们中间有立足自身岗位、勤恳工作的优秀工人,有潜心钻研、不断创新的优秀科技工作者,有默默奉献、教书育人的优秀教师,有心系患者、造福社会的优秀医务工作者,有辛勤创业、诚信经营的优秀企业家,有敢于担当、服务群众的优秀公务员,等等。劳动模范们的工作岗位虽然平凡、普通,但他们身上集中体现了勇于担当、改革创新、务实重干、甘于奉献的优秀品质,他们是社会主义核心价值观的践行者。在劳模精神的引领和影响下,越来越多的人开始向劳动模范看齐、向劳模精神致敬,并以自己的实际行动践行劳模精神,在培育和践行社会主义核心价值观中充分发挥劳动模范的引领和带头作用。

3. 劳模精神展现工人阶级伟大品格,是新时代产业工人队伍建设的价值引领

劳动模范作为我国工人阶级中一个闪光的群体,是工人阶级伟大品格的人格化,劳模精神是工人阶级伟大品格的具体生动体现。2013年4月28日,习近平总书记同全国劳动模范代表座谈时发表重要讲话强调,我国工人阶级要牢固树立中国特色社会主义理想信念,发扬我国工人阶级的伟大品格,用先进思想、模范行动影响和带动全社会,坚持以振兴中华为己任,增强历史使命感和责任感,立足本职、胸怀全局,自觉把人生理想、家庭幸福融入国家富强、民族复兴的伟业之中,把个人梦与中国梦紧密联系在一起,始终做坚持中国道路的柱石、弘扬中国精神的楷模、凝聚中国力量的中坚,始终以国家主人翁姿态为坚持和发展中国特色社会主义作出贡献。

随着时代的发展,我国工人阶级伟大品格还将进一步丰富、完善和升华。特别是在建设社会主义现代化强国的新时代,体现工人阶级伟大品格的劳模精神,在充分发挥工人阶级主力军作用和激励广大劳动者主体作用方面,将发挥更加重要的作用。

项目 5

工 匠 精 神

工匠精神是一种追求卓越、注重细节、精益求精的工作态度和职业素养。它强调在工作中投入极大的耐心和专注,对每一个环节都力求完美,不放过任何微小的瑕疵。在传统手艺工艺领域,工匠精神有着诸多生动体现,如古籍修复。如图 5-1 所示,古籍修复师张华正在为古籍书页配纸"补洞",他全神贯注,每一个动作都精准而细致,力求让破损的古籍恢复往日风貌,这便是工匠精神对品质坚守的真实写照。工匠精神的核心在于对品质的坚守,即使面对重复烦琐的任务,也能保持热情和创造力,持续提升自身技艺。这种精神不仅体现在传统手工艺领域,如木工、陶艺等,也在现代科技、医疗、教育等各行各业中发挥着重要作用。它促使人们以高标准要求自己,为社会创造高质量的产品和服务,同时也传承了一种对工作的尊重和热爱,激励着人们在平凡的岗位上追求非凡的成就。

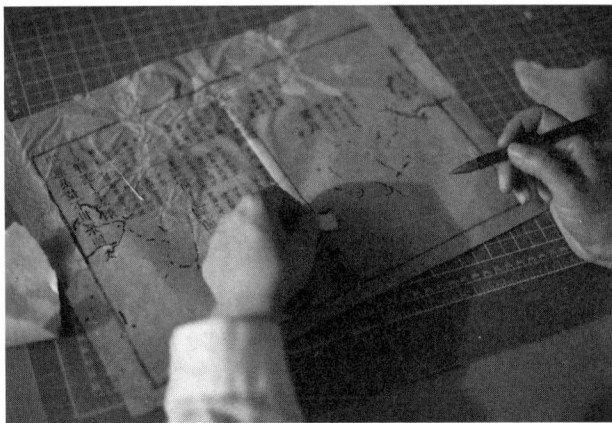

图 5-1 古籍修复师张华正在为古籍书页配纸"补洞"

认知目标

- 学生能够理解工匠精神的内涵,包括敬业、精益、专注、创新等核心要素的具体含义;
- 了解工匠精神在不同行业(如传统手工艺、高端制造业等)中的体现形式;
- 知道工匠精神对个人职业发展和社会经济发展的重要性,例如在提升产品质量、增强企业竞争力等方面的作用。

能力目标

- 能够识别和欣赏具有工匠精神的作品或行为,如通过观察产品细节判断是否体现了精益求精的要求;

- 培养学生在自己的学习和实践活动中践行工匠精神的能力,如专注地完成一项学习任务、对自己的作品进行反复打磨以求精益求精;
- 锻炼学生对复杂的工艺过程或任务进行分析的能力,尝试用工匠精神所倡导的方法进行优化。

素养目标

- 激发学生对高品质成果的追求欲望,树立追求卓越的价值观;
- 增强学生的耐心和毅力,在面对复杂困难的任务时不轻易放弃;
- 培养学生严谨细致的工作和学习态度,使其养成注重细节的习惯。

课程思政

- 引导学生树立正确的劳动观,认识到劳动不分贵贱,所有通过辛勤劳动创造价值的工作都值得尊重;
- 培养学生的爱国情怀,明白工匠精神对国家制造业等实体经济的强大推动作用,增强学生为国家建设添砖加瓦的责任感;
- 强化学生的职业理想信念,激励他们在未来的职业道路上坚守初心,践行工匠精神,为社会提供优质的产品和服务。

5.1 工匠精神的内涵

5.1.1 工匠精神的含义

工匠精神是每一位不甘于平庸的劳动者在平凡的工作中不断对自己提出更高的要求,不断追求自我超越、自我提升、自我完善,在体现专注执着、精益求精、一丝不苟、追求完美卓越、始终追求做更好的自己时所表现出的工作态度、工作境界、工作习惯以及整体精神面貌。

(1)工匠精神表现为劳动者对工作的热爱。

被誉为能工巧匠的工匠,之所以能成为广大劳动者群体中的佼佼者和杰出代表,首先表现为他们具有热爱工作的劳动态度。热爱工作的劳动态度会让劳动者"干一行、爱一行、钻一行",并"精心打磨每一个零部件,生产优质的产品",从而创造出精品乃至极品。

(2)工匠精神展现劳动者在平凡工作中的不平凡。

工匠精神是劳动者在平凡工作中展现不平凡的精神。这就需要劳动者在奋斗中成就不平凡的人生。2019年4月30日,习近平总书记在纪念"五四运动"100周年大会上发表重要讲话强调:"在实现中华民族伟大复兴的新征程上,必然会有艰巨繁重的任务,必然会有艰难险阻甚至惊涛骇浪,特别需要我们发扬艰苦奋斗精神。"

(3)工匠精神是劳动者高素质的集中体现。

对工匠精神的追求体现的是劳动者的自我完善、自我提升和自我超越。也就是说,工匠精神是提升劳动者素质的内在力量。俗话说,你最大的对手不是别人,而是自己。战胜了自己,就战胜了一切。

(4)工匠精神彰显的是精神的力量。

工匠精神的核心体现为精神的力量,它反映了劳动者的工作态度、工作境界、工作习惯以及整体工作风貌。2016 年 10 月 21 日,习近平总书记在纪念红军长征胜利 80 周年大会上强调:"人无精神则不立,国无精神则不强。精神是一个民族赖以长久生存的灵魂,唯有精神上达到一定的高度,这个民族才能在历史的洪流中屹立不倒、奋勇向前。"

(5)工匠精神为广大劳动者指明了奋斗的方向。

工匠是能工巧匠的简称,他们自我学习、自我钻研、自我挑战、自我突破,这是其成为能工巧匠的根源。他们不断超越过去的自己,成为战胜自我的榜样。当他们不断超越过去的自己,也超越其他很多人时,他们就会成为各自领域内的佼佼者。

5.1.2　工匠精神的特点

工匠精神具有重大的时代价值和鲜明的时代特征。我国历史上有很多非常杰出的工匠,他们的作品及名声之所以能流传百世,就在于他们身上体现的精益求精的工匠精神。纵观当今很多发达国家的一些企业及其产品,之所以有着强大的全球竞争力,其根源也是它们展现的精益求精的工匠精神。从这个意义上讲,工匠精神不仅具有时代性,还具有历史传承性、创新性和引领性等特点。

(1)时代性。

工匠精神是我国经济社会发展的时代产物。在我国当前大力推动制造业转型升级的时代背景下,要实现经济发展方式转变和产业结构升级,特别是实现由制造大国到制造强国的转变以及由中国制造到中国创造的跨越,需要大力弘扬和践行工匠精神。在我国实施"一带一路"建设过程中,中国制造要走向世界,必须大力提高产品质量,而拥有精益求精工匠精神的大国工匠是实现高品质的重要保障。

(2)历史传承性。

作为一种先进的精神文化追求,我国历史上有很多关于工匠精神的丰富素材。马王堆汉墓出土的丝绸距今约 2200 年,其薄如蝉翼,2.6 平方米用料仅重 49 克。自丝绸之路开通以来,中国古代能工巧匠们所生产的匠品,一直都在影响着世界。古代中国是名副其实的"匠人之国""匠品之国"。尽管我们已经进入了工业化、信息化、智能化时代,但是历史上工匠身上体现出的工匠精神,仍然值得新时代的从业者传承与追求。

(3)创新性。

工匠精神的核心在于创新。创新是在不断重复、精益求精中产生的。烦琐复杂的工作是培育创新的土壤,追求完美是助推创新的动力。工匠精神不仅需要简单的重复与坚守,更需要持续的改进与创新。在当前我国大力鼓励"大众创业,万众创新"的社会背景下,工匠精神必须基于思维的创新、对品质的追求和对工作的坚守。因此,创新是工匠精神的灵魂。

(4)引领性。

党的十九大报告提出:"建设知识型、技能型、创新型劳动者大军,弘扬劳模精神和工匠精神,营造劳动光荣的社会风尚和精益求精的敬业风气。"这充分体现了工匠精神的引领性,这种引领性一方面体现在学校教育特别是劳动教育上,将工匠精神融入学校教育特别是劳动教育的相关课程中,引导学生学习工匠精神、践行工匠精神;另一方面贯彻于职工素质教育中,影响更多的职工学工匠、做工匠。

5.1.3 工匠精神的内容

1. 执着专注

执着专注是指工匠坚定不移、集中全部精力完成一项工作时的态度,是工匠专心致志做事情的工作状态。

(1)执着态度。

态度往往决定一个人能达到的高度。对工作没有执着的态度,就很难取得显著的成效。没有卑微的工作,只有卑微的工作态度,每个人的工作态度完全取决于自己。工作态度比工作能力更重要,个人的态度决定他会把事情做到什么程度。因此,做任何事情,都要有一个好的态度。

(2)专注程度。

专注就是把全部精力都集中在专业领域的学习和发展上。只有专注于某一专业领域,才能取得常人所不及的成就。许多优秀工匠都是长时间(短则十几年,长则几十年)专注于一项技艺或一个岗位,经过持续不断的磨炼,最终获得卓越的成就。有了专注才会有钻劲,有钻劲几乎是大国工匠共同的优良品质。

【案例分享】

"车工多面手"张全民:持之以恒把事情做精做细

张全民,高级工程师、高级技师,享受国务院政府特殊津贴专家。他从事机械加工20多年,通过勤学苦练,能操作多种国内外先进的数控车床,被称为"车工多面手"。他曾荣获"全国技术能手""全国五一劳动奖章""中国高技能人才楷模""全国劳动模范""河南省劳动模范"等荣誉称号。他还曾任第十一届全国人大代表,河南省科学技术协会兼职副主席,平顶山市党代会代表、市人大代表。

张全民15岁时,因父亲工作调动,一家人来到平顶山。张全民的父亲当了一辈子汽车驾驶员,张全民是看着父亲修理汽车长大的,潜移默化中,他对机器零件产生了浓厚兴趣。1987年7月,16岁的张全民考入市高压技校。1990年6月,他以优异的成绩从车工专业毕业,并以全校第一名的成绩被分配到平顶山高压开关厂二厂(现河南省平高电气股份有限公司)。"当时我进厂,就是在这个车间,可以说我就是从这里走出来的。"张全民能操作5种国内外先进的数控车床,成为名副其实的"多面手"、车工"全能手",练出了很多绝活。他给车床刀架多加两把刀,发明新的数控车床滚压工艺,使加工效率和合格率都大幅提高,并且这些方法很快在厂里得到推广。

张全民从进厂就在车间工作,到后来担任技术员、定额员、工程科科长、技术副厂长、工艺部副部长、机械制造事业部副经理,一直从事技术工作。在企业生产一线,身怀绝技的大师级高技能人才屈指可数。2010年7月8日,经省人力资源和社会保障厅批准,平高集团"张全民技能大师工作室"成立,后升级为国家级技能大师工作室。工作室成立以来,主要开展了针对一线操作工的高技能人才创新项目,鼓励一线员工发明创造、技术革新;组织开展"多能工"培训工作,推进实施"一专多能"活动,使操作者在精通某一工种技术的同时,熟练掌握相近的其他一种或一种以上工种的技术;组织职工参加各种技能竞赛,开展首席操作工评比工作;对新员工进行"传、帮、带",建立"师带徒"机制,加快公司人才培养步伐……

作为工作室的"带头人"，张全民以工作室为平台，想方设法通过各种途径把自己多年学习、总结出来的知识和经验，毫无保留地传授给公司的年轻人，鼓励车间一线员工参与到发明创造中来。

张全民曾多次代表平高集团参加全国、省、市举办的职工职业技术比武，获得多种奖项。先后获得发明专利授权5项、实用新型专利8项，每年为公司创造经济效益970余万元；获得公司级以上科技奖励6项，每年为公司创造经济效益1200余万元。

张全民说："三百六十行，行行出状元。人还是要干自己感兴趣的事情，选对行，喜欢自己干的事情，并持之以恒，才能把事情做细做精做好，才能有所成就。"

（资料来源：张全民：从普通车工到技能大师　持之以恒把事情做精做细.平顶山晚报，2017年12月5日）

2. 精益求精

精益求精成为工匠精神的另一种表述方式，反映了工匠成为更好的自己的最高追求。精益求精的字面意思是，已经做得很好了还要追求更好。精了还要更精，好了还要更好。

（1）更高的追求。

任何成功都不是轻而易举取得的，需要人有不断的更高追求。当在学习或工作中遇到问题时，应该和自己较劲，对得到的答案一遍遍斟酌，一遍遍推敲，从60%做到90%，再从90%做到99.99%。精益求精就反映了工匠不断有更高追求的工作状态。

（2）更高的标准。

如果说更高的追求主要是指个人的主观愿望和理想，那么更高的标准主要是指各种客观标准和工作指标。更高的标准代表了更高的竞争力。只有达到甚至超过高标准，才意味着一个人的实力足够强。工匠精神就是追求更高标准的精神。

（3）更好的自己。

工匠精神的本质就是不断追求做更好的自己的工作信念和价值追求。精益求精的本质也就是让自己的工作状态变得越来越好。工匠表面上是不断打磨自己的产品，让自己的手艺越来越精湛，实际上他们是在"打磨"自己的人生，让自己的人生越来越出彩。

【案例分享】

"镗工大王"戎鹏强：以"手"当"眼"练就绝活

有一种特种钢管，要能承受六百多度的高温，指甲盖大小的面积可以承受超过一吨的压力，并且保证稳定工作十万小时以上，要求加工精度极高。"我们深孔加工，最讲究的就是一个要'正'，一个要'直'。干了这么多年，这两个字就一直是我所追求的。我要求它和人生的直线度一样，不能走偏。"在中国兵器工业集团内蒙古北方重工业集团有限公司，戎鹏强是响当当的"镗工大王"。他1994年被评为"全国劳动模范"。他的"超长小口径管体深孔钻镗"操作法破解了高压釜出口偏难题，成为超长小口径管体深孔加工领域的顶尖技术，填补了国内空白。

清晨6点不到，戎鹏强就早早起床，准备早餐。早饭后，他骑上旧自行车，听着新闻，去工厂上班。戎鹏强说，只要走进北重集团的大门，即使闭上眼睛，他也能摸到自己工作的502车间。毕竟，从1983年至今，戎鹏强就只干了镗工这一件事，而且一干就是三十多年。

戎鹏强从进厂第一天开始就把技能提升作为目标。通过几十年如一日的摸索实践，他总结了"摸、听、看、量"四字诀。所谓"摸",主要是摸刀杆,根据摸刀杆的感觉判断刀在行走时的状态;"听"就是听机床发出的声音和硫化油流动的声音,以此判断机床运转是否正常;"看"是要看铁屑的形状和电流表的读数;"量"是测量刀杆每分钟行走的距离和内孔的尺寸。现在的戎鹏强练就了以"手"当"眼"的绝活,只要用手握住刀杆,通过感受刀头的震动,他就能对加工进度做到心中有数。

在很多人看来,加工前的工作差不多就行,但戎鹏强的字典里没有"差不多"这个词。他告诉徒弟,加工的细节是决定成败的关键,任何一个环节都不能疏忽大意,1%错误的累积会导致100%的失败。

凭着扎实的技术水平,2006年,戎鹏强成功加工出高精度5米长、30毫米小口径身管,标志着我国成为极少数能够生产高精度超长小孔径身管的国家;2009年,他成功加工出直径25毫米、4米长的氢气炮,填补了国内空白,创造无形价值数千万元;2010年,他圆满完成了国家某重点试验装置320毫米口径、400毫米口径、480毫米口径、720毫米口径大口径管体激波风洞的加工任务,为北重集团创造了上千万元的利润。

戎鹏强也逐渐成了业界的"香饽饽"。前些年,有私营企业要挖他,开出的薪酬是他工资的好几倍。但戎鹏强二话不说就拒绝了。"虽然工资多一点儿,但毕竟是给私人干活。"戎鹏强无比自豪地告诉记者,"在北重集团,我们是给国家干活!"

这几年,戎鹏强还先后培养出了一批又一批的高技能人才。他带出的16个徒弟中,有2名已成为技师,还有13名高级技工。这些员工已成为车间生产骨干,公司深孔加工技能水平整体得到提升。这些年来,戎鹏强用自己的实际行动诠释了精益求精的工匠精神。

(资料来源:"镗工大王"戎鹏强:以"手"当"眼"练就绝活.央视网,2016年10月26日)

3. 一丝不苟

一丝不苟是一种做事的境界,体现了一个人做事的思想觉悟和认真细致的态度。一丝不苟的工匠精神可以概括为严谨、严格、严苛、严肃等以"严"为核心的精神状态。

(1) 认真细致的工作态度。

认真细致的工作态度是一丝不苟的工匠精神的基础。它体现为个人把全部心思用在干事创业上,把所有精力用在学习进步上,真正以认真细致的态度,扎扎实实地把工作做好。

(2) "严"的工作精神。

"严"的工作精神是工匠共同的优秀品质。他们能够自觉培养这种"严"的工作精神和作风,以严之又严、慎之又慎、细之又细的工作态度为标尺,衡量自己的工作,在这种"严"的工作状态下,鞭策自己不断进步,学有所得、思有所悟,不断提升自身的综合素质。

【案例分享】

"深海钳工"管延安:拧过的60万颗螺丝零失误

2018年10月23日,港珠澳大桥正式通车。这座"一桥连三地"的世纪工程,被国外媒体誉为"新世纪七大奇迹之一"。而中交一航局第二工程有限公司的管延安,就是这座超级工程的建设者之一。33节巨型沉管,60多万颗螺丝,他创下了5年零失误的深海奇迹,也因此被誉为中国"深海钳工"第一人。

2013年,远在青岛航修厂工作的管延安看到了港珠澳大桥岛隧工程建设项目前来招募钳工的通知。在得知这将是又一个挑战世界级难题的机会后,他主动报名并顺利通过选拔,跟着自己的师傅和工友们来到了千里之外南海之滨的珠海牛头岛,成为港珠澳大桥岛隧工程建设大军中的一员。

工程中最大的挑战是修建一条5.6千米长的海底隧道。考虑到地质条件和生态保护,港珠澳大桥海底隧道采用33节水泥沉管在海底进行对接,误差要以毫米计算,工程难度极高。管延安的主要工作就是负责对接设备的安装、调试和维修。这项工作简单来说就是拧螺丝。一根沉管有两万多颗螺丝,如果有一颗误差超过1毫米导致漏水,会直接影响整个工程的质量和1000多名工友的人身安全。

在工作中练就一手绝活的管延安,仅靠一把扳手,就能保证一根沉管上的两万多颗螺丝间隙不超过1毫米。这样的间隙没办法用肉眼来判断,但管延安却通过一次次的拆卸和练习,创造了零缝隙的奇迹,同时他也成了保障沉管隧道安全的最后一道防线。

港珠澳大桥的33节巨型沉管、60多万颗螺丝,成就了他安装零缝隙和"听"音辨隙的绝活,创造了5年零失误的深海奇迹,为世界首条"滴水不漏"的外海沉管隧道建设作出了贡献。

（资料来源：中交一航局第二工程有限公司管延安：深海拧螺丝,60万颗零失误.齐鲁晚报,2020年1月6日）

4. 追求卓越

卓越是杰出、优秀的意思。追求卓越就是追求杰出、优秀的目标。这一目标既可以是成为杰出、优秀的人,也可以是取得杰出、优秀的成就。工匠精神中的追求卓越是指不断让自身保持良好的工作状态和坚定的人生信念。这种状态和信念一般源于工匠的崇高使命感、自我超越的人生追求以及关注细节的工作态度。

（1）崇高使命。

对工匠精神的弘扬和践行本身就是具有崇高使命感的表现。因为工匠精神对于强国、强企、强人都有着重大的价值,我们要建设社会主义现代化强国,要培育一批具有全球竞争力的世界一流企业,要培养高素质的劳动者大军,就需要追求卓越的工匠精神。对于每一位工匠来讲,追求卓越的工匠精神充分展现了他们为国家、为民族、为社会、为人民创造最大价值的使命和担当。

（2）自我超越。

工匠精神的本质是一种自我超越的精神,自我超越就是不断超越过去的自己。人既可以对标先进典型,也可以进行自我超越。不断反省自己、完善自己、提升自己的过程,既是自我超越的过程,也是追求卓越的过程。

（3）关注细节。

俗话说："细节决定成败。"追求卓越在一定意义上取决于关注细节的程度。细节既能反映一个人做事的用心程度,也能体现出他对一件事情的重视态度和精细程度。追求卓越就需要从细节入手,寻找实现卓越的路径和方法,从而践行工匠精神。

【案例分享】

"高铁焊接大师"李万君：只要坚持就会有成绩

李万君是中车长春轨道客车股份有限公司（以下简称"中车长客"）转向架制造中心焊接车间的电焊工、高级技师。他所在的中车长客是我国最重要的轨道客车研发、制造、检修以及出口基地。转向架是轨道客车的走行部分,直接影响到车辆的运行速度、稳定性和安全性。转向架制造技术,被列为高速动车组的九大核心技术之一。高铁的每个转向架都有上千条焊缝,每一条焊缝都不得有任何瑕疵。

在从事电焊工作的32年里,李万君成长为高铁焊接大师。他先后参与了几十种城铁车和动车组转向架的首件试制焊接工作,总结并制定了20多种转向架焊接规范及操作方法,开展技术攻关100多项,其中21项获得国家专利。他把中国轨道车辆转向架构架焊接技术推向了世界最高水平,被誉为"大国工匠"。

高铁转向架焊接时碰撞出来的光与声,已经深深融入李万君的生命。作为第一代高铁工人,李万君的职业生涯与中国高铁事业的发展紧密相连。刚开始工作时,拥有一个电工操作证就可以了。随着高铁事业的快速发展,电焊工的操作技能要与国际接轨,李万君先后考取了6项国际焊工资质证书和1项国际技术资质证书,满足了高铁的生产需求。

但高铁事业不是靠一个人的高超技能就可以支撑起来的,需要团队齐心协力。2007年,时速250千米的动车组作为全国铁路第六次大提速的主力车型,在中车长客试制生产。但当时中车长客的车间焊工不到100人,无法满足生产需要。中车长客决定采取校企联办的形式引进400名新焊工,让李万君肩负起培训的重任。

开始授课前,李万君去书店找电焊相关的书籍,但一无所获。他后来一想,中国的高铁事业才起步,哪会有适合高铁焊接的书籍!"没有书,就自己写书。"李万君将他20多年来掌握的焊接方法和操作经验编成演示文稿,就连焊枪的角度、蹲姿,甚至如何呼吸等细节,他都编进了教材。在李万君任"总教头"期间,400多名校企联办的学生全部提前半年考取了国际焊工资质证书,被分配到动车组各个车间从事焊接工作。这保证了主力车型时速250千米动车组的批量生产。

对于参与各种新车型转向架的首件试制焊接工作的李万君来说,工作总是充满了未知和挑战。在生产时速350千米的"复兴号"时,他和团队面临着一个前所未有的难题。这一车型的转向架有一个叫扭杆座的焊件,上面有很多不规则的焊缝,"弯道极多"。李万君和工友们首次焊完了8个扭杆座,经过严苛的检验后,得到的答复是:全部不合格。"当时我们傻眼了。"李万君说。转向架焊缝接头工作是否成功,是实现高铁自动化生产目标的关键环节。"不可能更改高铁设计,更不能放宽焊接质量要求,我们只能把难题攻克掉。"李万君相信,答案就在他和工友们的焊枪里。终于,他们用了半个月时间,难题迎刃而解。李万君也因此摸索出"环口焊接七步操作法"的绝活。这套目前世界上难度最高的高铁焊接技术,让外国专家竖起大拇指,连连称赞。

2011年,李万君主持的公司焊工首席操作师工作站,被国家命名为"李万君国家技能大师工作室"。多年来,他一边工作,一边编写教材,承担了大量的技能培训任务,先后组织培训近160场,为公司培训焊工1万多人次。作为第一代高铁工人,李万君见证了中国高铁从无到有、从追赶到领跑的历程。在他看来,中国高铁事业需要把技术提升到极致,把每件产品都做成艺术品。

(资料来源:高铁焊接大师李万君.中国青年报,2019年7月5日)

5.2 工匠精神的价值

5.2.1 工匠精神的个体价值

1. 工匠精神与新时代大学生的全面发展

在全球化和信息化的时代背景下,新时代大学生正经历着百年未有之大变局,他们思想多元、自我意识凸显,更加注重自我发展和个人价值实现。工匠精神是中华民族精神的重要瑰宝,其所蕴含的爱岗敬业、精益求精、协作共进、追求卓越等精神特质,对于大学生树立正确的世界观、人生观、价值观,帮助大学生成为"有理想、有本领、有担当"的一代新人,促进大学生的全面健康发展具有十分重要的意义。

(1)弘扬工匠精神,有利于引导大学生树立正确的价值观。

树立正确的价值观、培育和践行社会主义核心价值观是高校立德树人的重要任务。从内容上看,工匠精神所包含的爱岗敬业、精益求精是社会主义核心价值观在公民个人层面的体现,具有正确的方向引领和价值导向作用。从过程上看,国家富强、民族振兴、社会进步都离不开具体的劳动实践,离不开广大劳动者的积极进取、苦干实干、开拓创新。因此,弘扬工匠精神,有利于形成尊重劳动、崇尚劳动、以劳动为荣的社会风尚,有利于引导学生树立正确的价值观、劳动观和职业观。

(2)弘扬工匠精神,有利于促进学生的全面发展。

促进人的全面发展是马克思主义教育观的核心思想,培养德才兼备、全面发展的新时代大学生是我国高等教育的方针和根本任务。新时代工匠精神所蕴含的爱岗敬业、精益求精、协作共进、追求卓越、开拓创新等精神内涵,是所有人都可汲取的职业素养和职业要求。弘扬工匠精神,能够培养新时代大学生崇尚劳动、勤于钻研的精神,增强其勇于创新、团结协作的能力,使其养成吃苦耐劳、精益求精、勤恳踏实的优秀品质,从而提高个人的职业能力和职业素养,提升自身的综合能力,实现全面发展。

2. 新时代大学生工匠精神的培育路径

工匠精神发端于企业,但孕育于教育。实际上,工匠精神已超越"工"本身的范畴,它并非某一种职业才需要的精神,而是每个人都应具备的精神。高校是为社会主义事业培养合格建设者和接班人的重要阵地,培育大学生的工匠精神,不仅是应有之义,更需自觉担当,是立德树人的责任践行。

(1)营造良好氛围,培养工匠精神。

将校园文化与工匠精神紧密结合,用更为柔和的方式、更人性化的手段对大学生产生潜移默化的影响,帮助大学生在长期的过程中自然、平和地感受工匠文化,培育工匠精神,促进大学生劳动观念和劳动习惯的养成。在浓厚的工匠文化氛围中宣扬工匠精神理念、传播工匠文化,让工匠精神之花开遍校园,让每一位学生都能感知到工匠精神。

(2)项目任务驱动,强化工匠精神。

深挖新时代工匠精神的内涵,以项目和任务驱动探究性学习,让当代大学生能够依据个人兴趣爱好选择合适的项目和任务,然后借助现有的资源、技术等对实践工作予以支撑,在此过程中提升对工匠精神的认知、判断和表达能力,引导大学生的价值观向工匠精神靠拢,让他们对工匠精神有更深的理解和认同。

（3）拓宽培育渠道,践行工匠精神。

拓宽培育渠道,把新时代工匠精神培育下移至不同教育环节和教学场域,通过职业训练和职业体验的形式加强对当代大学生的职业生涯指导,在走进企业和实训实习基地的过程中,在实践教育活动中引导大学生贴近劳动、认识劳动,在劳动创新中不断感悟劳动。大学生在劳动实践中能够形成对新时代工匠精神的深刻理解,并在日常学习、生活、工作中主动践行工匠精神。

（4）融入思政教育,内化工匠精神。

高校在提升学生专业素养和职业技能的同时,要将工匠精神的培育融入高校思想政治教育,充分发挥高校意识形态传播主阵地的作用,通过开展工匠精神教育,提高学生的思想认识,正确把握工匠精神的实质和内涵,让学生懂得具备专注细致、精益求精、创新创造的专业精神是自身安身立命之本,将职业理想的树立与"工匠"敬业奉献的职业追求相结合,真正懂得"工匠"的社会价值,明确"工匠"不仅是单纯的"劳力者",更是社会发展的重要力量。加强精益求精、爱岗敬业精神的教化,提升职业追求,让创业创新的基因根植于学生心中,从而培育更多具有健全人格和社会责任感的"工匠",让工匠精神内化于心。

5.2.2　工匠精神的社会价值

2016年3月5日,李克强总理代表国务院向十二届全国人大四次会议作《政府工作报告》时,首次正式提出"工匠精神",即鼓励企业开展个性化定制、柔性化生产,培育精益求精的工匠精神,增品种、提品质、创品牌。

1. 工匠精神的强国价值

李克强总理在2016年的《政府工作报告》中,从"提升消费品品质"角度提出"培育精益求精的工匠精神"的要求,即加快质量安全标准与国际标准接轨,建立商品质量惩罚性赔偿制度,鼓励企业开展个性化定制、柔性化生产,培育精益求精的工匠精神,增品种、提品质、创品牌。可见,工匠精神对于提升我国产品质量,特别是提升我国产品的全球竞争力具有重大的战略意义。

实现质量强国,特别是建成制造强国,是我国的重要强国战略。而制造强国必须有高质量的产品作为保障。早在2015年5月8日,国务院就确定全面推进实施制造强国战略。制造业是国民经济的主体,是立国之本、兴国之器、强国之基。自18世纪中叶开启工业文明以来,世界强国的兴衰史和中华民族的奋斗史一再证明,没有强大的制造业,就没有国家和民族的强盛。打造具有国际竞争力的制造业是我国提升综合国力、保障国家安全、建设世界强国的必由之路。

工匠精神中所包含的创新精神与国家产业转型升级战略需求相契合,创新不仅是新时期工匠的人生追求,也是国家发展的不竭动力。时代的发展迫切需要弘扬工匠精神。要实现中华民族伟大复兴的中国梦,不仅需要现代科学技术的不断创新支撑,更需要千千万万能工巧匠的亲手打造。为此,国家提出实施制造强国战略,《中国制造2025》是我国实施制造强国战略第一个十年的行动纲领。李克强总理指出:"各行各业要向获奖组织和个人学习,弘扬工匠精神,勇攀质量高峰,打造更多消费者满意的知名品牌,让追求卓越、崇尚质量成为全社会、全民族的价值导向和时代精神,为促进经济'双中高'、全面建成小康社会作出更大贡献!"

2. 工匠精神的强企价值

从一定意义上讲,一个国家的竞争力取决于这个国家的企业竞争力,而企业竞争力从根本上来源于它的产品、服务或技术竞争力。工匠精神的强企价值关键在于提升产品、服务或技术的竞争力。很多发达国家就是通过弘扬工匠精神实现强企从而强国的目标的。德国之所以成为发达国家,是因为工匠精神成就了它的很多百年企业。德国生产的从机械产品、化工产品、电器、光学产品,到厨房用具、体育用品,都是质量过硬的产品,从而使"德国制造"成了高质量和良好信誉的代名词。发达国家瑞士的手表之所以誉满天下、畅销世界,靠的也是精益求精的工匠精神。瑞士制表商对每一个零件、每一道工序、每一块手表都精心打磨、专心雕琢,他们用心制造产品的态度就是工匠精神的体现。我国有很多家上百年的中华老字号企业,它们的成功秘诀也在于具有工匠精神。布鞋老字号内联升制作一双成鞋,不仅需要精心选材,还需要经过 90 多道工序,整个制鞋过程中用到的工具近 40 种。传统手工艺品老字号王星记,其黑纸扇的每道工序都由不同的人来完成,包括制骨、糊面、上页、折面、整形、砂磨等 86 道大工序,制作过程极其复杂费时。中药老字号同仁堂,其立店箴言亦是注重手工制作的"炮制虽繁必不敢省人工,品味虽贵必不敢减物力"。尽管这些手工制作环节逐渐被机械化、自动化、智能化生产取代,但是其中精益求精的工匠精神仍然需要中国的企业大力传承和弘扬,这是成就伟大企业的必要条件。

为了展现中国企业取得的重大成就,2013 年 11 月 6 日,《大国重器》纪录片在中央电视台财经频道首播。《大国重器》以独特的视角记录了中国装备制造企业创新、发展的历史,生动地讲述了充满中国智慧的机器制造故事,再现了中国装备制造企业从无到有再到赶超世界先进水平背后的艰辛历程,展望了中国装备制造企业迈向高端制造的未来前景。尽管该纪录片反映的是中国装备制造企业的强大之路,但这也是所有中国企业必然要走的强大之路。从这个意义上讲,强企进而强国的战略号角已经吹响。没有强大的劳动者大军,就难有强大的企业。因此,工匠精神的根本意义在于建设强大的劳动者大军,这也是工匠精神的育人价值。

3. 工匠精神的育人价值

工匠精神的时代价值从根本上体现了人才强企进而强国的重大意义。习近平总书记在党的十九大报告中强调,建设知识型、技能型、创新型劳动者大军,弘扬劳模精神和工匠精神,营造劳动光荣的社会风尚和精益求精的敬业风气。彰显精益求精的工匠精神为广大劳动者确立了职业素质的标准,让精益求精成为敬业的风气。从这个意义上讲,工匠精神对于全面提升劳动者整体素质有着重大的育人价值。

工匠精神不仅是与人类理性本质的呼应,也是社会发展和文明进步的内在动力。工匠精神是职业精神的核心内容,其蕴含的敬业、创新精神正是社会主义核心价值观的重要内容,也是社会责任感最真实的写照。因此,培养具有工匠精神的人才既是高校思想政治教育的重要责任,也是开展思想政治教育的本质要求。思想政治理论教育不仅是知识传授的载体,更是价值引领的主渠道和主阵地,直接关系着学生"爱国情、强国志、报国行"的培育和践行。

在中国由制造大国向制造强国转变的过程中,能否为中国特色社会主义事业培养一大批具有工匠精神的有用人才和合格建设者,是这一转变时期的关键。作为承担人才培养重任的高校必须肩负起为祖国培养优秀工匠的重任,将工匠精神融入高校的思想政治教育和人才培养体系中。

4. 工匠精神的传承和培育

党的十九大报告提出:"建设知识型、技能型、创新型劳动者大军,弘扬劳模精神和工匠精神,营造劳动光荣的社会风尚和精益求精的敬业风气。"改革开放以来,我国制造业快速发展,综合实力和国际竞争力显著增强,但仍存在大而不强的问题。当前,我国经济已由高速增长阶段转向高质量发展阶段,尤其需要传承和培育工匠精神。

(1)树立匠心是弘扬工匠精神的关键。

工匠精神,匠心为本。有没有工匠精神,关键在于是否有一颗安于默默无闻、执着于追求卓越的匠心。树立匠心,既要弘扬优良传统,又要紧跟时代步伐,勇于开拓创新。一方面,加强宣传教育。从中华优秀传统文化中汲取营养,不断赋予其新的时代内涵,引导全社会深刻认识培育和弘扬工匠精神的重要意义,大力倡导尊重劳动、尊重知识、尊重人才、尊重创造的社会价值观,尊重一线员工和专业技术人员的劳动,形成推崇工匠精神的良好社会氛围。另一方面,完善制度机制。比如,可以建立健全评价机制,设立与工匠精神有关的奖项,评选奖励优秀一线员工和专业技术人员,引导人们在工作中精益求精。

(2)培育匠人是传承工匠精神的基础。

工匠精神,匠人为基。广大技能人才是工匠精神的主要传承者、实践者、创新者。拥有一支技艺超群、敬业奉献的技能人才队伍,是建设制造强国的坚强保障。近年来,随着职业技能培训事业快速发展,我国技能人才队伍不断壮大。但与世界制造强国相比,我国制造业大而不强、科技含量总体不高的问题依然突出,技能人才队伍仍然存在总量不足、结构有待优化、供需矛盾突出等问题,技能人才的发展渠道偏窄、待遇偏低,社会上重学历、轻技能的观念还没有根本扭转。实践证明,只有培养大批技能人才,才能有力支撑制造强国建设。培育技能人才既要激发其内在动力,又要构建有效激励机制。应在健全制度、落实措施方面做好顶层设计,建立健全培养、考核、使用、待遇相统一的激励机制。在实践中,应探索产教融合、校企合作的技能人才培育方式,完善职业技能等级认定政策,为技能人才成长搭建平台、创造条件,让更多的大国工匠脱颖而出。

(3)打造精品是践行工匠精神的目的。

工匠精神,以精品为重。精品就是优质产品。习近平总书记指出,要弘扬"工匠精神",精心打磨每一个零部件,生产优质的产品。只有打造更多的精品、优质产品,塑造更多的"中国品牌",中国经济发展才能进入质量效益时代,中国制造业才能在做大做强中跻身世界前列。打造精品要以精益求精的追求,从创新上找动力,在产品和服务两方面下苦功。在产品方面,应注重改进制造工艺、提升产品性能。在服务方面,应努力提升管理服务水平,不断满足用户对产品和服务品种多样化、品质高端化的需求。打造精品要以品质为保证,在品种、品质、品牌等方面深耕细作,着力解决质量稳定性、消费安全性等问题。当前,应严格执行工序标准,普及卓越绩效、精益生产、质量诊断等先进生产管理模式,加强从研发设计、物料采购、生产制造到销售服务的全过程管理,让工匠精神体现在一件件精品、优质产品上,在打造更多享誉世界的中国品牌中成就自己的精彩人生。

【案例分享】

"感动中国"的电工窦铁成：自己跟自己较劲

窦铁成，全国劳动模范、全国优秀共产党员、中共十八大代表，中铁一局电力工匠技师，被誉为"专家型技术工人""金牌工人"。他先后参与建设了京山铁路、京秦铁路、西安地铁等上百个工程项目。历任中铁一局电务处四队电力工、电气设备安装、试验班班长、电力高级技师、电力试验所质量负责人、窦铁成技能大师工作室负责人、工匠技师、陕西省总工会副主席（兼职）。

窦铁成1979年通过招工考试，被铁一局电务处录取。1980年，他以优异成绩获得了参加中铁一局电力培训班学习的机会。每天晚上，窦铁成都是第一个走进教室，最后一个离开。周末，别的同学都回家了，或者结伴出游了，他却一头扎进教室，沉浸在知识的海洋里。凭借这股钻劲，7个月培训结业时，他取得了电力内外线考试的最高分。

1983年，窦铁成满怀信心来到京山压煤改线和京秦线之间的沱子头变电所，这也是他第一次接触变配电施工。望着一寸半厚的各种图纸和两层高的变电所大楼，他不由得倒吸了一口凉气，自己那点知识根本无法应对。但是倔强的他告诫自己："再难的知识，只要一点点啃，一点点琢磨、分析，总能悟出个道道来。"于是，窦铁成白天干活，晚上把自己关在备用调压器房里，对照专业书籍，对一张张图纸、一条条线路、一个个节点进行分析解读，思考设备如何安置、电缆如何铺设。施工期间，他把加起来一寸半厚的七套各类不同技术图纸都认真地画了一遍。最后，工程不仅顺利完工，还获得了国家优质工程银质奖。

1999年，变配电设备的测试开始采用计算机进行分析，已经40多岁的窦铁成立刻买来计算机教材，从最基本的原理学起，慢慢地学会了表格制作、工程制图等，成为中铁一局3万名员工中掌握计算机设计绘制电力图纸的第一人。

"世界上没有两个完全一样的工程，不同的地点、不同的时间就要用不同的办法来施工。可以说，每个工程都要创新。在这个过程中，施工技术人员因地制宜将知识、技术创造性地用于工程，解决难题，就会从中享受到快乐。"

参加工作40多年，窦铁成先后解决技术难题69项，提出设计变更7次，解决送电运行故障400余次。"一个人可以没有文凭，但不能没有知识。"窦铁成用实际行动印证了这句话，并赋予了它新的内涵。

窦铁成是"名人"，是"工人主席"，可在办公室里总是找不到他。他身着简单的工装，背着一个黑色的双肩挎包，行走在施工一线，一直如此。作为电力试验所质量负责人，他在大连、佛山、西安、天津的工地上来回奔波，每逢重大工程节点，都能看到他指导施工的身影，他尽职尽责、毫无怨言。

2011年11月，"窦铁成技能大师工作室"成立，窦铁成主动担当，发挥劳模的影响力和引领作用，带领技术攻关小组先后成功研发了疏散平台测量小车、刚性悬挂接触网垂直向上钻孔平台等多项成果。工作室累计获得国家高新技术企业认证2项、各类专利42项、工法39项、获奖科研项目48项、BIM大赛获奖11项、软件著作权10项。窦铁成说："要将优秀的施工工艺留下来，传下去，尽最大的力量把自己的所知所学传授给更多的人。"

（资料来源：最美奋斗者网站."感动中国"的电工窦铁成：自己跟自己较劲.人民日报,2006年2月23日）

5.2.3　工匠精神的时代价值

实现中华民族伟大复兴的中国梦,不仅需要大批科学技术专家,同时也需要千千万万的能工巧匠。更为重要的是,"工匠精神"作为一种优秀的职业道德文化,它的传承和发展契合了时代发展的需要,具有重要的时代价值与广泛的社会意义。

1. 社会文明进步的重要尺度

物质文明与精神文明是推动社会文明进步的"两个轮子",是实现中华民族伟大复兴中国梦的"一双翅膀",二者缺一不可。事实上,"工匠精神"的发育程度,同社会的物质文明、精神文明的进步程度直接相关。从精神文明来看,"工匠精神"作为一种职业精神,在本质上它同社会主义核心价值观特别是同其中的"敬业""诚信"要求高度契合。从物质文明来看,"工匠精神"在物质文明的创造过程中可以发挥强大的精神动力及智力支持作用。

2. 中国制造前行的精神源泉

经过改革开放40多年的发展,我国早已成为世界第一制造业大国。尽管我们成了"世界工厂",贴着"MADE IN CHINA"标签的产品在世界随处可见,大到汽车、电器制造,小到制笔、制鞋,国内许多产业的规模居于世界前列,但其中依然缺少真正中国创造的东西。总体而言,我国制造业大而不强,实现制造业转型升级迫在眉睫。加快建设制造强国,加快发展先进制造业,关键在于提高创新能力,而工匠精神是助推创新的重要动力。工匠精神不是因循守旧、拘泥一格的"匠气",而是在坚守中追求突破、实现创新。把工匠精神融入生产制造的每一个环节,敬畏职业、追求完美,才有可能实现突破创新。我们要通过弘扬工匠精神,培育劳动者追求完美、勇于创新的精神,为实施创新驱动发展战略、推动产业转型升级奠定坚实基础,加快建设制造强国,推动经济高质量发展。

3. 品牌形象提升的必由之路

品牌是企业走向世界的通行证,也是国家竞争力的重要体现、国家形象的亮丽名片。近年来,我国品牌建设取得长足进步,但在国际上真正叫得响的品牌还不多,这与我国作为世界第二大经济体、第一制造业大国的地位很不相称。提升品牌形象,要求把工匠精神融入设计、生产、经营的每一个环节,做到精雕细琢、追求完美,实现产品从"重量"到"重质"的提升。通过弘扬工匠精神,让每一个劳动者恪守职业操守,崇尚精益求精,进而培育众多大国工匠,不断提高产品质量,打造更多享誉世界的中国品牌,建设品牌强国。

4. 员工个人成长的道德指引

尊重员工的价值、启迪员工的智慧、实现员工的发展,不仅是员工个人成长的强烈需求,也是现代企业的责任和使命。而"工匠精神"作为一种职业精神,是企业员工提升个人精神追求、完善个人职业素养、实现个人成长进步的重要道德指引。事实上,企业员工具有高尚职业操守和强烈的"工匠精神",与拥有较高专业知识技能一样,是其自身立足职场的重要条件和在未来职业生涯中脱颖而出的制胜法宝。

项目 **6**

家庭劳动实践

通过学习认知常用劳动工具的类别和用途,学会正确使用劳动工具和设备参与家务劳动,减轻家务负担,提高家务效率;学会一些烹饪技巧,掌握食材的搭配和营养知识,能够为自己和家人准备健康美味的餐食,学会关心和照顾家人的需求,更加珍惜家庭的温暖与和谐。家庭劳动让学生深刻理解劳动的意义,形成尊重劳动、热爱劳动的良好品质;认识到劳动是实现自我价值和社会价值的重要途径,这对于学生未来的职业发展和生活都有着重要的影响;养成勤劳节俭的好习惯,帮助他们更好地适应工作环境和任务要求。

通过参与家庭中的各种劳动实践,锻炼学生的实践能力和动手能力,增强他们对家庭的归属感和责任感,培养学生的社会责任感;培养学生合理安排家务劳动时间、制订家务计划,并有效执行和评估的能力。

认知目标

- 学习劳动工具的类别和用途;
- 掌握衣物收纳基本知识;
- 掌握基本的烹饪和营养知识;
- 学会绿植养护基本知识。

能力目标

- 具备日常生活自理能力,以及照顾家人和关心他人的能力;
- 具备家务管理与规划能力;
- 具备使用家务工具和设备的能力;
- 增强实践能力和动手能力;
- 掌握简单的家庭维修和养护技能。

素养目标

- 树立正确的劳动观念:认识到劳动的价值和意义,理解"劳动最光荣、劳动最崇高、劳动最伟大、劳动最美丽"的观念。
- 培养劳动精神和品质:培养学生勤劳、节俭、创新、奉献等劳动精神。
- 增强家庭责任感:引导学生关注家庭的发展,为家庭作出贡献。
- 促进学生身心全面发展。

6.1 家务劳动

【任务描述】

家务是指家庭日常生活事务。家务事琐碎繁杂,且变化多样,既有柴、米、油、盐、酱、醋、茶等生活必需品相关事务,又有缝补衣物、洗衣换衣等事务。通过认识并学会使用家务劳动工具,掌握工具的基本分类、使用方法和注意事项;学会洗衣做饭、打扫卫生、整理内务等独立生活所需的生活自理技能,并懂得照顾家人生活;通过家务劳动,学会环境美化技能,培养创造美、欣赏美的能力。

6.1.1 认识劳动工具

家庭劳动工具可以分为清洁工具、五金工具和智能工具三大类。

(1) 清洁工具。

包括抹布、扫帚、拖把、清洁刷、清洁球等。抹布可用来擦拭桌子、地板等,用完后要清洗干净并晾晒。扫帚用于清理地面灰尘和污渍,清扫时要顺着扫。拖把用于清理地面上扫帚处理不掉的浮灰、水渍。清洁刷和清洁球用于清理狭小部位和餐具,例如杯子口、碗底。

(2) 五金工具。

包括扳手、钳子、锤子、卷尺、试电笔等。扳手用于拧螺栓、螺母。钳子用于夹持、剪切金属丝线。锤子用于敲打物体使其移动或变形。卷尺用于测量物体的长、宽、高。试电笔用于测试电线中是否带电。

(3) 智能工具。

随着科技的发展,智能化的家务工具和设备已进入寻常家庭,如扫地机器人、智能洗衣机、智能空调,还有可通过语音(或远程)操控的家居设施设备等。

6.1.2 衣着管理实践

东汉时期,有一少年名为陈蕃,此人自命不凡,一心只想做大事。一天,父亲的好友薛勤来访,见陈蕃独居的院内脏乱不堪,便问他:"孺子何不洒扫以待宾客?"他答道:"大丈夫处世,当扫天下,安事一屋?"薛勤当即反问道:"一屋不扫,何以扫天下?"陈蕃无言以对。这则故事告诉我们在劳动教育中,从小事做起、培养责任感和实践能力的重要性。千里之行,始于足下。一个人如果想有所成就,就不能忽视不起眼的小事。在日常生活中养成良好的劳动习惯,应从洗衣、熨烫、缝补、收纳等衣着管理方面做起。

1. 洗衣技巧

1) 洗前的准备

(1) 区分衣物。

在清洗衣物之前,应将衣物区分开来,以免有些衣物受到其他衣物的污染,比如内衣与外衣要分开;儿童的衣物与成人的要分开;健康人的衣物与病人的要分开;不同颜色的衣物要分开。

(2) 区分衣物面料。

常见衣物面料包括纺织纤维和皮革等。纺织纤维包括天然纤维和化学纤维,其中,天然纤维包括植物纤维(如棉、麻等)和动物纤维(如羊毛、蚕丝等),化学纤维包括人造纤维(如人造毛、人造棉、人造丝等)和合成纤维(如涤纶、腈纶、氨纶、丙纶等)两类。皮革包括真皮、再生皮和人造革。不同的面料具有不同的特点,应采用不同的清洗和保养方法。

(3)检查衣物。

检查衣物表面是否有难以清洗的污渍(如油漆、嚼过的口香糖等),如有,应在清洗前处理掉;检查衣物口袋中是否有钱币、首饰、票据、卫生纸等,如有,应及时取出。

2)清洗方法

清洗衣物的方法主要包括手洗和机洗两种。

(1)手洗。

需要手洗的衣物包括丝、麻织品、人造棉、毛、丝等制品,羽绒制品、沾有汽油的衣物等。另外,可机洗的衣物,其领口、袖口等部位污物较多且机洗难以洗净时,可先手洗再机洗。手洗衣物的要求:①注意领口、袖口等容易脏的地方;②根据衣物的面料,对衣物进行合理浸泡,但应注意浸泡时间;③要用清水将衣物漂洗干净。常见的衣物清洗手法有搓洗、刷洗、拎洗、揉洗四种。其中,搓洗是双手抓住衣物,上下来回摩擦,或者把衣物放在搓衣板上上下摩擦,直至把污渍洗掉;刷洗是将衣服铺平,用刷子来回刷,直至把污渍刷掉,适用于清洗衬衣和牛仔服;拎洗是在盆内倒入适量清水,加入清洗剂,将衣物放入水中浸透,然后抓住衣物的上端,从盆内拎起再放入,重复上述动作,然后用清水冲洗干净,适用于清洗丝绸类衣物,尤其是绢丝类衣物;揉洗是像揉面团一样在盆中揉搓衣物,双手反复抓捏衣物,直至把污渍洗掉,然后用清水漂洗干净,适用于清洗羊毛衫、围巾等衣物。

(2)机洗。

家庭中使用的洗衣机可分为两大类:一类是全自动洗衣机,另一类是半自动洗衣机。

用全自动洗衣机清洗衣物时,可根据衣物材质选择合适的清洗功能进行清洗。

用半自动洗衣机清洗衣物时,可按以下程序操作。

注水。根据所清洗衣物的数量,向洗衣机水桶注入适量的水(水量应在机器规定的上下限水位内),倒入适量的清洗剂,然后放入要清洗的衣物。

洗涤。根据要求选择清洗按键,并按衣物面料和衣物脏污程度选择清洗时间。

漂洗。洗完后漂洗2~3次,每次2~3分钟,直至衣物干净。

脱水。将洗干净的衣物均匀地放入脱水桶内,放好脱水桶压盖,盖好桶盖进行脱水。

取出。脱好水后,及时取出衣物晾晒。

3)晾晒方法

科学合理地晾晒衣物,是保持衣物良好形态的重要环节。衣物清洗完毕后,要根据衣物的面料、颜色等来确定晾晒方法。以下是几类不同面料衣物的晾晒方法。

棉麻类衣物:一般可放在阳光下直接晾晒,为避免褪色,衣物最好反面朝外。

丝绸类衣物:其耐光性差,经暴晒后会褪色,因此应反面朝外,放在阴凉通风处自然晾干,严禁用火烘烤。

毛料衣物:反面朝外,放在阴凉通风处晾干。

化纤类衣物:在阴凉处晾干,不宜在日光下暴晒,以免面料变色发黄。

另外,床上用品会与皮肤直接接触,平时要注意清洗。一般来说,清洗间隔应根据季节来确定。一般而言,夏季一周清洗一次,冬季两周清洗一次。最好选择在晴天清洗,让清洗后的床上用品接受紫外线的照射,可有效清除细菌和螨虫。

【探究分享】

刘女士在朋友圈发布招聘启事,寻找保姆照顾自己上大一的女儿,这一举动引发网友热议。

刘女士称自己平时很忙,没有时间照顾女儿。女儿虽然上大学了,但从小没做过家务,所以想找一个保姆照顾女儿。

其实,钟点工的小时工资一般在 20 到 50 元,请保姆算不上奢侈。假如刘女士给自己家里请保姆,不会有人说三道四。那么,刘女士的做法为什么会惹来争议?其实,比较容易引发反感的关键词是"大学生"和"从小没做过家务"。

大学生过的是集体生活,自己的"一亩三分地"也只是寝室里的书桌和床;所谓做家务,无非是生活自理问题。

家务劳动和文化课程一样,都属于从小就得学习的必修课。一个人的成功受很多因素的影响,做家务是其中之一,而其他诸多因素也以做家务为基础。

请问:

① 你如何看待刘女士给上大学的女儿招聘保姆这一举动?

② 你在家时是否常做家务?在学校时,你是否清洗衣物?

2. 熨烫技巧

(1)熨烫步骤。

向熨烫机内注水。最好向熨烫机内注入冷开水或纯净水,因为冷开水或纯净水加热后一般很少会产生水垢,有利于避免熨烫机的喷气孔被水垢堵塞。

选择温度。熨烫机上一般会有调节温度的旋钮,使用时可根据衣物的材质选择不同的温度,也可根据衣物上的熨烫标志选择合适的温度。

熨烫。应在水温达到所调温度后再开始熨烫,因为温度不够时,无法达到理想的熨烫效果。熨烫过程中应保持衣物平整,以免在衣物上留下新的褶皱。

熨烫完的衣物不要马上放入衣柜,而应先挂在通风处,待衣物干透后再放入衣柜,以免衣物发霉。

(2)熨烫方法。

棉麻衣物。棉麻衣物的熨烫温度为 160～200℃。熨烫要领:动作敏捷,但不能过快;往返熨烫的次数不宜过多;用力不宜过猛;熨烫淡色棉麻衣物时应保持匀速,以免衣物发黄。

丝质衣物。丝质衣物的熨烫温度为 110～120℃。丝质衣物的熨烫温度不能过高,以免导致衣物褪色、软化、变形等。熨烫要领:垫布熨烫,或熨烫衣物反面;熨烫机不能在一个地方停留过久,以免产生烙印、水渍,影响衣物的美观。

皮衣。皮衣的熨烫温度为 80℃ 以下。熨烫要领:垫干燥的薄棉布进行熨烫;用力要轻,以防损坏皮衣。

毛织衣物。毛织衣物要根据衣物的厚度来选择熨烫温度,一般而言,薄款毛织衣物的熨烫温度在 150℃ 以下,厚款毛织衣物的熨烫温度在 200℃ 以下。熨烫要领:垫湿布熨烫;平稳地移动熨烫机,移动速度不宜过快。

合成纤维衣物。合成纤维种类繁多,不同的合成纤维衣物,其耐热程度各不相同。在对合成纤维衣物进行初次熨烫前,可先在衣物里面不明显的部位试熨,在调整好熨烫温度后,进行大面积熨烫。

3. 缝补针法

缝补衣物的常用针法有平针缝(图 6-1)、藏针缝(图 6-2)、回针缝(图 6-3)、锁边缝(图 6-4和图 6-5)、包边缝、扣眼缝等。

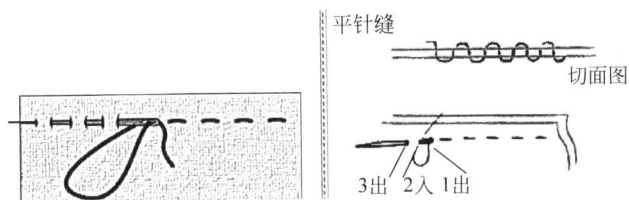

图 6-1 平针缝

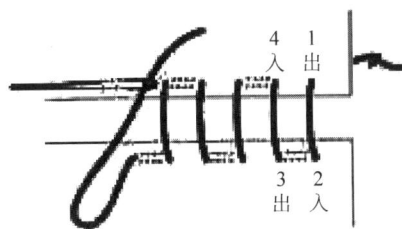

图 6-2 藏针缝

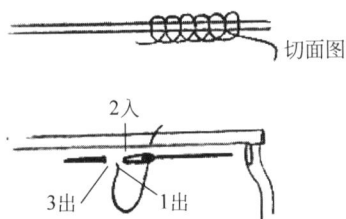

图 6-3 回针缝

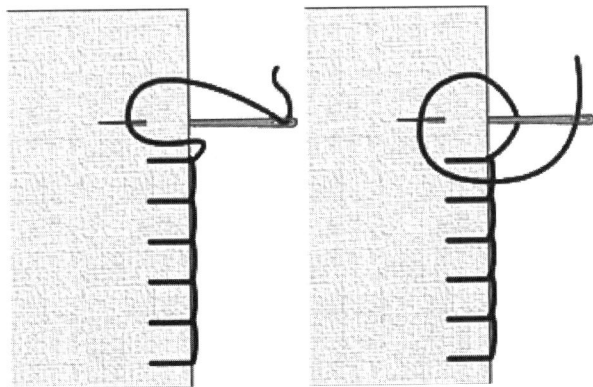

图 6-4 锁边缝(1)

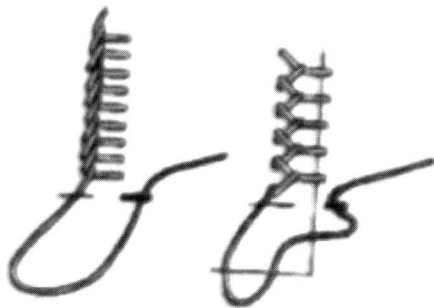

图 6-5　锁边缝(2)

平针缝是最基础的针法,也是最常用的针法。这种针法主要用于拼接布料和缝制布料的轮廓。采用这种针法时要注意针脚间隔均匀,间隔一般为 3mm 左右,也可根据实际情况调整。

藏针缝是一种很实用的针法,能够有效隐匿线迹,常用于缝制衣物上不易在反面缝合的区域。

锁边缝一般用于缝制织物的毛边,以防织物的毛边散开。

包边法、扣眼缝与锁边缝的用途相同,但装饰性和实用性更强。

【探究分享】

情景一:小明在跑步时不小心摔倒,磕破了裤子,准备自己动手缝好。

情景二:母亲节马上到了,小菲想亲手制作一个香囊送给妈妈。

请问:在上述两种情景中,小明和小菲分别应采用哪种针法?

6.1.3　餐食烹饪

对于一名在校大学生来说,做饭这样的“小事”,常常成为考验其独立生活能力的“大事”。从“家常菜”到“营养均衡、色香味俱佳的佳肴”,做饭不仅是一项生活技能,更是一项能让人们享受烹饪乐趣、用美食调剂生活的活动。

1. 选购食材

要有计划地进行食材选购,即确定用餐人数→确定购买数量→确定购买地点。需要注意的是,最好从货源可靠的购物地点购买食材。例如,蔬菜、肉、蛋、禽、水产类食材可到大菜市场购买,奶制品、速冻制品、调味品等可到正规超市购买。

1) 选购安全的食材

选购食材时,要特别注意食材的安全问题。选购安全的食材,可从以下几方面进行:

(1) 检查食材的品质状况。

可以依据经验,运用感官来判断食材的品质。例如,用鼻子鉴别食材的气味,了解其是否存在气味异常情况;用眼睛观察食材的外部特征,看其是否霉变、腐败;敲击食材(如禽蛋)的外壳,用耳朵辨别发出的声音是否正常;用舌头品尝食材的滋味,辨别其滋味是否正常;用手触摸食材的表面,了解其弹性和软硬程度是否正常。

(2) 查看食材的卫生状况。

观察购物环境是否卫生,如有无苍蝇、蟑螂、老鼠等;操作人员是否按规范进行操作,如是否佩戴口罩;抹布、案板、容器及其他相关工具是否按规范使用。

（3）识别食材的标签。

认证标志。很多食品的包装上有各种认证标志，例如，有机食品标志、绿色食品标志、无公害农产品标志等，这些标志代表着食品的安全品质和管理质量。

生产日期和保质期。食材的保质期是指食材在标签标明的条件下保存、使用的最终日期，是食材的最佳使用期。不宜食用超过标签上标注的保质期的食材。此外，从生产日期和保质期上，还可以识别食材的新鲜程度。

配料表。查看食材配料表中的配料是否符合要求，是否添加了不利于人体健康的食品添加剂。

2）选购健康的食材

在选购食材时，要特别注意食材的营养价值，尽量做到科学搭配。人体所必需的营养素有蛋白质、脂肪、糖类、矿物质、维生素等。这些营养素主要通过以下食物获取：

粮食。粮食（如大米、小麦、玉米、红薯、大豆等）是传统膳食的主体，含有淀粉、碳水化合物以及人体所需的其他微量元素等，是人体能量的主要来源。

肉类。肉类包括各种畜肉、禽肉、鱼肉等，主要含有优质蛋白质、脂肪、无机盐和维生素等，营养价值较高，有利于提高人体免疫力。

蔬菜和水果。蔬菜和水果主要含有维生素、无机盐、膳食纤维及果胶等，在为人体提供能量的同时，也能促进肠蠕动，预防便秘，促进体内废物和毒素的排泄。其中，水果中含有丰富的维生素、葡萄糖、蔗糖、果糖和膳食纤维等，能直接被人体吸收，产生热能，可增强人体免疫力。

2. 调味品与火候

（1）调味品。

调味品是指在饮食、烹饪和食品加工中广泛应用的，用于调和滋味和气味并具有去腥、除膻、解腻、增香、增鲜等作用的物品。常见的调味品有油、盐、酱油、醋、味精、鸡精、芝麻油、酱类（如芝麻酱、番茄酱等）、豆豉、腐乳（如红腐乳、白腐乳等）、蚝油、鱼露、料酒，以及香辛料（如辣椒、桂皮、八角）等。

（2）火候。

烹饪菜肴十分讲究火候，如果没有把握好火候，所烹饪的菜肴要么焦煳，要么未煮熟，要么失去应有的味道。一般可根据以下两点来确定火候：

食材的性质。如果食材较软、嫩、脆，宜用旺火进行短时间烹煮；如果食材较硬、老、韧，宜用小火长时间烹煮。

烹饪技法。采用炒、爆、炸等烹饪技法制作菜肴时多用旺火；采用烧、煮、焖等烹饪技法时多用小火。

3. 制作冷菜和热菜

（1）制作冷菜的方法。

冷菜又称凉菜，是将食材烹制成熟，经切配、调味、装盘后冷食，或者不经过加热工序，直接将食材切配、调味后食用的一类菜肴。冷菜是人们日常生活中常食用的一类菜，如凉拌黄瓜、凉拌黑木耳、蔬菜沙拉等。以下是几种常用的制作冷菜的方法：

拌。拌是指将食材切成丝、片、条或块等形状，加入调味品搅拌后直接食用的菜肴制作方法，代表菜品有葱油拌海蜇、麻辣肚丝等。由于使用的调味品不同，以拌法制作而成的冷菜味道也有诸多变化,如咸鲜味、甜酸味、酸辣味、芥末味、椒麻味、麻辣味等。

腌。腌是指用盐、糖、醋、料酒等制成调味汁,再将食材放入调味汁中,使调味汁渗透到食材中的菜肴制作方法,代表菜品有酸白菜、糟鸡、醉蟹等。腌制而成的冷菜脆嫩爽口。

卤。卤是指将食材放入用调味品配好的卤汁中烹煮至熟,然后晾凉的菜肴制作方法,代表菜品有卤鸭、卤蛋等。卤有白卤和红卤之分,其中,白卤是放盐、水和香料烹煮;红卤是放酱油、糖、水和香料烹煮。

炝。炝是指将切配成型的食材进行制熟处理(如焯水),之后趁热加入调味品调拌均匀,再晾凉的菜肴制作方法,代表菜品有炝西兰花、炝生菜等。

油炸卤浸。油炸卤浸是指用油炸食材后,将食材倒入调配好的调味汁中浸渍或进行加热收汁,使调味汁渗透食材的菜肴制作方法,代表菜品有油爆虾、油爆鱼等。

(2)制作热菜的方法。

热菜是指经过蒸、炒、煎、炸、焖、烤等程序制作而成的、需趁热进食的菜肴。热菜的种类很多,制作方法多样,以下是几种常用的制作热菜的方法:

蒸。蒸是指将食材直接放入或调味后放入蒸锅中,以蒸汽将其加热至酥烂入味的菜肴制作方法,代表菜品有东坡肉、粉蒸肉等。

炒。炒是指将食材切配成丁、丝、片等形状,放入热油锅内,加入适量的调味品,快速翻炒搅拌的菜肴制作方法,代表菜品有芹菜炒肉、番茄炒蛋等。

炖。炖是指将食材切配成丁、丝、片等形状后,放入装有调味品的炖锅中,再倒入适量的水,用小火长时间烹制,使食材熟软酥烂的菜肴制作方法,代表菜品有小鸡炖蘑菇、猪肉炖粉条、排骨炖豆角等。炖制而成的菜肴具有汤多味鲜、保持原汁原味、形态完整、酥而不碎等特点。

煎。煎是指在锅中倒入少量油并加热,再放入切配成扁平状的食材,用小火将食材煎至两面金黄的菜肴制作方法,代表菜品有煎乳饼、鹅肝酱煎藕饼、生煎牛排、煎蛋等。

煮。煮是指将食材放入装有适量水的汤锅中,然后加热至食材成熟的菜肴制作方法,代表菜品有开水煮白菜、水煮肉片等。

炸。炸是指将食材切配成型,放入调好的调味汁中浸至入味,然后进行拍粉或挂糊,最后放入装有较多油的油锅中加热成熟的菜肴制作方法,代表菜品有蒜香排骨、椒盐小黄鱼等。炸制而成的菜肴具有外香酥、里鲜嫩的特点。

(3)饮食营养与健康。

营养均衡的膳食不仅可以保证人体各项生理功能的正常运行,还可以提高人体的抵抗力和免疫力,有利于预防和抵抗某些疾病。

根据中国营养学会编制的《中国居民膳食指南(2022)》,一般人群可遵循以下八条膳食准则:A.食物多样,合理搭配;B.吃动平衡,健康体重;C.多吃蔬果、奶类、全谷、大豆;D.适量吃鱼、禽、蛋、瘦肉;E.少盐少油,控糖限酒;F.规律进餐,足量饮水;G.会烹会选、会看标签;H.公筷分餐,杜绝浪费。

6.1.4 收纳整理

(1)折叠衣物。

折叠衬衣的要领:将衬衣摊开并抚平,系上纽扣;将衬衣翻面,使正面朝下,背面朝上;

将衬衣抚平，以纽扣为中心，将两边的衣袖向中间折叠，再将衬衣下摆向上折叠；将衬衣翻面，使正面朝上；整理抚平。

折叠西裤的要领：拉上拉链，扣上扣子；从裤脚处将四条裤缝对齐、两条中线对齐，然后用手将西裤抚平；沿裤子长度方向将其对折两次。

折叠无裤线的休闲裤的要领：拉上拉链，扣上扣子；以裤裆为中心，将两条裤腿对折后抚平；沿裤子长度方向将其进行两次对折。

折叠羽绒服的要领：拉上拉链，扣上扣子；将羽绒服摊开并抚平；将衣袖平行叠于胸前；把衣服下摆向上折叠至所需大小；双手慢慢挤压出羽绒服内的空气。

折叠棉被的要领：将棉被平铺在床上；将被子的一边向内折叠三分之一，再将与该边对称的另一边也向内折叠三分之一，使被子成为长条状；将被子两宽边分别向内折叠四分之一，中间留一条缝隙，最后沿被子的长度方向对折。

（2）摆放衣物。

西服。西服上衣是立体剪裁，不宜折叠，因此最好选用两端宽阔的衣架挂在衣柜中，以免西服上衣变形，影响美观。摆放西服裤子时，可用带夹子的衣架夹着折叠好的西服裤子的裤脚悬垂挂放，也可将西服裤脚的四条裤缝对齐后横挂于衣架上，或折叠后存放于衣柜内。暂时不穿的西服，要用专用衣罩罩起来，并挂在衣柜内，以保持西服干净、整洁。

羽绒服。羽绒服要拉上拉链或扣上扣子，平摊后抚平，按羽绒服折叠方法折叠后放入衣柜。可在衣服内放置3～5粒用白纸包好的樟脑球，以防衣服被虫蛀。

棉衣。棉衣要拉上拉链或扣上扣子，平摊后抚平，左右衣袖平行交叠在胸前，从下方向衣身折叠好，放入衣柜。需要注意的是，棉衣容易受潮生霉，必须拆洗干净，晒干、晾凉后再放入衣柜，并在衣柜内放3～5粒用白纸包好的樟脑球，以防衣服被虫蛀。

小衣物。内衣、袜子等小衣物，可将其卷好后放入抽屉中。

棉被、毛毯。按相应的折叠方法将棉被、毛毯折叠成合适的大小摆放。棉被、毛毯吸湿性强，可先将其装入密封性较好的包装袋中，再放入衣柜，并在每床棉被、毛毯内放入数粒用白纸包好的樟脑球。

（3）收纳鞋帽。

在存放鞋之前，应将鞋清洗干净，用鞋撑或纸团撑起鞋内空间，然后放入鞋盒。需要注意的是，不同材质的鞋子，应采用不同的存放方法。对于布鞋，可将其晒干后直接放入鞋盒；对于毛绒棉鞋，应在鞋内放入数粒用白纸包好的樟脑球；对于需要刷鞋油保养的鞋子（如皮鞋），应刷好鞋油后再放入鞋盒。

针织帽子洗净晒干后可直接存放在衣柜内，外形立体的帽子应挂放在衣柜内，必要时可用物品填充，以防变形。

【案例分享】

整理收纳师如何月入过万

随着整理收纳师被列为新职业，整理行业逐渐受到追捧。人力资源和社会保障部数据显示，我国整理行业超4成从业者年收入超10万元，该行业在未来几年对人才的需求将呈现急剧上升趋势。

经济发展、消费水平提高带动整理行业发展

2020年10月，闫先生第一次在朋友圈看到他人"晒"出整理收纳服务体验后，立刻被吸

引。恰逢妻子过生日,闫先生就预约了整理收纳师上门服务,将这一服务当作生日礼物送给妻子。闫先生说:"以前,整理衣物这项工作需要妻子空出一整天的时间来做,尤其家里地方较小,有了孩子后东西越来越多。但我们工作都忙,偶尔会因为整理衣物这些烦心事发生口角。"因为第一次对整理收纳服务体验很好,所以闫先生将新增衣柜空间的规划工作也交给了整理收纳师。

家住广东省珠海市的熊女士怎么也没想到,自己听了"90后"整理收纳师小李的一场分享会后,会对收纳服务如此感兴趣。熊女士刚从高级白领变成全职妈妈,一时间对家务无从下手。于是,她聘请小李先整理家里最混乱的儿童房,接着整理衣柜、书房等区域。"以前家人习惯随手乱放东西,我经常找不到家里的钥匙,这让我很烦躁。如今,物品摆放在固定的位置,我感觉生活也不再那么混乱了。"熊女士说,"整理收纳其实也是一种情调,让人逐渐学会享受生活。"

与普通的家政服务有所不同,整理收纳师会先详细咨询客户的整理需求和生活习惯,再提供整理收纳服务。在服务过程中,整理收纳师还会教授客户一些既节省空间又不会使衣物出现褶皱的挂衣、叠衣技巧。当下,人们的生活水平逐渐提高,消费逐步升级,在追求生活品质的同时,更需要有一个"令人心动的家"。

期待国内整理行业完善规范准则

曾经从事奢侈品整理的小谈转型为专业整理收纳师,她带着团队到国外各地考察学习。小谈说:"国外成熟的服务体系值得我们借鉴学习,但由于国情、消费观和生活习惯不同,我们也不能完全照搬。"面对国内市场,小谈总结出了自己的"整理公式",形成了一套适合国内市场的标准工作流程。

曾在上海一家杂志社工作的小林,2014年阅读了收纳书籍后,便立志成为一名整理收纳师。当时,中国的专业整理收纳师还不足50人。小林辞职后前往国外进行了系统学习,回国后,她通过自媒体将整理收纳理念传播给了更多人。

2018年,小林在日本成立了生活美学家协会,将中国人的空间整理术引入日本。此外,她还与室内设计师合作,将整理收纳理念融入室内装修,提前规划空间布局。在她看来,国内收纳整理师在实践中不断摸索、总结,逐渐发展出不同的流派。

然而,正因为各流派百花齐放,许多整理收纳师期待相关部门能够尽快细化标准,包括服务标准、收费标准、培训标准、级别认证等,从而实现行业的规范发展。

(资料来源:整理收纳师如何月入过万.中国青年报,2021年4月27日)

6.2 环境美化

【任务描述】

环境美化劳动教育是一种将环境保护和美化与劳动教育相结合的教育方式,旨在通过参与环境美化活动,培养学生的环保意识、责任感和实践能力。

首先,劳动教育的关键在于"育",通过制定劳动教育基地与工作室建设制度、劳动教育清单制度等方式,培养学生辛勤、诚实劳动的品质,并通过案例分析、榜样示范等形式开展。这表明劳动教育不仅仅是体力劳动的训练,更是一种品德教育和综合能力培养的过程。

其次,环境美化实践在劳动教育中占据重要位置。例如,学生通过参与教室、宿舍、卫生区等环境卫生清扫,主动参与校园美化方案的设计与实施,不仅提升了自身的劳动技能,也增强了他们对环境保护的责任感和参与感。

此外,一些地方已经开始尝试将劳动教育与环境美化相结合的具体实践,构建更加和谐、美丽的生活环境,同时也为学生提供了更多实践学习的机会。

环境美化劳动教育通过多种形式和途径,有效地将环境保护理念融入劳动教育中。在学生层面,增强了学生的环保意识和实践能力,让学生了解和掌握基本的环保知识和技能,有助于学生品德的培养和社会责任感的提升,对于培育全面发展的社会主义建设者和接班人具有重要意义。

6.2.1　绿植种养

1. 种养室内植物

室内植物不仅能美化空间,让居室充满生机与活力,还能净化空气,使室内的空气更加清新。更重要的是,养护室内植物能让养护者的身心更加健康。

1) 室内植物的选择原则

在选择室内植物时,不仅要考虑自己的喜好,还要考虑植物与室内环境的搭配。具体来说,要遵循以下三个原则。

(1) 兼顾观赏性和实用性。

以不妨碍生活为前提,选择具有观赏性的植物。此外,还应因地制宜,根据室内的光照情况,选择适合在室内生长且可改善室内环境的植物。在选择室内植物时,一般以观叶植物为主,观花植物为辅。

(2) 绿化面积与室内面积相协调。

室内的绿化面积不宜超过室内面积的 10%,这样可以在视觉上增大室内空间;否则,会使人觉得压抑。需要注意的是,有些植物会与人争夺氧气,如果在室内放置过多,不利于人的身体健康。

(3) 植物色彩与室内色彩相协调。

植物的色彩应与室内色彩相协调,以营造一种舒适的环境。在搭配色彩时,常用对比色搭配方法。例如,当室内的背景色为亮色调时,可选择颜色深沉的观叶植物;当室内的背景色为浅色调时,可选择颜色鲜艳的观花植物。

2) 常见的室内植物

能净化空气的植物:芦荟、吊兰、绿萝、虎尾兰、一叶兰、龟背竹等。

能驱蚊的植物:蚊净香草。该植物是芳香类天竺葵科植物,耐旱,半年内就可生长成熟,养护得当可成活多年,具有很高的观赏价值,还可以驱蚊。

能抑菌的植物:玫瑰、桂花、紫罗兰、茉莉、柠檬、石竹、铃兰、紫薇等。玫瑰、桂花、紫罗兰、石竹、铃兰等植物散发的香味对葡萄球菌的繁殖与生长具有明显的抑制作用;茉莉、柠檬、紫薇等植物散发的香味对白喉棒状杆菌的繁殖与生长具有明显的抑制作用。

3) 室内植物的养护

(1) 选择合适的花盆。

选择花盆是一个看似简单,实则大有学问的技术活。通常情况下,应根据植物的造型、大小、生长习性和颜色来选择花盆。

根据植物的造型选择花盆。悬垂式花木,如紫藤、吊兰、常春藤等,通常适合用高筒型的花盆种植。这类花盆盆口较小,盆体较深,与垂下的枝蔓相衬,别有一番情趣。而丛生状花木,如杜鹃、米兰、海棠、瓜叶菊等,其枝叶伸展面积较大,适合用大口径花盆种植。

根据植物的大小选择花盆。如果花盆过小,会使植物显得头重脚轻,根系难以舒展生长;如果花盆过大,盆土的含水量较高,而植物叶面较小,水分蒸发少,盆土不容易干燥,会影响植物的根系呼吸,甚至会导致植物烂根。

根据植物的生长习性选择花盆。喜湿植物,如龟背竹、旱伞草、吊兰、绿萝、散尾葵等,可用塑料花盆种植。对透气性、排水性有较高要求的植物,如梅花、兰花等,可用瓦盆种植。

根据植物的颜色选择花盆。通常来说,枝叶颜色较淡的植物宜搭配深色花盆,枝叶颜色较深的植物宜搭配淡色花盆,从而达到深浅映衬的效果。

(2)合理浇水。

室内植物养护最重要的一环就是给植物浇水。浇水过多会导致植物茎叶腐烂、生长不良;浇水不足会导致植物萎蔫、叶片下垂、花朵褪色甚至凋谢。给室内植物浇水时,一般应遵循"宁干勿湿"原则,需要浇水时应一次性浇透,切勿频繁浇水。另外,还应根据植物的生长时期来决定浇水量。如果植物处于生长期,就应给植物多浇水;如果植物处于休眠期,就应给植物少浇水。仙人球、芦荟等植物自身水分充足,无论处于哪一个生长时期,都应少浇水。

季节不同,植物的需水量也有所不同。一般来说,在春季和夏季,要及时给植物浇足量的水;而秋季和冬季气温低,要严格控制土壤中的水分,以提高植物的抗寒能力。

【知识拓展】

植物浇水"十要诀"

草本多浇,木本少浇;

春夏多浇,秋冬少浇;

喜潮花卉多浇,喜旱花卉少浇;

天热多浇,天冷少浇;

叶大质软的多浇,叶小有蜡的少浇;

旱天多浇,阴雨天少浇;

孕蕾期多浇,开花期少浇;

阳台上多浇,厅堂中少浇;

苗大盆小的多浇,苗小盆大的少浇;

不干不浇,浇则浇透。

(3)合理施肥。

施肥是植物养护中一项极为重要的工作。以赏叶为主的观叶植物,应注意为其施氮肥;以赏花为主的植物,应注意为其施磷肥。

(4)选择合适的摆放位置。

室内植物如何摆放取决于植物自身对阳光的要求。每一种植物都有自己的生长习性,应根据植物喜阳或是喜阴的习性,选择将其放置在阳光下还是遮阴处。

（5）遵循"防重于治"的原则。

对室内植物应注重病虫害的防治，及时清除花盆内的杂草和病枝枯叶，定期喷药和疏松盆土，做到防患于未然。

2. 绿植种养的准备工作

（1）选择种植地点。

首先需要确定适合绿植生长的地点，这一步骤是为了确保植物能够在一个适宜的环境中生长。在选择绿植种养地点时，需要考虑多个因素，包括光照、温度、湿度、通风条件以及是否对宠物或人类有害等。比如，卧室通常需要营造一个安静、舒适的环境，因此适合放置一些能够净化空气、有助于放松心情的绿植。例如，吊兰耐阴性好，且易于养护，是个不错的选择。而客厅作为家庭活动的主要场所，可以选择一些既能美化环境又能净化空气的绿植，如琴叶榕，它喜阳，适合夏天种植，但需要注意保持通风和温暖湿润的环境。在餐厅内可以选择一些能够提升食欲、净化空气的绿植。考虑到餐厅可能会有较多的烹饪油烟，选择一些耐污染、易清洁的绿植较为合适。

（2）整理土壤。

在种植前，需要对土壤进行适当整理，以保证土壤具有良好的透气性和保水性，为植物提供一个健康的生长环境。大多数绿植喜欢疏松、肥沃且排水良好的土壤。例如，兰花需要专用的兰石、树皮、蛇木屑和花生壳等材料来保持土壤的透气性和排水性；而鸭脚木则可以使用普通园土，加入腐叶土或河沙以改善土壤结构。进行土壤改良时，如果庭院土壤贫瘠，可以通过添加堆肥、腐殖质或泥炭等物质来改善土壤的物理和生物学特性。此外，还可以按照一定比例混合菜园土和沙子来制作适合种植绿植的土壤。

（3）选购苗木。

在选购绿植苗木时，首先需要考虑的是房间的大小和光照条件。对于室内面积在20平方米以上的家庭，可以选择大叶子的植物，如发财树、富贵竹等。此外，购买苗木时需要了解一定的苗木知识，对于商家宣称的任何品种都能在极端低温条件下生长，应持谨慎态度。适合家庭种植的进阶绿植包括鸭脚木等，这些植物不仅观赏价值高，而且易于打理。冬季选购绿植时，应了解不同品种的生长习性和适应环境，区分耐寒性和不耐寒性植物。线上购买种苗时，选择信誉度高的店铺非常重要，推荐新手花友关注评价较好的店铺。根据不同的室内环境选择绿植也很关键，例如办公室可选择吊兰、绿萝等净化空气的植物，而家庭则可以选择观赏价值较高的植物。

（4）学习养护方法。

对于不同的绿植种类，需要学习相应的养护方法，了解不同绿植的基本需求，包括浇水、施肥、光照、温度、土壤以及修剪等，以确保植物能够健康成长。通过了解并应用这些基本的养护技巧，可以有效促进绿植的健康成长，同时了解绿植养护误区，避免因过度浇水导致根系腐烂等问题。

（5）观察记录。

在绿植种养过程中，进行观察记录非常重要。通过观察植物的生长情况，可以及时发现问题并采取相应的措施。观察时可以采用文字、图画、照片、实物等多种方式记录植物生长的过程及变化，这有助于全面了解植物的生长状态。在绿植种养中进行观察记录，主要涉及以下几个要素。

植物名称——这是记录的基础,确保每次观察的对象是明确的;

生长地点——记录植物生长的具体位置,有助于了解植物对环境的适应性;

当地气候特点——包括气温、湿度、土壤水分和阳光条件等,这些因素直接影响植物的生长状态;

施肥情况——记录施肥的时间和频率,观察施肥对植物生长的影响;

病虫害防治——记录使用的药剂种类、浓度以及防治前后的效果,这对于植物健康至关重要。

综上所述,劳动教育中绿植种养的准备工作不仅包括种植前的准备(如选择种植地点、整理土壤、选购苗木),还涉及后续的养护管理(如学习养护方法、观察记录)。

3. 种植技术

绿植种养中的种植技术涉及多个方面,包括选择合适的土壤、进行光照管理、水分管理、温度控制以及病虫害防治等。主要有以下几点关键的种植技术:

(1)土壤选择。

绿植的土壤选择应根据植物的具体需求来进行。例如,吊兰和大琴叶榕都喜欢疏松肥沃且排水良好的土壤。而散尾葵喜欢偏酸性、土质疏松、排水良好的肥沃土壤。对于土壤选择与配制,绿植的土壤应具备良好的排水性和透气性,以防止根部腐烂和细菌感染。适合植物的土壤不应盲目追求特定类型,而应根据植物的具体需求来选择或配制。例如,腐叶土因其高腐殖质含量、保水性强和通透性好,是配制培养土的主要材料之一。为了防止盆土板结,可以采取一些措施,如使用非自来水进行浇灌。此外,在室内养护的情况下,定期向植株喷水可以帮助维持空气湿度。

(2)光照管理。

绿植种养的光照管理是一个复杂但重要的过程,需要根据植物的具体需求来调整。首先,选择适合的光照环境是基础,因为不同的植物对光照的需求不同,有的植物需要较强的光照,而有的则需要较弱的光照。大多数绿植需要充足的阳光,但也要避免强烈的直射光。例如,春、秋季节植物喜光照直射,而夏季则需避免强烈阳光。散尾葵适合放在有散射光的地方。在室内种植植物时,合理安排摆放位置也非常重要。

一般来说,大多数植物可以在散射光区生长,这个区域的光强是外界的 $25\%\sim50\%$,每天能接受几个小时太阳直射。对于那些光照需求较少的植物,如金钱树和一叶兰,它们可以在遮阴的角落里生长。然而,对于那些对光照有特殊需求的植物,使用室内植物生长灯是一个不错的选择,这种灯具专门设计用来模仿自然环境下的阳光或其他所需的光线,以刺激植物进行光合作用。除了自然光照和人工照明外,控制光照时间也是管理绿植光照的一个重要方面。通过改变光照时长,可以促进或延缓果实的成熟,提高果实的品质和产量。此外,对于一些特定的植物,如三角梅,它们不惧强光直射,光照越充足生长越旺盛。

(3)水分管理。

绿植种养的水分管理是一个复杂而细致的过程,需要根据植物的种类、生长阶段、环境条件等因素综合考虑。绿植的浇水需求因种类而异。一些植物如绿萝喜水,需要定期浇水保持土壤湿润;而其他植物则可能对水分的需求不那么高。浇水时要确保土壤完全干透后再浇,避免水分积存。对于土壤湿度检测,在浇水前,应先检测土壤的干湿情况。最简单有效的方法是将手指插入土壤中约2~3厘米处,感觉土壤是否足够潮湿。这种方法可以帮助判断是否需要浇水。绿植的浇水频率取决于多个因素,包括植物的种类、环境条件、季节、气温和土壤湿度等。例如,发财树夏季3~4天浇一次水,春秋季一周左右浇一次,冬季则要减少浇水次数。对于室内绿叶植物,建议大约一周浇一次水,最好是在早晨进行。可以在花盆底部放置一层大颗粒的陶粒,或用竹炭、活性炭作为隔水层。

(4)温度控制。

绿植的种养温度控制是一个重要的养护环节,不同的绿植对温度的需求不同。绿植通常喜欢温暖的环境,但其耐寒能力较弱。冬季应采取措施保暖,避免绿植受冻。例如,发财树不仅能调节室内温度和湿度,还能充当天然"加湿器",而幸福树等植物也需要保持较高的室内温度来维持其生长状态。对于特定的绿植品种,如网纹草喜温暖,生长适温为18~25℃,低于12℃时叶片可能会遭受冻害。而碧玉绿植的最佳生长温度为25℃,冬天则应保持在10~15℃,以避免冻害。散尾葵的适宜生长温度在20~35℃。

(5)病虫害防治。

选择和推广抗病虫害能力强的优良树种,这是预防病虫害的基础。使用无病虫害的壮苗造林,并采取中耕、除草、施肥、灌水和修枝等措施加强对中幼龄林的管理,促进植物生长。及时清除染病的树木,改善卫生条件。针对特定的病虫害,如白粉病,可以采用内置硫黄粉末的电热熏蒸气进行密封熏蒸的方法来防治。也可利用生物防治方法,如使用苏云金杆菌、白僵菌及某些病毒的制剂来防治害虫。对于一些夜行性甲虫,可以在傍晚或晚上进行防治,例如浇水或喷药。定期检查植物健康状况,及时处理发现的问题。

(6)换盆与繁殖。

对于一些绿植来说,当它们开始生长缓慢或分枝匍匐时,可以通过剪下分枝并插入适宜的土壤中进行繁殖。同时,选择合适的花盆对于绿植的健康生长也至关重要,应选择足够大的花盆以适应植物的成长。

绿植的种植技术涵盖了从土壤选择到光照管理、水分管理、温度控制以及病虫害防治等多个方面。正确的种植技术不仅能促进绿植的健康成长,还能提高养护的成功率。

4. 绿植养护在劳动教育中的重要性

(1)提高环保意识。

通过绿植养护的劳动教育,学生可以了解到植物对环境的重要性,认识到保护植物和生态环境的必要性,有助于培养学生对自然环境的尊重和保护意识。

(2)培养动手能力和实践技能。

绿植养护不仅是一种实践活动,也是培养学生动手能力、实践技能的重要途径。通过种植、养护植物,学生能够学习到如浇水、施肥、修剪等相关知识和技能,这对学生的全面发展具有重要意义。

(3)促进心理健康。

参与绿植养护不仅能为校园绿化出一份力,更能收获劳动带来的快乐。此外,园艺疗法在大学生心理健康教育中的应用研究表明,绿植养护能够提升学生的积极心理品质和增强生命意义感。

(4)丰富学生的知识和经验。

绿植养护让同学们认识了许多植物,增长了知识。在长期的坚持中,还磨炼了同学们的意志,培养了爱心和耐心。家庭中也可以通过种植绿植来教育引导学生掌握家务劳动技能,实现"做中学""学中做"的教育目的。

综上所述,绿植养护在劳动教育中的重要性不仅体现在提升学生的环保意识、动手能力和实践技能上,还包括促进心理健康、增强社会责任感和集体荣誉感,以及丰富学生的知识和经验等方面。

6.2.2   寝室美化

1. 打造文明寝室

寝室是学习和生活的重要场所。寝室的卫生状况能够体现一个人的精神面貌和素质,直接关系到其身心健康。大学生应将文明寝室建设内化为自觉追求,外化为自觉行动。

(1) 文明寝室应满足"六净""六无""六整齐"的要求。

"六净":地面干净、墙面干净、门窗干净、玻璃干净、桌椅干净、其他物品干净整洁。

"六无":无杂物、无烟蒂、无乱挂现象、无蜘蛛网、无酒瓶、无异味。

"六整齐":桌椅摆放整齐,被褥折叠整齐,毛巾挂放整齐,书籍叠放整齐,鞋子摆放整齐,其他用具放置整齐。

(2) 每天应自觉做到"六个一",自觉遵守"六个不",保持寝室良好的生活环境。

"六个一":叠一叠被子,扫一扫地面,擦一擦桌面,整一整柜子,理一理书架,倒一倒垃圾。

"六个不":不进出异性寝室,不留宿外来人员,不放置危险物品,不使用违规电器,不损坏公共设施,不乱扔果皮纸屑。

(3) 杜绝不文明行为:不在寝室内养宠物、抽烟,不在门口堆放垃圾等。

2. 创建特色寝室

特色寝室宣扬的是一种文化,是一种相互影响、彼此照应、和谐共进的良好氛围的体现。建设特色寝室有助于提高大学生的综合素质。

建设特色寝室,首先要考虑大多数寝室成员的个性、喜好、价值观等,然后以此为基础打造出别具一格的寝室文化。如果大多数寝室成员都喜欢学习,就可以考虑建设学习型寝室;如果大多数寝室成员都喜欢运动,就可以考虑建设运动型寝室;如果大多数寝室成员都对环保有一定兴趣,就可以考虑建设环保型寝室。与此类似的还有创业型寝室、自强型寝室、友爱型寝室、逐梦型寝室、音乐型寝室等。

例如,某高校的"最牛男生寝室"就是典型的学习型寝室。全寝室共 12 人,其中 10 人获得知名大学硕士研究生录取通知书,1 人被中国移动通信集团有限公司录用,1 人获得国家电网、IBM、华为等多家知名企业抛来的"橄榄枝"。

在建设特色寝室时,寝室成员共同参与特色寝室建设,共同商议并确定建设主题。按照建设主题布置寝室,呈现出的效果应符合建设主题,并且能够传递寝室文化,还要有与寝室文化对应的"行为习惯养成计划""寝室团建活动安排"等。

3. 寝室的美化原则与创意要点

(1) 美化原则。

(2) 简洁大方原则。

寝室面积通常不大,没必要摆放过多的装饰品,否则会显得杂乱。

(3) 温馨舒适原则。

寝室是放松和休憩的地方,美化时要营造一种温馨、舒适的氛围,让寝室充满家的温暖气息。

（4）营造学习氛围原则。

寝室除了是放松和休憩的地方，还是学习的场所。美化时，要从色彩、风格等方面营造一个安静、适宜学习的空间。

【知识拓展】

寝室美化小窍门

1. 衣柜整理

寝室里的衣柜大多是直筒式的，隔断比较少，放置衣物时比较浪费空间。使用衣柜隔板在衣柜中划分出合适的区域，有利于提高衣柜空间的利用率。此外，还可以在衣柜中放一些多层收纳筐，这样既能充分利用空间，又能将贴身衣物、帽子、包等分类收纳。如果衣柜里没有挂衣杆，可以用伸缩棒代替。

2. 桌面美化

使用桌面置物架和桌下挂篮，可以让桌子拥有更多的收纳空间。

（1）桌面置物架。桌面置物架是一种轻便实用的收纳工具，价格便宜，不仅能够收纳桌面上的小物件，还能够很好地装饰空间。

（2）桌下挂篮。桌下挂篮能够创造隐形的收纳空间，用于放置各种小物件。

3. 床边装饰

床边挂篮和床边挂袋是非常实用的收纳和装饰工具，能够放水杯、纸巾、书籍等。合理利用床边挂篮和床边挂袋，不仅可以避免经常爬上爬下拿东西，还可以保证床铺整洁。

4. 创意要点

（1）彰显寝室文化。每个寝室都有不同的文化，在美化时要充分考虑自己寝室的文化，作出别出心裁的美化设计。

（2）用材节约，变废为宝。在美化寝室时，应充分利用易拉罐、雪糕棍、牛奶盒、饮料瓶、废纸箱等容易被忽略的生活垃圾和旧物。如果将其做成各种实用的生活用品，不仅创意十足，更能向周围的人传递一种绿色环保的生活理念。

（3）彰显个性。寝室由多个小空间组成，每个小空间都是使用者的"家"。在美化时，每个人应在整体风格统一的基础上，充分考虑自己的使用需求和审美偏好，打造专属空间，彰显自己的个性。

【案例分享】

工科生花 300 元打造最美寝室

男生寝室变成"天空之城"，创意源于山城天气

走进重庆大学松园一栋 355 寝室，当灯光亮起，蓝色天花板折射的光让整个房间变成蓝色，身在其中犹如置身海洋一般，大海之蓝，清澈夺目。天花板上一颗颗黄色的五角星化作了夜空中最亮的星……

这一创意的提出者是吴康杰，他来自浙江。从小住在沿海地区的他，经常见到蓝色的大海。他说自己的设计灵感来源于重庆的天气。重庆的阴雨天气很多，蓝天白云很少见，也很少看到星星，所以他希望将蓝色的天空搬到寝室里来。

除了对蓝天的渴望，吴康杰选择将蓝色作为寝室的主色调，还有一番用意。他解释道："每种颜色都会带给人不一样的情绪反应。蓝色会给人带来一种深邃、平静的力量，能帮助人在喧闹的生活中静下心来。寝室是学习和休息的地方,我借助大量的蓝色,希望让寝室同学感受到平静、安宁。"

这个寝室的设计主题为"天空之城"。吴康杰从小喜爱动漫电影,宫崎骏的《天空之城》是他最喜欢的一部动漫电影作品,所以他用了这个名字。虽然寝室的具体装饰与这部电影没有多大关系,但整体风格和给人的舒适感受与电影相似。

4 人熬夜纯手工制作,约 300 元打造梦幻寝室

设计工作完成后,该寝室的 4 个小伙子开始动手装饰寝室,先从材料的购买和制作开始。"我们只买了几种颜色的海绵纸和卡纸,打算自己动手剪成各种形状,但后来发现工作量太大了。"寝室长王强说。压力之下,他们本想放弃自己动手的想法,去网上购买成品粘贴。但是成品的费用过高,后来他们开会商量,决定坚持一下,手工制作试试看。"哪怕不成功,也不留遗憾。"王强说道。

寝室成员朱飞说,由于工作量太大,白天还要上课,他们只能牺牲晚上的休息时间,有时为了赶进度还熬夜到凌晨两点多。从设计到装饰完成,他们用了一周的时间,仅花了约300 元。

获奖后陆续被围观,干净漂亮"胜过女寝"

因为别具匠心的设计风格,松园一栋 355 寝室在重庆大学优秀学生之家的评选活动中获得"五星级寝室"称号。

此后,不断有其他同学到他们寝室参观。曾有一名女生因社团活动进了他们寝室,看到寝室的装饰后称赞说:"第一次看到男生寝室装饰得如此好看,比我们女生寝室还漂亮!"

此次设计与装饰寝室,对吴康杰和他的室友来说,是一次加强沟通、促进情感交流的难得机会。"大一时,我们的关系还挺好,后来慢慢有些疏远,交流也少了。趁着装饰寝室的机会,我们 4 个人的沟通比以前更多了,关系也更好了。"王强说道。

(资料来源:工科男将寝室变成"天空之城"被赞"最美男寝".龙华网,2015 年 4 月 28 日)

6.2.3 环境维护

1. 维护校园环境

校园环境由物质环境和精神环境构成,它是校园文化的重要表现形式,需要我们每个人合力维护。

(1) 校园物质环境。

校园物质环境主要包括校容校貌、自然物和各种设施。良好的校园物质环境,不仅是全校师生正常学习和生活的基础,还能促进学生养成良好的卫生习惯。学生可以通过多种方式维护校园物质环境。

首先,学生需要增强环境保护意识。通过参与环保活动和接受环保教育,学生可以更好地理解保护环境的重要性,并将其内化为自己的行为准则。例如,学校可以通过举办环保主题活动来提高学生的环保意识,如"6·5 世界环境日"主题宣传活动。

其次是学生应养成节约水、电、纸等资源的习惯。这不仅有助于减少浪费,还能促进学校向"低碳"校园转变。少用一次性制品也是节约能源、保持环境整洁的有效方法之一。然后是学生可以通过参与校园绿化项目,如花园建设,来直接改善学校的物质环境。这些活动不仅能美化校园环境,还能增强学生爱护自然的意识。

最后是学生可以通过参加环保实践活动,参与到学校的环境保护工作中,如参与环保宣传监督工作,或者作为学生环境保护大使,开展多元化的环保培训活动,培养保护环境的责任感和领导能力。学生应以主人翁的姿态,主动参与到校园环境建设中来,进行自我管理和监督,确保环保措施得到有效执行。

（2）校园精神环境。

校园精神环境是校园的灵魂,是学校师生价值观和个性的反映,具体体现在师生的精神面貌、校风、学风、校园精神、学校形象等方面。积极参与校园精神环境建设有助于改善校园的学习氛围,从而形成一种积极向上的精神文化,影响身处其中的每个人。

首先是学生要积极参与校园环境的设计、维护和创造,要积极参与学校校训、校歌、校徽等的设计,在设计中体现学校的特点和教育理念,充分发挥学生的主体性。还可以参与各类文化活动,通过艺术节、科技节、体育节、健康周等,以专项比赛、演讲、文章展示、多媒体软件展示等形式,展现学校丰富多彩、充满生机的文化面貌。同时,也可以通过创设各种文化设施,如宣传橱窗、黑板报、图书室等,以及悬挂名人字画、展出学生书画作品等方式,丰富校园文化生活。其次是参与社团活动,加强学生社团文化建设。吸纳学生参与社团文化建设,不仅是育人和管理的需要,也是学生的愿望和需求。

学校要搭建好沟通平台,建立师生互动交流的渠道,如班会、家长会等,增进师生之间的相互了解。这有助于形成良好的师生关系,为营造和谐文明的校园文化奠定基础。同时加强心理健康教育和辅导,帮助学生解决学习和生活中的问题,促进学生健康成长。一个健康的心理状态是参与校园文化建设的重要前提。鼓励学生积极参与校园文化建设,发挥学生的主体作用,鼓励他们参与到校园文化的策划和实施中来。例如,可以通过组建学生评审团等形式,让学生参与到校园文化节等活动的评审工作中。通过整治校园周边环境、深入开展环保教育和节约教育等措施,引导学生养成良好的生活习惯,共同营造一个无烟、清洁、健康、和谐的校园学习环境。

2．助力校园禁烟

大量科学研究表明,吸烟会严重损害人体健康。多种致死疾病与吸烟有关,包括呼吸系统疾病、心脑血管疾病、恶性肿瘤、糖尿病等。《中国吸烟危害健康报告 2020》显示,我国每年有 100 多万人因烟草失去生命。

那么,怎样才能降低吸烟危害,共建无烟校园呢?

（1）为了自己和他人的生命健康,也为了保护环境,我们应该约束自己,做到不吸烟。同时要谨慎交友,远离那些有不良嗜好的朋友,选择良好的交友圈。

（2）多了解有关吸烟危害的知识,增强自制力,自觉抵制诱惑,养成早睡早起的良好习惯,保持身体健康。

（3）积极参加控烟宣传活动,增强控烟意识,约束吸烟行为,共建无烟校园,维护校园秩序。

3．遵守校园规范

为维护良好的校园秩序,营造一个干净、整洁、安全的校园环境,建设平安校园、和谐校园,应遵守以下校园文明行为规范。

（1）着装整洁得体,仪容端庄。

（2）行为高尚,举止优雅,谈吐文明。

（3）爱护花草树木，节约用水。

（4）乘坐电梯时遵守秩序，先下后上，相互礼让。

（5）遵守学校环境卫生的有关规定，保持学校环境卫生，不随地吐痰，不乱扔杂物。

（6）文明如厕，保持卫生间清洁，爱护卫生间设施。

（7）上课时遵守课堂纪律，下课时不在楼道内大声喧哗。

（8）爱护教室设施，合理使用教学设备，保持干净、整洁的教学环境。

（9）汽车、电动车、自行车停车入位，摆放有序。

（10）在观看表演、听讲座、参加会议时，主动服从现场管理，遵守秩序，爱护礼堂、会议室等设施。

（11）自觉遵守学校的各项规章制度，尊师爱友，团结同学，营造浓厚的学习氛围和健康、良好的学习环境。

（12）如遇突发事件，服从学校统一指挥，配合做好应急处置工作。

（13）遵守网络信息安全法律法规和其他有关规定，自觉抵制不良信息，不传播网络谣言。

6.3　守护家人

【任务描述】

守护家人任务需要全方位地关注家人的身心健康、情感需求、安全保障和生活照顾等方面。通过我们细致入微的关怀和陪伴，能为家人创造一个温馨、和谐、安全的家庭环境。可以从以下几方面开展工作：

健康关怀。定期关注家人的身体健康，涵盖饮食、运动和睡眠等方面；协助安排并陪同家人进行医疗检查，确保疾病的早期发现和治疗；管理家庭药物，保证家人按时服药，并跟踪药物效果和副作用。

情感支持。倾听家人的需求和感受，给予情感上的支持与安慰；鼓励家人表达自己的想法和情感，营造开放、诚实的沟通氛围；组织家庭活动，增进家人之间的情感联系与互动。

安全保障。确保家庭居住环境的安全，如检查电器、燃气等设备的安全性；教育家人关于防火、防盗等安全知识，制定家庭应急预案；在家人外出时，关注其行程安全，提供必要的建议和帮助。

生活照顾。照顾家人的日常生活，如烹饪、清洁、洗衣等；对于有特殊需求的家人，如老人、小孩或病人，提供额外的照顾和关注。

精神陪伴。陪伴家人度过重要时刻，如生日、纪念日等，给予惊喜和祝福；与家人分享自己的生活和工作，增进彼此的了解和信任；鼓励家人追求自己的兴趣爱好，为家人提供支持和资源。

6.3.1　老年照护

1. 养老护理知识

家有一老，如有一宝。家中的老人不仅是我们情感的寄托，也是我们精神的依靠。但是随着年龄的增长，老人的身体机能逐渐衰退，反应能力逐渐减弱，疾病逐渐增多。我们该如何守护家中的老人呢？

（1）多与老人沟通。

选择老人感兴趣的话题。在与老人沟通时，可以选择老人感兴趣的话题，如与老人有关的往事，老人年轻时流行的歌曲、戏剧、电视节目等，也可以跟他们聊聊自己的近况。需要注意的是，要避免谈论可能让老人情绪波动较大的话题。

（2）不嫌老人唠叨。

老人一般都比较唠叨，能把一件小事说很久、很多遍。对此，很多人极易失去耐心，表现得很不耐烦。其实，唠叨是一种心理宣泄方式。我们应学会倾听，让老人的心理得到慰藉。在倾听时，可以对老人唠叨的话题进行适当引导，也可以适当发表自己的意见，让老人感觉到你很在意他。实际上，能倾听老人的唠叨未尝不是一种幸福，因为在很多情况下，老人的唠叨是对我们的关心和牵挂。老人喜欢唠叨，充分说明他们心理健康、大脑灵活。老人如果不爱唠叨，甚至不爱说话，总把不顺心的事情放在心里，日积月累，就会变得食不知味、夜不能寐，很容易导致疾病乘虚而入。面对不顺心的事情，老人如果能以唠叨的方式说出来，就能使不良情绪得到释放，身心也会更健康。但是对于一些特殊情况，如老人突然间喜欢自言自语，或者出现胡言乱语、说过就忘、答非所问、反应迟钝等情况，则要警惕，这很可能是认知障碍症的先兆，需要及时就医。

（3）多聊老人觉得自豪的事情。

在与老人沟通时，可以多聊一聊老人觉得自豪的事情，因为这些事情有助于调动老人的积极情绪。

（4）真诚地赞美老人。

每个人都渴望被肯定，老人也一样，他们也喜欢被人夸奖的感觉。在与老人沟通时，应经常真诚地赞美他们，让他们感受到尊重。

（5）帮助老人融入数字生活。

科技进步和数字化变革深刻地改变了人们的生活方式，也让社会管理更加高效。例如，手机支付、网上挂号、扫码点餐、网约车出行等，这些我们习以为常的生活方式，却成了老人眼中的"数字鸿沟"。科技是创造更好生活的手段和工具，我们应帮助老人融入数字生活，做好他们的"带路人"，鼓励他们学习视频聊天、发送微信消息等，让他们体会到数字生活的乐趣。

2. 多陪伴老人

我们在闲暇时间应多陪伴家中的老人，让他们感受到温暖。例如，我们可以陪老人逛商场、买菜，或者陪老人在小区、公园里散步。如果老人行动不便，我们还可以用轮椅推着老人出去，边晒太阳边聊天，让老人在轻松的环境中享受美好的时光。

【案例分享】

养老院里的"95后"

近年来，一批批"95后"的养老服务专业毕业生陆续走出校门，就职于养老服务机构。这是一群比爷爷奶奶的孙子孙女还年轻的看护者。

黄奶奶房间里的《南泥湾》

"饿了。"90岁的黄奶奶吐出这两个字后，北京的一家养老院里爆发出了欢呼声。为了这一刻，一群二十岁出头的年轻人伴着 20 世纪的音乐，足足跳了两个月的舞。

黄奶奶是 2018 年 9 月插着胃管和尿管被送来的。由于长期卧床，黄奶奶手肘、脊椎、尾骨、足跟等骨头突出的地方长出了大大小小的褥疮，臀部溃烂面积有鸡蛋那么大，伤口结了暗红色的痂，最深处甚至可以看到骨头。

入院以来，黄奶奶从没说过一句话。作为养老院招聘的第一批专职社工，邢雪尝试着和黄奶奶聊天，但老人脸上没有任何表情，眼神木然空洞。第二天，第三天……邢雪和同事每天都去陪黄奶奶，可一个星期过去了，老人仍然没有任何变化。

"经历了这么多病痛折磨，又进入一个陌生环境，奶奶心里肯定很无助。"邢雪揣摩着黄奶奶的心理。一番商议后，几个年轻人想出了"大招"。他们找来了老一辈喜欢的《南泥湾》《在那桃花盛开的地方》等歌曲，用手机播放这些歌曲，并跟着音乐随意舞蹈、拍手合唱。

两个月后的一天中午，黄奶奶终于说出"饿了"这两个字。几个年轻人瞪大了双眼，一时难以置信。"饿了。"黄奶奶又颤颤巍巍地说了一遍，大家兴奋地欢呼起来。

一段时间后，黄奶奶肉眼可见地长胖了。邢雪说，虽然黄奶奶现在还很难下床走路，但在同批进养老院的老人中，她是去医院就诊次数最少的一个。

赵爷爷的第一条"朋友圈"

近年来，北京不断推广居家和社区养老服务模式。很多社区就近建起了养老驿站和照料中心，向周边老人提供上门助医、助浴、助洁、助餐和日间托管照料等服务，并组织各类活动。

进入养老驿站后，李美娜开始组织社区老人参加各种课程和活动，还组建了社区模特队。"越是年纪大的老人，他们越需要找到自己的价值所在。"李美娜表示。

最受社区老人欢迎的，是李美娜和同事开设的"手机课"。李美娜和同事发现，很多子女为老人购买了智能手机，却没时间教老人如何使用，有的老人连接听电话都不会。于是，李美娜和同事着手准备开设"手机课"。从最简单的接听电话开始，到微信视频通话、编辑发送图片、微信付款……有些相对年轻的老人还学会了使用"K歌""电子相册"等软件，甚至注册了抖音账号，拥有了少量"粉丝"。

由于老人的年龄大都在八九十岁，李美娜和同事授课时也会关注他们的学习进度。刚开始，一节课教他们四五个智能手机功能的使用方法，但到下节课时，他们全忘了。现在，一节课只教一个功能的使用方法，前20分钟带着他们按照步骤操作一遍，后20分钟让他们各自练习并相互交流。每堂"手机课"都人员爆满，有的老人还带着笔记本来上课，每次能记满两页。

学会用微信后，很多老人成了生活的忠实记录者。住在通州区的赵爷爷养的昙花开了，当天晚上，他发了第一条朋友圈——九张从不同角度拍摄的照片，配文"女儿送来的花，终于开了！"

(资料来源：养老院里的"95后".新京报，2019年9月18日)

3. 常见情况处理

(1) 老人头晕。

如果是没休息好或是感冒引起的头晕，可以在老人的太阳穴和人中处涂抹风油精或清凉油，并用大拇指按压老人手腕内侧的内关穴。如果是低血糖引起的头晕，应马上冲一杯葡萄糖水给老人喝，再让老人慢慢进食一些易消化的食物。如果是室内闷热引起的头晕，应先使室内通风,再为老人涂抹药油。

（2）老人跌倒。

老人跌倒时,千万不能马上扶起,而应先问老人摔到了哪里,然后检查有没有骨折,在确定没有骨折后再慢慢扶起老人。若怀疑老人骨折,则应使老人保持不动,并尽快拨打急救电话。

（3）老人不吃饭。

多关注老人的饮食,让他们多吃水果、蔬菜,并适当吃些荤食,做到营养均衡。另外,在老人吃饭时,应嘱咐他们遵循“少食多餐”的原则。若老人不吃饭,则应及时找出原因,如胃口不好、饭菜不合口味、有心事等,然后针对不同原因采取不同措施,促进老人进食。

4. 其他事项

（1）老人的视力逐渐下降,腿脚也逐渐不太灵便,因此在他们居住的地方不要放置太多杂物,以免导致他们磕碰受伤。

（2）为老人准备一款智能手机或智能手表,最好具备定位功能,以便老人在需要帮助时能及时获得援助。

（3）鼓励老人多外出活动,建议他们与小区里的其他老人一起跳广场舞、健身,或参与一些适合他们的娱乐活动。

（4）了解老人的患病情况,以及对应疾病的基本特征和护理时的注意事项。

（5）多关注老人的身体状况,尤其是在换季时。

（6）搀扶老人时,要根据老人的不同情况,采用不同的搀扶方式。如果老人身体较好,能够自主行走,可以让他抓住你的手臂,以防失去平衡。如果老人腿脚不便,不能自主行走,则在搀扶老人时,应和老人面对面站立,用自己的脚尖抵住老人的脚尖,并让老人抓紧自己的手臂;让老人把重心放在一只脚上,然后迈出另一只脚,与此同时,自己的脚向后撤;如此反复,引导老人一步步向前行进。

（7）老人是我们照顾的对象,但他们也希望能被人需要。在日常生活中,对于家里的大小事情,应多与老人商量;若老人行动自如,可以适当让他们做一些家务,让他们觉得自己还能为家人提供帮助。

6.3.2　婴幼儿照护

婴幼儿照护是家庭劳动实践中至关重要的一部分,涵盖了对婴幼儿的日常护理、饮食管理、安全保障以及情感交流等方面。需要掌握一系列实用的护理技能,以确保婴幼儿的健康和安全。从日常护理如洗澡、更换尿布,到饮食管理和睡眠安排,每个细节都需要精心呵护。正确的护理技巧不仅可以保障婴幼儿的身体健康,还能够促进他们的身心发展,培养良好的生活习惯。婴幼儿照护既是一项充满意义的工作,也是一项充满挑战的任务。

1. 日常护理

日常护理是确保婴幼儿健康成长的基础,包括以下几方面。

1）洗澡

正确的洗澡技巧对于婴幼儿的皮肤健康至关重要。洗澡水的温度应适中,洗澡时间不宜过长,使用温和的婴儿洗涤剂,避免过多的摩擦和刺激。在洗澡过程中,应轻柔地按摩婴幼儿的皮肤,注意清洁皱褶部位和头发。

（1）温度控制。

洗澡水的温度应该保持在 37℃左右，即与幼儿的体温相近。可以使用浴温计来确保水温适宜，避免水温过高或过低刺激幼儿的皮肤。

（2）洗浴用品选择。

在给幼儿洗澡时，应选择温和、无刺激性的洗浴用品，如婴儿专用洗发水和沐浴露。最好选择不含香精、色素和防腐剂的产品，以免刺激幼儿的皮肤和呼吸道。

（3）洗澡频率。

婴幼儿一般建议每天洗澡 1 次，或者隔天洗澡 1 次。在夏季或者天气炎热的时候，可以适当增加洗澡的次数，保持幼儿的清洁和舒适感。

（4）洗澡时间。

幼儿的洗澡时间一般控制在 5 到 10 分钟为宜。过长的洗澡时间会使幼儿的皮肤变干，容易引起皮肤问题。在洗澡前要准备好所需的洗澡用品，以免在洗澡过程中遗漏。

（5）洗澡环境。

洗澡环境对于幼儿的舒适感和安全性至关重要。洗澡时，最好选择安静、温暖的环境，远离嘈杂的声音和强烈的光线。可以放置一些洗澡玩具，让洗澡成为一种愉快的体验。

（6）洗澡步骤。

首先用温水湿润幼儿的全身，然后涂抹适量的洗发水和沐浴露，轻轻按摩幼儿的头皮和身体，注意避开眼睛和口鼻部位。接着用清水彻底冲洗幼儿的全身，确保没有残留的洗浴用品。最后用干净柔软的毛巾轻轻擦干幼儿的身体，将其包裹在温暖的毛巾中，以保持体温。

2）更换尿布

定期更换干净的尿布可以预防尿布疹等皮肤问题。建议每隔 2 到 3 小时或每次排尿后及时更换尿布，并在每次更换时用温水和棉球轻轻擦拭幼儿的臀部，保持干燥清洁。在更换尿布时，注意观察幼儿的皮肤是否有红疹等症状，及时采取措施预防和治疗。

（1）定时更换。

尿布应根据幼儿的排尿频率和尿量来定时更换。通常建议在幼儿每次排尿后及时更换尿布，避免尿液长时间接触皮肤导致尿布疹等皮肤问题。

（2）选择合适的尿布。

市面上有许多不同类型的尿布可供选择，包括一次性尿布和布尿布。可以根据自己的喜好和实际情况选择适合的尿布类型。一次性尿布方便易用，而布尿布则环保可重复使用，但需要在使用和清洗方面投入更多的时间和精力。

（3）清洁皮肤。

在更换尿布之前，应用温水和柔软的棉球或湿巾轻轻擦拭幼儿的臀部和生殖器周围，清除残留的尿液和粪便。避免使用含有酒精或刺激性成分的湿巾，以免引起皮肤过敏或刺激。

（4）保持皮肤干燥。

更换尿布后，应待皮肤完全干燥后再穿上新尿布。可以让幼儿在空气中晾晒一段时间，或用柔软的毛巾轻轻擦干皮肤。

　　3）皮肤护理

　　在日常护理中,对幼儿的皮肤护理应做到选择温和的洗浴用品、注意洗澡水温度和时间、及时做好洗澡后的护理、避免过度清洁、采取有效的防晒措施。洗澡时,避免频繁使用肥皂和洗涤剂,以免去除皮肤表面的天然油脂。可以选择在温水中加入少量的婴儿沐浴液,轻柔清洁皮肤即可。定期观察皮肤状况,有助于幼儿保持健康、柔软的皮肤,促进其身心健康发展。

　　4）指甲修剪

　　指甲修剪对于婴幼儿的日常护理至关重要,正确的修剪方法和时机可以预防他们抓伤自己的脸或身体,同时也有助于保持指甲的整洁和卫生。以下是婴幼儿指甲修剪的建议。

　　(1)准备工作。

　　在开始修剪指甲之前,确保工具干净卫生。选择专门为婴幼儿设计的指甲剪或钝头指甲剪,并保持修剪器具锋利。

　　(2)选择适当的时间。

　　为避免幼儿不适,最好在他们放松或入睡时进行指甲修剪。这样能减少他们的挣扎和动作,提高修剪的效率和安全性。

　　(3)正确的姿势。

　　修剪指甲时,应采取适当的姿势,确保幼儿的手部保持稳定。可以将幼儿的手轻轻放在自己的手心中,以便更好地控制修剪器具的位置和力度。

　　(4)适当的修剪角度。

　　修剪指甲时,应保持修剪器具与指甲呈垂直角度,避免剪得太深或太浅。一般来说,修剪到指甲边缘即可,无需过多修剪。特别要注意避免剪到指甲周围的皮肤,以免造成伤害或不适。

　　(5)温柔的动作。

　　在修剪指甲时,应保持轻柔的动作,尽量避免剪得过快或过猛。可以轻轻地按住婴幼儿的手指,以稳定他们的手部,然后用修剪器具小心地剪掉指甲边缘的部分。

　　2. 饮食管理

　　婴幼儿的饮食管理需要结合婴幼儿的年龄和发育状况,采取科学合理的方法和策略。母乳喂养、配方奶粉喂养以及辅食添加都是重要的饮食方式,应根据婴幼儿的实际情况进行选择和调整。同时,喂食过程中需要注意食物的安全和卫生,培养婴幼儿良好的饮食习惯和健康的生活方式。

　　1）母乳喂养

　　(1)营养成分。

　　母乳含有丰富的营养成分,包括蛋白质、脂肪、碳水化合物、维生素和矿物质等。其中,乳脂肪是婴儿生长发育所需的主要能量来源,而乳清蛋白则提供了必要的蛋白质,有助于构建婴儿的免疫系统。

　　(2)免疫保护。

　　母乳含有丰富的抗体和免疫细胞,能够帮助婴儿对抗病原体,预防感染和疾病的发生。尤其是初乳(产后数天内的乳汁),它含有大量的免疫球蛋白,有助于建立婴儿的免疫系统。

（3）消化吸收。

母乳中的营养成分更易于被幼儿消化吸收，比配方奶粉更适合婴儿的胃肠道。母乳成分会随着幼儿的生长发育而调整，以满足其不同阶段的营养需求。

（4）促进母婴情感联系。

母乳喂养不仅有助于幼儿的身体健康，更能够加强母婴之间的情感联系。在哺乳过程中，母亲与幼儿能够建立起亲密的肢体接触和进行情感交流，有助于维系母婴之间的情感纽带。

2）配方奶粉喂养

（1）选择合适的配方奶粉。

在进行配方奶粉喂养之前，需要选择符合幼儿年龄和健康状况的奶粉。市场上有各种品牌和型号的配方奶粉，包括初生婴儿奶粉、防过敏奶粉、婴幼儿配方奶粉等。在选择时应根据幼儿的年龄、健康状况、过敏史等因素进行综合考虑，并咨询医生或营养师的建议。

（2）了解配方奶粉的配制方法。

配方奶粉的配制方法一般都标明在产品包装上，需要仔细阅读说明书，并按照指导进行正确配制。通常，配方奶粉的配制包括测量水量、加入奶粉、充分摇匀等步骤。在配制过程中，应使用清洁的奶瓶、奶嘴和配方奶粉勺，并确保水质卫生。

（3）控制配方奶粉的浓度和温度。

配方奶粉的浓度和温度对于幼儿的消化和吸收具有重要影响。在配制奶粉时，应根据产品说明书准确控制水与粉的比例，避免奶粉过浓或过稀。此外，配方奶粉的温度应适中，一般控制在 37℃左右，以保持奶粉的营养成分和口感。

（4）注意奶瓶的清洁和消毒。

为了保证配方奶粉的卫生和安全，奶瓶、奶嘴等喂食器具的清洁和消毒至关重要。在每次使用前，应将奶瓶和奶嘴用温水和中性洗涤剂彻底清洗，然后进行高温蒸汽消毒或煮沸消毒。同时，要定期检查奶瓶和奶嘴是否有破损或老化，及时更换。

3）辅食添加

（1）引导开始时间。

辅食添加的开始时间通常在婴幼儿约六个月大时，因为此时他们的消化系统已经发育到可以接受固体食物的程度。在开始添加辅食之前，应观察婴幼儿的各种表现，例如唾液分泌增多、对食物的好奇心增加以及能够坐直并自行吞咽等，这些都是准备开始添加辅食的信号。

（2）选择食材。

在刚开始添加辅食时，应选择简单易消化的食材，如米粉、磨碎的水果和蔬菜泥等。这些食材一般比较温和，易于婴幼儿的消化系统接受和消化，有助于降低过敏或消化不良的风险。

（3）逐步增加种类和质地。

随着婴幼儿逐渐适应固体食物，可以逐步增加食材的种类和质地。例如，可以逐渐引入更加坚实的食物，如煮熟的蔬菜丁、软糊状的米饭和软水果等。在引入新食材时，建议单一添加，并观察婴幼儿对食物的反应，以便及时发现过敏或不耐受的情况。

（4）注意过敏食物。

辅食添加过程中应特别注意易致过敏的食物，如鸡蛋、花生、牛奶、鱼类等。这些食物可能引发幼儿过敏反应，因此在添加新食物时应逐步进行试验，并密切观察幼儿的反应。如果出现过敏症状，如皮疹、呼吸困难等，应立即停止食用该食物，并及时就医处理。

3. 安全保障

婴幼儿的安全是家庭照护中的首要任务。家庭应对危险因素进行认真排查和管控，例如锐利的物品、有毒的物质、高温的器具等。此外，合适的家具和设施也是确保幼儿安全的重要因素，如安全座椅、防滑垫等，可有效预防意外伤害的发生。

（1）家庭环境安全。

家庭环境的安全是保障婴幼儿安全的首要条件。应定期检查和排除家中的安全隐患，包括锐利的物品、易碎的玻璃器皿、有毒的化学品等。尤其需要注意家居电器和插座的安全，使用防护套或安全插座盖，避免幼儿触电或随意插拔电器。同时，确保家中有足够的通风和光线，保持房间干燥整洁，防止细菌滋生和意外伤害的发生。

（2）家具设施安全。

家具设施的选择和摆放也影响着幼儿的安全。应选择符合安全标准的婴幼儿家具，避免购买过于尖锐或易倾倒的家具。在摆放家具时，尽量避免将易碎或危险的物品放置在幼儿易触及的位置，如床头柜上、桌面上等。对于柜子和抽屉，应安装安全锁或防夹手装置，防止幼儿因打开或关闭家具而受伤。

（3）日常生活安全。

在日常生活中，需要注意一些常见的安全问题，如在烹饪过程中，要注意灶台周围的安全，避免幼儿触碰热水壶、炉灶等危险物品。同时，将热食物或液体放置在幼儿无法触及的位置，以免烫伤。避免给幼儿食用可能引起窒息的食物，如坚果、糖果等。定期清洁和消毒餐具、奶瓶等饮食器具，防止细菌感染。在户外活动时，应选择安全的游乐场所，并确保幼儿有成年人的陪伴和监护。避免让幼儿接触危险的游戏设施或交通工具，如高空秋千、摩托车等。

（4）紧急救护准备。

应随时准备好应对突发情况的紧急救护措施。应在家中设置急救箱，并定期检查和更新急救用品。学习基本的急救知识，包括心肺复苏、止血包扎等技能，以便在紧急情况下能够及时处理。

6.3.3　居家防火、用电安全

1. 防火安全

防火安全是确保家庭成员生命财产安全的重要环节，涉及预防火灾的发生、正确应对火灾以及保障火灾逃生安全等方面。通过合理配置防火设备、定期检查维护、加强家庭成员的防火意识培养和制定应急预案，可以有效预防火灾事故的发生，最大限度地减少火灾带来的损失和伤害。

1）防火设备的选购和使用

在家庭中，配置合适的防火设备是预防火灾的重要手段之一。

（1）烟雾报警器。

安装在家庭的关键位置，如走廊、卧室等，能及时检测到烟雾并发出警报。选择具有电池备份和长期稳定性的烟雾报警器，定期检查电池是否充足，并进行测试。

（2）灭火器。

家庭中应备有适量的干粉灭火器，放置在易燃物品附近或易发生火灾的区域。家庭成员应接受相关培训，了解灭火器的使用方法，并定期检查灭火器是否过期或损坏。

2）火灾预防措施

定期清理。应定期清理家庭杂物、垃圾和易燃物品，避免它们在家中堆积，防止火灾发生。

烟火使用安全。在家中使用火源或明火时要格外小心，确保它们离易燃物品有足够的距离，并在使用后及时熄灭。

厨房安全。厨房是火灾易发区域之一，使用燃气炉具、微波炉等时要小心谨慎，注意随时监控火源，避免因烹饪引发火灾。

电器安全。使用电器时要注意插座的过载情况，避免使用老化或损坏的电器，定期检查电线、插座等设施是否完好。

3）火灾应急处理

火灾逃生。家庭成员应事先制订逃生计划，了解家庭逃生路线和集合地点。在火灾发生时，保持镇静，迅速撤离着火地点，沿着逃生路线有序撤离，并避免乘坐电梯。

报警求助。火灾发生时要及时拨打火警电话（如119），报告火灾情况，并向家人或邻居求助。在安全距离处等候消防队员的到来，并协助疏散其他受困人员。

2. 用电安全

用电安全是指在家庭生活和工作中，正确、安全地使用电气设备和电器用品，预防电气事故，保障人身和财产安全的一系列措施和实践。它涉及诸多方面，包括正确使用电器设备、合理布局家庭电路、定期检查电气设备、避免过载和短路等。用电安全的重要性不言而喻，因为电气事故往往会造成严重的人身伤害和财产损失，甚至危及生命。

（1）定期检查电器设备。

定期检查家中的电器设备，包括电视、计算机、空调、冰箱等，确保其运行正常且没有损坏。特别注意电线是否老化破损、插头是否松动、电器表面是否有裂痕等情况，如发现问题及时更换或修理，以防止电器故障引发火灾。

（2）使用合格电器产品。

购买电器产品时，要选择合格的产品，并确保其具有相关的安全认证标志。避免购买价格低廉且质量不过关的产品，以免在使用过程中出现安全隐患。另外，注意不要购买假冒伪劣产品，提高防范意识。

（3）避免电线过热。

在使用电器时，特别是大功率电器如电炉、电烤箱等，要避免电线过热的情况发生。尽量不要使用老化的、容易受损的电线和插座，以免因电线过载或电路负荷过大而引发火灾。另外，要避免电线过度弯折或挤压，以保持电线的完好性。

（4）预防触电事故。

为了防止触电事故发生，家庭成员应加强电器安全意识，避免在潮湿的环境（如浴室、厨房等)中使用电器。使用电器、插拔电器时要保持手部干燥,并避免触碰带电部位,应握紧插头而不是拉电线。

(5) 安全使用延长线和插座。

使用延长线和插座时,要选择质量可靠的产品,并注意合理使用。不要将多个电器同时插在一个插座上,以免造成插座过载,引发火灾。另外,不要将延长线或插座放置在易燃材料附近,以防止插座发热引发火灾。

(6) 孩子用电安全教育。

对于有孩子的家庭,要加强对孩子的用电安全教育。教育孩子不要在电器附近玩耍,不要随意插拔插头或触摸电器表面。同时,要定期检查家中的电器安全状况,保障孩子的用电安全。

【课后思考】

1. 思考并阐述家庭劳动对个人价值观形成的影响。

2. 探讨家庭劳动如何促进大学生的生活自理能力和责任感提升。

3. 探讨家庭劳动如何增进家庭成员之间的沟通与理解。

4. 分析家庭劳动教育在大学生成长过程中的作用。如培养劳动观念、劳动技能以及责任感等。

项目 **7**

学校劳动实践

在劳动教育中,学校发挥着主导作用。学校是学生接受劳动教育的主要场所,需要充分发挥其在劳动教育中的主导作用,将加强新时代大学生劳动教育作为落实立德树人根本任务的关键环节。学校需要加强制度建设,转变传统的课程观念,为开展劳动教育创造新的政策环境和制度环境。

通过实践操作,大学生应掌握基本的劳动技能,如校园环境维护(定期清扫校园、绿化校园等)、志愿服务活动(图书馆管理、食堂秩序维护、校园文化节和科技节的筹备执行等)、手工制作、园艺种植、清洁整理等。学习并应用现代科技手段进行劳动,如使用计算机进行数据处理、使用智能设备进行自动化操作等。学生应了解劳动的基本概念、意义和价值,认识到劳动对个人成长和社会发展的重要性。学习并掌握各种劳动工具、设备和材料的使用方法,以及安全操作规程,确保在劳动过程中能够正确、安全地使用这些工具和设备。

在集体劳动项目中,学生能够学会与他人分工合作,共同完成任务,培养团队协作精神和集体荣誉感。能够有效地与他人沟通劳动计划、进展和遇到的问题,寻求解决方案,提升沟通协调能力。

认知目标

- 了解劳动的基本概念、意义和价值;
- 掌握基础劳动知识,制订劳动计划;
- 掌握垃圾分类知识;
- 学会应用现代科技手段进行劳动。

能力目标

- 基础劳动能力:掌握基本的生活技能、使用基本劳动工具的技能;
- 专业技能培养:深入学习专业技能,提升实践操作能力;
- 团队协作能力:学会与他人协作,提升沟通协调能力;
- 创新与问题解决能力:鼓励创新思维,解决实际问题;
- 具备适应未来社会生活及职业发展所需的各项关键能力。

素养目标

- 树立正确的劳动观念:培养学生尊重劳动、热爱劳动、珍惜劳动成果的态度,形成正确的劳动价值观和职业道德;
- 增强社会责任感与公民意识:参与社会公益劳动、培养环保意识;
- 促进学生身心健康发展:增强体质,培养良好心理素质;

- 培养良好的劳动习惯和品质,发扬积极的劳动精神;
- 提升学生的综合素养。

7.1　垃圾分类

【任务描述】

垃圾分类实践任务是旨在提升公众环保意识、促进资源循环利用的重要活动。通过学习垃圾分类的定义、分类标准并进行实践教学,让学生全面掌握垃圾分类的知识和技能,养成良好的垃圾分类处理习惯。在学校等场所设置垃圾分类收集容器,引导学生正确分类投放垃圾。组织志愿者队伍,定期开展垃圾分类指导和监督活动,确保垃圾分类工作有效实施。鼓励学生积极参与垃圾分类志愿服务活动,形成良好的社会氛围。

7.1.1　垃圾分类的意义

垃圾问题已经成为人类文明发展的一个"世界难题"。随着城市化和经济的高速发展,我国城市垃圾问题也变得越来越突出。面对生活垃圾逐年增加的趋势,垃圾处理将持续面临压力,"垃圾围城"令人担忧。2013年7月,习近平总书记在湖北考察时指出:"垃圾是放错位置的资源,把垃圾资源化,化腐朽为神奇,是一门艺术。"垃圾混置是垃圾,垃圾分类是资源。通过实施垃圾分类管理,在源头将垃圾进行分类投放,并通过分类的清运和回收使之变成资源,最大限度地实现垃圾资源利用,必将明显改善人们的居住环境,提高生活质量,最终给人民群众带来利益和实惠。

1. 垃圾分类的定义

垃圾分类,是指按一定规定或标准将垃圾进行分类储存、分类投放和分类清运,从而转变成公共资源的一系列活动的总称。分类的目的是提高垃圾的资源价值和经济价值,力争物尽其用。进行垃圾分类收集可以减少垃圾处理量,减少处理设备的使用,降低处理成本,减少土地资源的消耗,具有社会、经济、生态等几方面的效益。2019年11月15日,《生活垃圾分类标志》(GB/T 19095—2019)标准发布,同年12月1日起正式实施。标准中,生活垃圾分类标志由4个大类标志和11个小类标志组成。

【劳动小贴士】

"垃圾分类"小程序正式上线

2019年12月1日,《生活垃圾分类标志》标准正式实施。为进一步普及生活垃圾分类知识,方便居民进行生活垃圾分类,由住房和城乡建设部联合中国政府网共同推出的"垃圾分类"小程序于12月9日上线。

截至2025年7月,小程序覆盖全国46个生活垃圾分类重点城市,这些城市的居民可以一键查询所在城市生活垃圾分类政策,同时也能查看生活垃圾分类标准和投放要求等内容。

"垃圾分类"小程序依托"国务院客户端"小程序平台开发,可通过使用微信扫描小程序码、关注"国务院客户端"服务号等方式访问。

2. 垃圾分类的原因

每个人每天都会产生许多垃圾。在一些垃圾管理较好的地区,大部分垃圾会得到卫生填埋、焚烧、堆肥等无害化处理;而在更多地方,垃圾则常常被简易堆放或填埋,导致臭气蔓延,并且污染土壤和地下水体。例如,土壤中的废塑料会导致农作物减产,因此回收利用可以减少这种危害。根据处理方式的不同,无害化处理一吨垃圾的费用约为一百元至几百元不等。人们大量地消耗资源,大规模生产和消费,又大量地产生垃圾,后果不堪设想。

通过垃圾分类,首先可以减少环境污染,去除含有有毒物质的垃圾,如废弃电池中的金属汞等,减少对环境和人类健康的危害。其次是节约土地资源,垃圾分类可以显著减少垃圾的数量,从而减少对土地资源的消耗。例如,去掉能回收的、不易降解的物质后,垃圾数量可以减少 50% 以上。再次是促进绿色发展和绿色生活,垃圾分类能有效节约原生资源,改善环境质量,带动绿色发展,引领绿色生活。最后是降低处理成本,垃圾分类收集可以减少垃圾处理量和对处理设备的需求,降低处理成本。

3. 垃圾分类的重要性

实行垃圾分类,关系广大人民群众的生活环境,关系资源的节约使用,也是社会文明水平的一个重要体现。作为新时代的大学生,承载着国家的未来和民族的希望,是社会文明的示范者和引领者。因此,做好垃圾分类,是每一位大学生应尽的责任与义务。

垃圾分类本身的目的既在于变废为宝,也在于让各类垃圾各归其位,这样才能让我们的生活环境更加干净卫生,减少细菌滋生,守护健康。大学生做好垃圾分类,是卫生健康习惯的一种习得养成,在这一过程中,大学生能够更好地成长为文明个人。大学生须学习和践行垃圾分类,这样我们的校园才能因为做好垃圾分类而更加文明美丽。

【劳动小贴士】

世界清洁日"捡拾中国"活动

世界清洁日是全球最大规模的环境觉醒行动之一,于每年 9 月的第三个周六定期举办。通过倡导"用一天的时间清理我们的地球"这一行动,呼吁更多人一起改变对垃圾视而不见的态度,改变人们的过度消费行为,以应对陆地、河流和海洋的垃圾失控问题,并最终通过多样化的活动和大规模的参与缓解气候危机所产生的影响。

2021 年 9 月 19 日,全球 190 多个国家参与世界清洁日,超过 5000 万名志愿者参与其中。上海浦东乐芬环保公益促进中心(捡拾中国)作为中国区的总协调单位,号召全国 176 个城市的近 21 万人次,在全国范围开展了 2191 场垃圾清理捡拾活动,共计捡拾 161 吨垃圾。

7.1.2 垃圾分类标准

1. 我国垃圾分类现状

习近平总书记指出,推行垃圾分类,关键是要加强科学管理、形成长效机制、推动习惯养成。要加强引导、因地制宜、持续推进,把工作做细做实,持之以恒抓下去。

自 2016 年 12 月以来,新的垃圾分类制度在国内普遍推行,全国垃圾分类工作由点到面、逐步启动、成效初显。46 个重点城市先行先试,推进垃圾分类取得积极进展。2019 年起,全国地级及以上城市全面启动生活垃圾分类工作。2020 年底,46 个重点城市基本建成垃圾分类处理系统;2025 年底前,全国地级及以上城市将基本建成垃圾分类处理系统。

2. 垃圾分类方法

随着人们物质生活的不断丰富,垃圾成分也日趋复杂。合理准确地进行垃圾分类,可最大限度地防止二次污染。根据国家标准,垃圾分类可分为可回收物、其他垃圾、厨余垃圾和有害垃圾四大类。

(1)可回收物。

可回收物指适宜回收并可循环利用的资源,主要包括废纸、塑料、玻璃、金属和布料五大类。

废纸:主要包括报纸、期刊、图书、各种包装纸等。

塑料:各种塑料袋、塑料泡沫、塑料包装(快递包装纸属于其他垃圾/干垃圾)、硬塑料、塑料牙刷、塑料杯子、矿泉水瓶等。

玻璃:主要包括各种玻璃瓶、碎玻璃片、暖瓶等。

金属:主要包括易拉罐、罐头盒等。

布料:主要包括废弃衣服、桌布、洗脸巾、包、鞋等。

(2)其他垃圾。

其他垃圾(上海称干垃圾)包括除上述几类垃圾之外的砖瓦陶瓷、渣土、卫生间废纸、纸巾等难以回收的废弃物,以及尘土、食品袋等。

(3)厨余垃圾。

厨余垃圾(上海称湿垃圾)包括剩菜剩饭、骨头、菜根菜叶、果皮等食品类废物。经生物技术就地处理堆肥,每吨可生产 0.6～0.7 吨有机肥料。

(4)有害垃圾。

有害垃圾含有对人体健康有害的重金属、有毒物质或对环境造成现实危害或潜在危害的废弃物,包括电池、荧光灯管、灯泡、水银温度计、油漆桶、部分家电、过期药品及其容器、过期化妆品等。这些垃圾一般单独回收或填埋处理。

【拓展阅读】

垃圾分类:全民参与的社会"新时尚"

生活垃圾分类并不是新鲜话题。2019 年,全国地级及以上城市的政府和人民一门心思研究"垃圾的那些事儿",反映的不仅是对待资源态度的变化,更是国家对发展循环经济、建设生态文明的重视。

2019 年 7 月 1 日,上海进入垃圾分类"强制时代",号称"史上最严"的《上海市生活垃圾管理条例》不仅让申城人民在垃圾桶前踌躇徘徊,同时也将这项环保运动推广至全国多个城市,北京、广州、杭州、深圳等相继跟进,纷纷出台地方性政策。其实早在 2 月,住房城乡建设部就已扣响了垃圾分类的"发令枪",要求全国地级及以上城市在 2019 年全面启动生活垃圾分类工作。6 月,住房城乡建设部等部门又印发文件,推动全国 46 个城市进入强制垃圾分类的"快车道",并发布了日程表:到 2020 年底,46 个重点城市基本建成垃圾分类处理系统;到 2025 年底,全国地级及以上城市基本建成垃圾分类处理系统。为了不让全国人民为丢垃圾发愁,11 月住房城乡建设部还出台了垃圾分类"新国标"《生活垃圾分类标志》,并联合中国政府网推出了第一款具有官方背景的"全国垃圾分类"小程序,覆盖全国 46 个重点城市,可根据不同城市查询到不同的分类标准。

"丢垃圾"终于不再是一件小事。2019 年,"垃圾分类"不仅搅乱了全国人民的"垃圾桶",还撬动了千亿市场,催生了众多创业公司。据天眼查数据显示,2019 年全国新增垃圾处理相关企业超过七千家。各种与垃圾分类相关的项目、公众号和小程序也应运而生,分类垃圾桶、代扔垃圾服务、"互联网＋垃圾分类"平台等纷纷涌现。一些大型科技公司也针对垃圾分类跑马圈地,比如支付宝上线免费上门回收垃圾服务,京东也推出了"垃圾分类"助手。虽然2019年有关垃圾分类的众多创业项目仍未找到成熟的盈利模式,但随着垃圾分类的全面铺开,环保行业的潜力终将被不断释放。其实除了固废行业外,"垃圾分类"政策的落地也在广泛影响包装、食品、外卖、餐饮、酒店等诸多行业。而这些行业企业的反应和行动将决定其面临的究竟是挑战,还是机遇。

2019年"侬是什么垃圾"的灵魂拷问虽让人啼笑皆非,但让垃圾分类走进了千家万户,切实改变了人们的生活方式和生产方式。2020年,全国各城市将全面推行垃圾分类制度,面对低碳绿色"新时尚",你准备好了吗?

(资料来源:可持续发展经济导刊,2020年第1、2期)

3. 垃圾分类标识

垃圾分类是环保的第一步,如何将垃圾进行正确分类?让我们一起认识垃圾分类标识。

(1)可回收物。

可回收垃圾图标是一个循环的三角形箭头,简单明了。可回收物指适宜回收和资源化利用的物品,比如金属刀具、奶粉罐、废纸张等。

(2)有害垃圾。

有害垃圾图标上面像一棵单叶的小苗,下面是一个很明显的叉。有害垃圾指对人体健康或自然环境可能造成直接或潜在危害的生活垃圾,比如充电电池、油漆桶、血压计、杀虫喷雾罐、感光胶片等。

(3)厨余垃圾。

厨余垃圾图标由一个果核、一根鱼刺及半个鸡蛋壳组成,很容易辨别。厨余垃圾指易腐烂的、含有机质的生活垃圾,比如菜根菜叶、剩菜剩饭、过期食品、瓜果皮壳、鱼骨鱼刺、残枝落叶、茶叶渣等。

(4)其他垃圾。

其他垃圾,也就是不可回收垃圾。图标也是一个三角形,不过只有两个箭头,而且箭头朝下。其他垃圾指不能归类于以上三类的生活垃圾,比如食品袋、大棒骨、创可贴、烟蒂、陶瓷碎片、餐巾纸等。

【拓展阅读】

分类后的垃圾都去哪了?

以上海为例,有害垃圾投入有害垃圾收集容器后,专用的收集车会将有害垃圾运送到暂存点,随后由环卫专用有害垃圾车辆运输至中转站进行分拣和存储,最后进入各类危废处理企业进行无害化处理。

可回收物通过"直接卖给废品回收企业""投放到设置在居住区公共区域的可回收物收集容器中""投放到两网融合服务站点"这三种方式进入废品回收系统,然后经再生资源回收服务点、站、场收集后,通过市场化渠道运往各类再生资源工厂进行再生利用,变废为宝。

湿垃圾,又称厨余垃圾,投放湿垃圾时记得要去除包装袋,这些湿垃圾投放到设置在居住区公共区域的湿垃圾收集容器中后,由小区物业保洁员短驳至垃圾箱房,再由环卫部门通过湿垃圾专用收集车辆收运至湿垃圾资源化利用厂,实现日产日清。郊区主要通过"就地就近、一镇一站"的湿垃圾处理设施和分散设备进行资源化处理。

干垃圾,又称其他垃圾,这些干垃圾投放到设置在居住区公共区域的干垃圾收集容器中后,经分类短驳到垃圾箱房,随后由环卫部门用垃圾专用车辆运输,实现定期清运。中心城区的干垃圾经过中转、集装运输到市属设施基地进行焚烧和卫生填埋处理,郊区的干垃圾则依靠区属设施进行焚烧处理。

(资料来源:百度百科)

7.1.3　高校垃圾分类

1. 高校校园生活垃圾的概念

高校生活垃圾主要是指在日常生活和学习过程中产生的废品,包括塑料制品、纸质包装、印刷制品、金属制品以及瓜果皮、剩饭菜等,覆盖区域为公寓楼、教学楼、图书馆、实验楼及公共活动区等。总的来看,教学区所产生的垃圾主要以废纸为主,食堂主要产生餐饮垃圾,包括塑料、食物等,宿舍区垃圾比较杂乱,主要为食品包装、瓜果皮等。

高校垃圾分类不仅包括对垃圾种类的基本划分,如可回收垃圾、有害垃圾、厨余垃圾等,还涉及更细致的分类方法。比如,上海师范大学将可回收垃圾细分为纺织物、纸类、饮料瓶和图书等类别。此外,垃圾分类的实施还需要完善制度建设,提供精准的依据,并通过教育和培训提高师生的垃圾分类意识和能力。

然而,目前大多数高校的垃圾分类设施相对简单,垃圾桶的分类仅限于可回收和不可回收两种,对于干垃圾、湿垃圾、有毒有害垃圾、厨余垃圾等没有做进一步区分。这种情况导致一些学生对垃圾分类标准感到模糊。尽管近九成的大学生支持垃圾分类,但仍有近七成受访者表示对其一知半解。这表明在高校中推广垃圾分类知识和提高分类准确率仍面临挑战。应通过加强垃圾分类教育,丰富学习内容,创新教育形式来提升教育的针对性和有效性。同时,多地也在推动垃圾分类工作,以分类培训和专业化教师队伍为保障,立足常态分类教学,不断提高全校师生的垃圾分类意识。

2. 高校校园垃圾分类的现状

实行校园垃圾分类,可以美化校园、改善环境,是一件有利于学生成长的事情。然而,目前很多高校垃圾分类普遍存在没有分类垃圾桶、未树立学生垃圾分类意识、分类垃圾被二次混合等问题。校园垃圾混合收集前均未经过垃圾分类处理,导致苍蝇、蚊子、老鼠滋生。在垃圾的处理过程中,混杂着各种有害物质的垃圾被填埋,既占用了土地,又使垃圾中多种污染成分长期留存,在一定条件下发生化学反应或生物转化,通过水资源、空气等介质污染环境,影响人体健康。

高校垃圾分类的现状呈现出多样化的进展和挑战。一方面,部分地区的高校在垃圾分类方面取得了显著成效。例如,上海的高校通过实施《上海市生活垃圾管理条例》,将垃圾分类逐渐转变为师生的新时尚,不仅提升了师生的分类意识,还通过投入硬件设施和开展多形式宣传教育活动,推动了垃圾分类工作的深入实施。此外,浙江工商大学通过数字技术赋能垃圾分类智慧化,有效提高了垃圾分类的效率和准确性。另一方面,尽管有政策支持和部分地区的积极实践,但高校垃圾分类的整体效果仍面临一些挑战。北京的情况表明,尽管自 2020 年 5 月 1 日开始实施《北京市生活垃圾管理条例》并取得了一定成效,但从高校目前的垃圾分类情况来看,行动相对滞后,未达到应有的效果。这可能与高校内部对垃圾分类标准的理解不一致、分类设施不足或宣传教育工作不到位有关。

综上所述,高校垃圾分类的现状是复杂多变的。一方面,部分地区和高校已经通过政策引导、投入硬件设施和开展宣传教育等措施,在垃圾分类方面取得了一定的成效。另一方面,整体上高校垃圾分类的效果仍存在不足,需要进一步加强政策激励、宣传教育和设施建设等方面的工作,以提高垃圾分类的效率和效果。

3. 高校校园垃圾分类的意义

开展校园垃圾分类,将垃圾视为资源,对有毒物质单独进行资源化处理,不仅可以节省大量填埋用地、避免污染,还能按类别回收资源,在保护资源和环境的同时,培养学生了解垃圾分类知识、养成垃圾分类习惯、形成环保意识,这对校园环境的美化和治理有着深远的意义。具体有以下意义。

（1）减少环境污染。

通过垃圾分类,可以去除可回收的物质,减少垃圾总量,从而减少对环境的污染。特别是对于含有金属汞等有毒物质的废弃电池等,如果不进行分类处理,会对人类和环境产生严重影响。同时垃圾分类有助于将可回收物、有害垃圾等进行有效分离,使这些资源能够得到再利用,变废为宝。这不仅减少了对自然资源的依赖,也促进了经济的可持续发展。

（2）促进校园文化建设。

垃圾分类的实施有助于营造一个更加文明、和谐的校园环境。通过垃圾分类,学生可以养成爱护环境、勤俭节约的生活习惯,这对于提升整个社会的文明程度具有积极作用。高校通过开展垃圾分类教育和实践活动,如设置垃圾分类示范点、投放智能回收垃圾桶等,将垃圾分类融入校园日常生活中,从而构建起绿色、低碳的校园文化。这种文化的建设有助于形成一种积极向上的校园氛围,鼓励学生养成良好的生活习惯和环保行为。垃圾分类的实施和推广,是校园文化建设的重要组成部分。它不仅体现了当代大学校园的文明风貌,更是大学生文明素养的体现。通过垃圾分类,高校可以进一步推动校园文化建设向更高层次、更广领域发展。

（3）提升环保意识。

高校作为教书育人的场所,通过开展垃圾分类教育,可以培养学生的环保意识和责任感。这种教育不仅限于课堂学习,还包括社会实践等多种形式,有助于学生将环保观念转化为实际行动。垃圾分类不仅是个人行为的体现,也是对社会负责的表现。通过垃圾分类的推广和实践,高校可以引导学生认识到自己作为社会成员的责任,增强他们的社会责任感和集体荣誉感。同时,垃圾分类教育还可以作为培养学生综合素质的重要途径之一。通过参与垃圾分类的实践活动,学生可以在实践中学习知识、提升技能,同时也能够锻炼团队合作能力和解决问题的能力。

【案例分享】

王祥有：十六年身体力行做好垃圾分类

晚上八点半,在村部篮球场上,江西省赣州市崇义县铅厂镇义安村果农王祥有在跳舞休息间隙向村民传授垃圾分类知识。他抓住广场舞群众喜闻乐见、参与性强的特点,晚上义务教村民跳广场舞,同时倡导大家进行垃圾分类,多年来从未间断。

自 2003 年以来,王祥有一直践行着当初立下的"爱护环境,守护家乡青山绿水"的承诺,身体力行做好垃圾分类并积极推广,为崇义县农村生活垃圾处理作出表率,先后被评为"江西好人""中国好人""2019 江西最美基层环保人"。

"死鸡死鸭死老鼠随意丢在义安河里,看了就让人恶心。我们的生活水平确实是提升了,但环境这么差就不怎么匹配了。垃圾如何减量,首先就要做好分类。"王祥有坚定地说。

一味地抱怨,垃圾并不会减少,反而越来越多;一味地发牢骚,环境也不会改善,反而越来越差。与其消极抱怨,不如积极改变。王祥有决定从自己做起,与家人"约法三章":不乱扔垃圾,不乱倒垃圾,并且对垃圾进行分类处理。

经过多年摸索,他总结了一套比较科学又简单易行的垃圾分类处理方法——"两个袋子两个桶"。"两个袋子"指用一个大塑料袋把那些可以回收的废铜烂铁、塑料瓶、废旧纸张装起来,积存到一定的量后,进行废品回收。把那些废电池、农药瓶和废弃灯泡等有害垃圾用一个小塑料袋装起来,进县城办事时顺道丢进有害垃圾桶里。

"两个桶"中,一个桶用来装可以腐烂的垃圾(如菜根、菜叶、瓜皮烂果等),装满一桶后倒入果园或菜地填埋施肥;另一个桶装那些不能回收又不能沤肥的垃圾(玻璃瓶、牛奶盒、塑料袋、烂鞋烂袜子等),并把它们倒入公共垃圾桶。

这种从源头上分类处理垃圾的方法,既干净卫生,又可减少 70% 左右的垃圾,还能够变废为宝,实现资源的再利用,特别适合在农村地区普遍推广。

刚开始推行搞垃圾分类的时候,曾有人质问:"现在政府又没有要求我们搞垃圾分类,你何必那么认真呢?你是想要出名吗?"

"乱倒垃圾已经严重影响我们的生活,再不认真对待,受害的不仅仅是我们自己,还会殃及子孙后代。我既然想到了,就先干起来呗。"面对他人的不理解,王祥有这样回答,让对方哑口无言。

2015 年前,义安村没有投放公共垃圾桶。王祥有每天去脐橙园干活时都必经镇上的垃圾中转站,于是就想到用摩托车搭载那些不能回收又不能沤肥的垃圾,把它们拉到离家 17 千米的镇垃圾中转站投放。

"那时候,我们经常满载行囊,车头上挂着两个装着饭菜的保温桶,车尾绑着一大塑料袋的垃圾,我爱人则坐在我和垃圾袋之间,每次我都被挤得几乎要坐到摩托车的油箱上。有时候半路上遇见熟人,停下来打招呼都不好意思说车上绑着垃圾。"王祥回想起往事,依旧有些尴尬。

受王祥有的影响,越来越多的村民加入垃圾分类的行列。村庄变得整洁,街道、路边、广场、河道都看不到垃圾,河水也清澈了。2017 年,义安村被评为"全国第一批绿色村庄";2019 年 5 月,被评为"江西省文明村镇"。

(资料来源:江西最美基层环保人十六年身体力行做好垃圾分类.环卫科技网,2019 年 8 月 1 日)

7.2　勤工助学

【任务描述】

随着高等教育的普及和学费的不断上涨,部分家庭经济困难的学生在求学过程中面临着较大的经济压力。勤工助学作为学校学生资助工作的重要组成部分,旨在通过提供校内外的劳动机会,帮助学生获得一定的劳动报酬,以减轻其经济负担。同时,勤工助学也是提升学生综合素质、培养社会责任感和团队合作精神的有效途径。通过勤工助学,学生可以更好地了解社会、融入社会,增强社会责任感和团队合作精神。此外,勤工助学也是学生锻炼自己、提升自我价值的重要途径,能够为未来的职业发展奠定坚实基础。

校内岗位主要包括助教、图书馆管理员、实验室助理、学术研究助理、行政助理等。这些岗位通常要求学生协助老师或管理人员完成日常工作,如答疑、批改作业、图书整理、实验操作、数据收集等。校外岗位则主要是一些企事业单位的兼职工作,如超市收银员、餐厅服务员等,这些岗位能够让学生接触社会,了解职场环境。

7.2.1　勤工助学概述

1. 勤工助学的内涵

（1）勤工助学的概念。

勤工助学是指在学校的组织下,学生利用课余时间通过劳动取得合法报酬,用于改善学习和生活条件的社会实践活动。勤工助学是新时代学校学生资助工作的重要组成部分,是提高学生综合素质和资助家庭经济困难学生的有效途径。中国的"勤工俭学"是一种传统的教育理念和实践方式,旨在通过勤工助学提高学生的综合素质和社会责任感。这一理念源于中国古代的传统文化,强调勤劳努力、自力更生的价值观念,并在现代得到了延续和发展。这一制度在中国的高等教育体系中十分普遍,被视为一种教育方式和社会责任的体现。

勤工俭学的形式多种多样,包括校内岗位、兼职工作、实习实践等。学生可以根据自身的兴趣和能力,选择参与不同类型的勤工俭学活动。这些活动既可以是与专业相关的实践,也可以是与生活、服务相关的工作,能为学生提供丰富的学习和成长机会。

总体来说,勤工助学制度不仅是一种经济资助方式,更是一种教育理念和实践方式,旨在通过勤工助学,促进大学生全面发展。

（2）勤工助学的发展。

我国勤工俭学的发展经历了多个阶段,具有深远的历史背景和现实意义。在很长一段时间内,国内用"勤工俭学"的称谓来代替"勤工助学",这个名称来源于"留法学生俭学会"。"勤工助学"一词最早于1984年由复旦大学提出,旨在通过这样的活动,促进学生在实践中运用知识,进而提升自身的专业素养和自立能力,帮助学生全面发展。

从20世纪90年代至今,国家先后发布了关于勤工助学的多项政策和文件,先在高校日常工作中设立勤工助学项目,又明确了高校在勤工助学管理制度、经费来源和使用、助学基金设立和管理方面的有关规定,逐步强化了勤工助学工作在高校学生工作体系中的地位、作用和价值。勤工助学很好地帮助了家庭经济困难的学生顺利完成学业。

勤工俭学的起源可以追溯到近代,一些先驱者如蔡元培等人,自费赴国外学习并倡导俭学风气。在他们的带动下,留欧学界兴起了"俭学风",并进而组织了留法"俭学会"。这些活动不仅体现了学子们对知识的渴望,也反映了他们对自我提升和成长的追求。

随着时间的推移,勤工俭学的内涵和外延逐渐深化和扩展。特别是在"五四运动"前后,马克思主义在中国的传播进一步推动了勤工俭学的发展。许多青年,如周恩来、邓小平等人,纷纷赴欧洲勤工俭学,将劳动与学习相结合,既锻炼了自己的能力,也为祖国的建设和发展作出了贡献。

在现代社会,勤工俭学已经成为大学生们广泛参与的一种活动。它不再仅仅是为了解决经济问题,更多的是为了提升自我、锻炼能力、积累就业经验。同时,勤工俭学的类型也从简单的体力劳动和家教,逐渐向与大学生专业相结合的方向多样化发展。例如,许多学生利用自己的专业知识,参与科研项目、技术开发、文化创意等领域的工作,实现了知识与实践的有机结合。

此外,随着社会的进步和高校教育的改革,勤工俭学的管理也日益规范化和社会化。政府和高校纷纷出台相关政策,为勤工俭学提供组织和环境方面的保障。同时,社会上的企事业单位也积极参与到勤工俭学活动中来,为学生们提供了更多的实践机会和岗位选择。

中国勤工俭学的发展是一个不断深化、不断拓展的过程。它不仅反映了社会对人才的需求和变化,也体现了大学生们对自我提升和成长的追求。在未来,随着社会的不断进步和教育的发展,勤工俭学将继续发挥其重要作用,为更多的大学生提供实践锻炼的机会和平台。

【案例分享】

留法勤工俭学运动

2019年是留法勤工俭学运动100周年。100年前的1919年初到1920年底,近2000名中国进步青年远赴法国,"勤于做工、俭以求学"。胸怀救国梦的中国青年远渡重洋,一边做工,一边学习新知识、新思想。他们在此研究工人运动、社会主义思潮和马克思主义,并从这里起步,走上革命道路,开启振兴中华的伟大历程。他们当中有些对新中国成立居功至伟,比如周恩来、邓小平、蔡和森、陈毅、聂荣臻等;有些成为新中国科学技术、文化艺术等领域的杰出人才,比如钱三强、严济慈、童第周、徐悲鸿、林风眠等。他们对中国的社会革命与发展产生了重大而深远的影响。五四时期,经过新文化运动的洗礼和反帝爱国斗争的影响,中国青年为寻求救国救民的知识和真理,大批赴法国留学。由于自费留学费用很高,除极少一部分官派的留学生外,绝大多数中国学子都半工半读,在法国的工厂中和法国工人、华工等一起劳作,获得了法国舆论界的赞誉。1912年,以"输世界文明于国内"为宗旨,李石曾、吴玉章、吴稚晖、张继等在北京发起组织留法俭学会。当时任教育总长的蔡元培力赞此事。留法俭学会在北京成立留法预备学校,送80多人赴法俭学,1914年受袁世凯政府的阻挠,被迫停办。以后保定人李石曾在巴黎华工中试验工余求学,1915年发起组织留法勤工俭学会,1916年3月,在巴黎成立华工学校,为留法勤工俭学运动创造了条件。

1919年至1920年间,先后共20批约1600人到达法国。他们来自全国18个省,其中以四川(378人)、湖南(346人)、河北(147人)为最多。留学生基本上都是16～30岁的青年。其中,较为知名的人士有湖南教育界著名的徐特立,蔡和森、蔡畅和他们的母亲葛健豪一家,王若飞和贵州教育界知名的黄齐生甥舅等。他们到法国后,有的先工后学,有的先学后工,有的边工边读,绝大多数都加入了"留法勤工俭学会",互帮互助。根据一份当时的调查数据,共有400～500名中国留学生,在三年的学习期间,进入了70多家工厂做工。除此之外,不少于200名留学生还在平时当散工、干杂活。其中,约有670人进入巴黎及法国各地的30多所学校,大多是先补习法文,然后进入工业实习学校及其他学校学习。暂时没有工作,处于待业状态的留学生只靠留法勤工俭学会发放的微薄维持费度日,生活极为艰苦。中国留学生进入工厂后,完全以普通劳动者的姿态和法国工人、华工一起劳动。每天工作 8 小时后,他们还会补习法文或学习工艺。他们的勤奋吃苦让法国工人、学生和友好人士对他们普遍表示欢迎和关切,同时也让留学生们广泛接触了资本主义社会生活的实际。有些青年则着重锻炼自己,考察资本主义社会,接触工人群众,研究工人运动、社会主义思潮和马克思主义。

(资料来源:见证不断传承的中法友谊——纪念留法勤工俭学运动 100 周年系列活动.人民日报,2019 年 3 月 25 日)

2. 勤工助学的特点

勤工助学主要为困难学生服务。校园内的勤工助学岗位有限,因此只能让部分经济特别困难的学生参与。勤工助学具有业余性,学生开展勤工助学活动时,应坚持课余原则,以搞好学习为前提,放弃学业必然会得不偿失、本末倒置。勤工助学是有偿服务,具有一定的经济效益,学生依靠自己的知识、技能和辛勤劳动获得相应报酬。勤工助学具有以下特点:

(1)历史悠久。

勤工助学作为一种教育理念和实践方式,在中国有着悠久的历史。早在古代,就有勤工俭学的传统,强调勤劳致富、自立自强的价值观念。

(2)普及性。

在中国的高等教育体系中勤工助学得到了广泛普及和推广,几乎所有高校都设有勤工助学的机制和制度。无论是 985 高校还是普通高校,都有学生参与勤工助学。

(3)多样性。

勤工助学形式多种多样,包括校内岗位、兼职工作、实习实践等。学生可以根据自身的兴趣和能力选择适合自己的勤工助学活动,这有利于促进学生的全面发展。

(4)教育性和实践性。

勤工助学不仅仅是一种经济资助方式,更是一种教育理念和实践方式。通过勤工助学,学生能够将学到的知识应用到实践中,增强实践能力和社会责任感,为将来的就业和社会生活做好准备。

(5)培养自立能力。

勤工助学培养了学生的自立能力和独立思考能力。通过自力更生、勤劳努力的方式赚取报酬,学生能够更好地理解社会生活的本质,树立正确的价值观念。

(6)培养社会责任感。

参与勤工助学的学生在服务社会、帮助他人的过程中,逐渐培养起社会责任感和爱心。他们学会了关爱他人、团结合作,为社会发展作出积极的贡献。

7.2.2 勤工助学的意义

1. 树立自立自强精神

高校开展勤工助学工作能够提升贫困生的收入水平,有效解决其生活和学习资金匮乏的问题。同时,在参加勤工助学活动的整个过程中,学生经常需要与他人合作完成项目任务,通过劳动获得报酬,这可以有效培养学生的自立自强和团队合作精神。勤工助学要求学生具备勤劳、诚信、有责任感等品质。通过劳动,学生可以锻炼自己的意志品质,培养吃苦耐劳的精神。同时,勤工助学也要求学生遵守职业道德和规章制度,有助于培养学生的诚信意识和纪律观念。

2. 提升人际交往能力

高校勤工助学工作往往具有与社会较为相似的工作环境,学生需要与不同性格的老师、同学进行交流,还有机会在管理岗位上进行适当的自我锻炼,提前体验职场氛围,这有助于他们扩大交际圈,为保持和谐、稳定的人际交往关系做好充分准备,提升其人际交往和组织管理能力。在勤工助学的过程中,学生需要与社会各界人士进行交流和合作。这种交流有助于提升学生的社会适应能力,让他们更好地融入社会。同时,通过接触不同的人和事,学生可以拓宽视野,增强人际交往能力,为未来的职业发展打下基础。

3. 塑造健康心理品质

从心理角度分析,部分贫困生会因为家庭贫困而存在自卑、内向等心理问题,长此以往,容易引发抑郁、焦虑等状况。贫困生参与勤工助学,一方面可以帮助缓解他们的经济困难,减轻生活和学习压力;另一方面还可以帮助他们培养自信心,使学生能够积极地面对生活中的困难。同时,在勤工助学过程中加强人际交往,为建立良好的人际关系打好基础,提升心理健康水平。

4. 提升自身综合素质

高校勤工助学岗位是大学生正式步入社会之前的实践基地,大学生参加相关活动可以锻炼自身品格,磨炼意志力,让他们体会到成长及生活的不易,帮助他们在正式步入社会之前朝着全面发展的方向成长。勤工助学岗位通常涉及实际工作,要求学生将所学知识应用到实践中。这种实践经验的积累有助于提升学生的实际操作能力、解决问题的能力以及团队协作能力。通过实践,学生可以更好地理解所学知识的应用场景,加深对专业的理解和认识。

5. 促进高校教育的改革与发展

勤工助学作为高校教育的一种补充形式,有助于推动高校教育的改革与发展。通过勤工助学,高校可以更加深入地了解社会的需求和变化,调整专业设置和课程内容,使教育更加贴近实际。同时,勤工助学也为高校提供了与企业合作的机会,有助于产学研的结合和高校教育的创新发展。

7.2.3 高校勤工助学岗位设置

1. 岗位设置原则

学校应积极开发校内资源,满足学生参与勤工助学的需求。校内勤工助学岗位设置应以校内教学助理、科研助理、行政管理助理和学校公共服务等为主。勤工助学岗位既要满足学生需求,又要保证学生不因参加勤工助学而影响学习。学生参加勤工助学的时间原则上每周不超过 8 小时,每月不超过 40 小时。寒暑假勤工助学时间可根据学校的具体情况适当延长。岗位设置需要符合以下原则:

(1)符合学生专业和兴趣。

岗位设置应尽可能符合学生所学专业和个人兴趣爱好,让学生在勤工助学的过程中能够发挥自己的专业特长和技能。这样既能提高学生的工作积极性和满意度,也能为学校提供更为有效的服务。

（2）服务学校需求。

岗位设置应根据学校的实际需求和管理要求，确保为学校的日常运行和管理提供必要的支持。这包括校园安全、后勤服务、信息技术支持、文化活动组织等方面，以确保学校的各项工作能够顺利开展。

（3）注重培养实践能力。

岗位设置应注重培养学生的实践能力和实际工作经验，为他们提供充分的实践机会和工作平台。这样可以帮助学生更好地将理论知识应用于实践，提高他们的综合素质和就业竞争力。

（4）注重学生发展。

岗位设置应注重学生个人发展和成长，为他们提供适应性强、发展空间大的工作机会。同时，应鼓励学生在勤工助学的过程中不断探索、学习和成长，培养他们的创新精神和团队合作能力。

（5）公平公正原则。

岗位设置应遵循公平公正原则，确保岗位分配公开透明、公平公正，避免出现腐败现象和不正当行为。同时，要保证岗位设置的多样性和灵活性，充分考虑到学生的个人特长和需求。

2. 岗位设置类型

勤工助学岗位设置类型主要分为固定岗位和临时岗位两种。固定岗位是指持续一个学期及以上的长期性岗位，以及寒暑假期间的连续性岗位。这类岗位通常由设岗单位结合工作实际，长期设置，旨在为学生提供稳定的勤工助学机会。相比之下，临时岗位则不具有长期性，其工作目标相对明确、工作任务相对单一，通过一次或几次勤工助学活动即可完成。这种类型的岗位更多的是为了应对特定的工作需求，为学生提供短期的勤工助学机会。总体来说，这两种岗位类型共同构成了高校勤工助学岗位的基本框架，旨在帮助学生在学习之余，通过参与勤工助学活动获得一定的经济收入，减轻经济负担。

3. 岗位管理要求

学校要引导和组织学生积极参加勤工助学活动，同时指导和监督学生的勤工助学活动。要组织学生开展必要的勤工助学岗前培训和安全教育，维护勤工助学学生的合法权益；安排勤工助学岗位时，应优先考虑家庭经济困难的学生；对于少数民族学生从事勤工助学活动，应尊重其风俗习惯；不得组织学生参加有毒、有害和危险的生产作业以及超过学生身体承受能力、有碍学生身心健康的劳动。具体要求如下：

（1）设岗原则。

学校应统筹校内资源，满足学生参与勤工助学的需求，主要设置教学助理、科研助理、行政管理等岗位。这些岗位旨在通过实践活动帮助学生提升自我，同时确保不影响正常教学秩序。

（2）申请条件。

参加勤工助学的学生必须品行端正，在网上注册后提出申请，经班主任审核通过后才能申请岗位。

（3）遵守规定。

勤工助学工作必须遵守国家法律和学校各项规定，双方须自觉履行岗位义务，不得组织或参与有损学校名誉和大学生形象的活动。

（4）总工时数限制。

勤工助学总工时数应根据家庭经济困难学生总数进行统筹安排，以确保学生的学习和生活不受影响。

7.3 校园卫生

【任务描述】

通过校园卫生劳动实践，培养学生的劳动观念，增强其环境保护意识，同时锻炼学生的组织协作能力和团队精神。实践任务要求学生们共同参与，维护校园环境的整洁与卫生，营造良好的学习和生活氛围。

任务内容如下。

（1）区域划分：根据校园实际情况，将校园划分为若干区域，每个区域分配给一个班级或小组负责。这些区域包括教学楼、宿舍楼、食堂、图书馆周边、操场、绿化带等。

（2）卫生标准。

① 地面清扫：确保地面无垃圾、无纸屑、无痰迹等，保持干净整洁。

② 公共设施清洁：对长椅、垃圾桶、路灯等公共设施进行擦拭和清洁，确保其表面无污渍和灰尘。

③ 绿化带维护：修剪树枝、清除杂草、捡拾垃圾，保持绿化带的整洁和美观。

④ 垃圾分类处理：引导学生正确分类垃圾，并投放到指定的垃圾桶内。

时间安排：可以定期安排劳动实践任务，如每周一次或每月一次，也可以结合学校的特殊活动（如迎新、校庆等）进行集中清扫。

工具与物资准备：提供必要的劳动工具和物资，如扫帚、垃圾袋、手套、清洁剂等，确保学生劳动过程中的安全和效率。

任务实施：①动员与培训——在实践任务开始前，召开动员大会，明确任务目标和要求。同时，进行必要的劳动技能培训，确保学生能够正确、安全地使用劳动工具。②分工与协作——在区域内进行分工，每个学生或小组负责特定的部分。同时，鼓励学生之间协作与交流，共同完成任务。③监督与检查——在实践过程中，教师或相关管理人员进行监督与检查，确保任务顺利完成和卫生标准达标，对于不符合要求的部分，及时进行整改。

7.3.1 教室清扫

劳动教育中，教室清扫是一项重要的实践活动，旨在通过集体劳动培养学生的责任感、合作精神和自理能力。可以看出，各学校和学院在实施劳动教育时，都高度重视教室及校园环境的清洁工作。劳动教育中的教室清扫，是通过组织学生参与教室的清洁工作，培养学生的责任感、团队合作精神和社会实践能力。从我搜索到的资料中可以看出，不同学校和机构采取了不同的方式来实施这一教育活动。

首先，教育部发布的《大中小学劳动教育指导纲要（试行）》明确指出，应引导学生参与适当的班级集体劳动，如完成个人物品整理、清洗，进行简单的家庭清扫和垃圾分类等，以树立自己的事情自己做的意识，提高生活自理能力。这表明教室清扫作为劳动教育的一部分，是被正式认可并鼓励实施的。有的学校将教室清扫作为劳动教育的一部分，通过分工合作的方式,让学生在实际操作中学习如何维护环境卫生,提高生活自理能力。例如,法学院团委青志协开展的教室清扫活动,就是为了让大学生强化劳动意识,通过实际行动维护教室环境。

其次,一些学校还开设了劳动课程,不仅教授学生清洁地面、清理卫生死角等技能,还将这些活动与家庭教育相结合,开展亲子清洁小妙招征集活动,以此提升学生的劳动技能。这些活动不仅限于传统的清洁工作,还包括运用新技术赋能劳动教育,如开设智慧劳动教室,让学生在学习岩棉绿萝扦插等技能的同时,也能体验到劳动的乐趣。这种创新的劳动教育方式,进一步丰富了学生的劳动体验,提高了他们的实践能力和创新思维。

此外,还有学校利用班级自习课、活动课等时间,对校内所有公共卫生区域进行清理,这不仅包括教室,还包括阶梯教室、体育馆等其他公共区域。这种做法有助于培养学生对校园环境的整体责任感和爱护意识。在具体实施过程中,学校还会采取学生自评、互评,家长评,教师评等方式,对学生劳动教育过程及成果进行综合评价。这种评价方式有助于激励学生积极参与劳动教育活动,同时也促进了家校之间的沟通与合作。

1. 教室清扫的活动目的

劳动教育中教室清扫活动的目的主要包括以下几点。

(1)培养学生的责任感和主人翁意识。

通过组织学生认真清扫教室、整理宿舍内务等活动,增强学生对自己行为后果的认识和对集体环境的负责态度。每个学生都有自己的任务和角色,他们需要共同努力来创造一个干净、整洁的学习环境。这种共同参与的经历可以帮助学生认识到,作为班级的一员,他们不仅享有班级提供的资源和环境,同时也需要为班级的整洁和美好贡献力量。其次,通过教室清扫,学生可以学会珍惜和维护自己的学习环境。他们会明白,一个整洁、有序的教室需要每个人的共同努力和付出。这种认识可以进一步延伸到他们对学校、对社会的态度上,使他们更加珍惜和爱护公共环境。

(2)提高学生的自理能力和生活技能。

教育部《大中小学劳动教育指导纲要(试行)》中提到,通过完成个人物品整理、清洗等任务,树立自己的事情自己做的意识,提高生活自理能力。教室清扫活动还可以锻炼学生的自我管理能力。在清扫过程中,学生需要合理规划时间、分配任务、监督进度等,这有助于培养他们的时间管理、任务分配和执行能力。

(3)强化学生的劳动观念和质量意识。

通过参与校园卫生清扫、教室清洁等活动,培养学生高度的劳动质量意识和责任感。通过参与教室清扫活动,学生可以学会承担自己的责任,培养勤劳、整洁的劳动习惯。这种习惯不仅有助于学生在学校中保持良好的个人卫生和公共环境,还能为将来步入社会、独立生活奠定良好的基础。

(4)促进学生的全面发展。

劳动教育不仅是体力劳动的锻炼,还能通过劳动磨炼意志、强化责任担当,以及让学生在劳动中体会合作的重要性。教室清扫通常需要协作完成,这为学生提供了一个锻炼合作能力的机会。在清扫过程中,学生们需要相互沟通、协作,共同完成任务。这种合作有助于增进同学之间的友谊和信任,还能培养学生的集体荣誉感和责任感。

（5）美化校园环境，提升学习氛围。

定期开展校园包干区域的保洁和美化活动，不仅能够改善校园环境，还能激发学生的学习热情，为学生提供一个更加舒适、整洁的学习空间。清扫教室的首要目的是保持教室的清洁和卫生，为学生提供一个整洁、舒适的学习环境。通过清理垃圾、擦拭桌椅、整理物品等，可以有效减少灰尘、细菌和病毒的滋生，从而保障学生的身体健康。

劳动教育中，教室清扫活动的目的在于通过实践活动培养学生的责任感、自理能力、劳动观念和质量意识，同时美化校园环境，促进学生的全面发展。

2. 教室清扫的活动内容和步骤

劳动教育中教室清扫活动的内容主要包括以下几方面：

（1）地面清扫与吸尘。

使用扫帚将地面上的大颗粒垃圾、纸屑等扫到教室的一角，集中收集。使用吸尘器进一步清理地面，特别是墙角、桌椅底部等难以清扫的区域。清理完后，用拖把蘸取适量清水或清洁剂，拖洗地面，确保地面干净、无污渍。

（2）桌椅的整理与清洁。

将桌椅排列整齐，使用湿布或纸巾擦拭桌面和椅子表面，去除灰尘和污渍。特别注意清理桌角、椅子腿等容易被忽视的地方。

（3）黑板与白板的清洁。

使用黑板擦或白板擦按照从上到下、从左到右的顺序擦拭黑板或白板，确保没有残留的笔迹。如果黑板或白板上有顽固的污渍，可以使用湿布或专用的清洁剂进行清洁。清洁完后，用干布擦干黑板或白板，防止水渍留下痕迹。

（4）窗户与窗台的清洁。

使用湿布或专用的玻璃清洁剂擦拭窗户玻璃，去除灰尘和水渍。清洁窗框和窗台，确保无灰尘和杂物。如果窗户上有难以清洁的污渍，可以使用牙刷或棉签进行局部清洁。

（5）垃圾的收集与处理。

将教室内的垃圾收集到垃圾袋中，注意分类投放。将装满的垃圾袋封口并妥善处理，确保垃圾不会散落在教室或走廊上。

劳动教育中教室清扫活动步骤主要包括以下几方面。

（1）组织分工与准备。

老师或班级负责人对参与清扫的学生进行分组，并明确各组的清扫区域和任务。准备所需的清洁工具和用品，如扫帚、拖把、抹布、清洁剂、垃圾袋等，确保数量充足且质量可靠。

（2）开始清扫。

学生们按照分工开始各自的清扫任务，从地面清扫开始，逐步进行到桌椅、黑板、窗户等区域的清洁。在清扫过程中，学生们需要注意安全，避免使用不当的清洁用品或工具造成伤害。

（3）检查与整改。

初步清扫完成后，由班级负责人或老师进行检查，发现未清扫干净或遗漏的区域及时指出。学生们根据检查结果进行整改，确保每个区域都达到清洁标准。

（4）总结与反馈。

清扫活动结束后，组织学生进行总结，分享清扫过程中的经验和感受。鼓励学生们提出改进建议,以便在下次清扫活动中做得更好。老师或班级负责人对本次清扫活动进行点评,肯定学生们的付出和成果,同时指出不足之处,提出改进意见。

综上所述,教室清扫活动旨在培养学生的劳动意识,提高他们的生活自理能力,同时也为创造一个清洁、舒适的学习环境作出贡献。通过以上详细的活动内容和步骤,教室清扫活动可以更加有序、高效地进行,不仅能够提升学生的劳动技能和团队合作能力,还能培养他们的主人翁意识和责任感。

7.3.2 公共卫生间

1. 打扫公共卫生间的意义

打扫公共卫生间在劳动教育中具有重要的意义,它不仅能够培养学生的自理能力、责任感和集体意识,还能帮助学生理解劳动的意义和价值,树立正确的价值观,并促进个人成长和社会适应能力的提升。

打扫公共卫生间对学生的意义主要体现在以下几方面。

(1) 培养自理能力和生活能力。

通过轮流打扫公共卫生间,学生可以锻炼自己的自理能力和生活能力。这种实践活动有助于学生从小学会独立处理日常生活中的小事,为将来独立生活打下基础。

(2) 提高责任感和集体意识。

参与打扫公共卫生间的学生需要承担起维护公共卫生的责任,这不仅能够增强他们的责任感,还能培养他们的集体意识和团队合作精神。

(3) 理解劳动的意义与价值。

通过劳动教育,学生可以深刻理解劳动的意义与价值,认识到每个人的工作都是有价值的,无论是体力劳动还是脑力劳动,都应该得到尊重。

(4) 树立正确的价值观。

劳动教育不仅是技能的传授,更重要的是通过实践活动让学生树立正确的价值观。通过参与打扫公共卫生间等活动,学生可以学会尊重他人的劳动成果,培养良好的社会公德心。

(5) 促进个人成长与社会适应能力。

打扫公共卫生间等活动能够促进学生的个人成长,提高他们的社会适应能力。在实践中,学生可以学习到如何与人沟通、协作,以及如何面对和解决问题。

此外,打扫公共卫生间不仅关乎环境卫生,更涉及公共健康、社会文明等多个方面,意义深远,具体包括以下方面。

(6) 维护环境卫生。

公共卫生间的清洁程度直接影响着整个环境的卫生状况。一个干净整洁的卫生间能够减少细菌、病毒等微生物的滋生和传播,从而维护公共卫生安全。通过定期打扫和消毒,可以有效去除卫生间内的污渍、异味和垃圾,保持空气清新、地面干净,为使用者提供一个舒适、健康的环境。

(7) 保障公共健康。

卫生间是人们日常生活中频繁使用的场所,其卫生状况直接关系到人们的身体健康。一个脏乱差的卫生间不仅容易引发各种疾病,还可能成为病毒传播的源头。因此,定期打扫公共卫生间,消除卫生死角,降低细菌和病毒的存活率,对于预防疾病传播、保障公共健康具有重要意义。

(8) 提升社会文明水平。

公共卫生间的清洁程度也是社会文明程度的一个缩影。一个干净整洁的卫生间能够体现出一个社会的文明程度和公共道德水平。通过共同维护公共卫生间的清洁,人们可以培养文明的生活习惯,提升社会责任感和公民意识,推动社会文明进步。

(9) 增强团结协作精神。

公共卫生间的打扫往往需要多人协作完成,这为人们提供了一个培养团结协作精神的机会。在清洁过程中,人们需要相互协作、密切配合,共同完成任务。这种经历有助于增进人们之间的友谊和信任,培养团队合作精神和集体荣誉感。

综上所述,打扫公共卫生间的意义不仅在于维护环境卫生和保障公共健康,更在于提升社会文明水平、培养个人素养和增强团结协作精神。因此,我们应该充分认识到打扫公共卫生间的重要性,积极参与其中,共同营造一个干净、整洁、健康的生活环境。

2. 实施方式

劳动教育中打扫公共卫生间的具体实施方式包括多个方面,具体实践活动实施方法涉及学习清洁技巧、分工合作、全面清扫、安全巡查以及保持卫生等多个方面。

(1) 学习清洁技巧。

学生需要学会如何清理卫生间洗手池等洁具,包括了解和掌握清洁剂的正确使用方法以及清洁工具的正确操作方式,这是基本的清洁卫生技巧之一。比如了解不同清洁工具的使用,选择适当的扫把来清扫不同地面,如硬地板、地毯等。确保扫把干净,避免留下污渍。使用拖把时,注意控制水分,避免地面过湿。可以使用微湿的拖把,以防止水痕和滑倒。掌握正确的清洁顺序,比如先清理垃圾和杂物,再进行深度清洁。从上到下清洁,先清洁高处,再清洁地面。注意清洁顺序,避免重复劳动和遗漏。

(2) 全面清扫。

全面清扫是一个关键的环节,它涉及公共区域的各个角落和细节。对宿舍公共区域的洗漱间、卫生间、走廊、楼道进行全面清扫,确保地面无灰、尘碎片,物品摆放整齐,及时清理杂物、废物、防止病菌滋生。另外,每节课课间10分钟后,应根据学生使用情况对厕所进行一次临时保洁。清洁公共区域的设施和设备,如桌椅、门窗、水龙头等。对于卫生间等特殊区域,需要特别注意清洁马桶、洗手台、淋浴设施等,确保卫生达标。确保清洁用品和设备充足且完好,如扫把、拖把、清洁剂、抹布等。完成清扫后,对整个公共区域进行检查,确保没有遗漏或未清洁干净之处。

(3) 安全巡查。

在打扫卫生的过程中,还需要有负责安全的老师进行全方位的安全巡查,确保劳动过程安全,避免出现安全隐患和问题。在进行安全巡查之前,要准备好必要的工具和记录设备,如手电筒、安全帽、记录本等。熟悉巡查路线和关键检查点,确保能够全面、细致地检查各个区域。检查公共区域的设备设施是否正常运行,如照明系统、通风设备、消防器材等。留意地面是否湿滑、是否有杂物堆放等可能导致跌倒的隐患。检查卫生间、垃圾桶等区域是否清洁,避免细菌滋生和传播。在巡查过程中,如发现火警、泄漏等紧急情况,应立即启动应急预案,报警并通知相关人员。将巡查过程中发现的问题和隐患详细记录在记录本上,并拍照或录像作为证据。

（4）保持卫生。

除了打扫卫生外,还需要教育学生养成良好的生活习惯,自觉做好宿舍卫生清洁,高标准落实有关宿舍管理规章要求,保持卫生间清洁,不留卫生死角。要定期清扫与维护,制定固定的清扫时间表,并严格遵守,确保公共区域始终保持整洁。对于高流量区域和易脏区域,应增加清扫频率。定期开窗通风,保持公共区域空气流通,减少细菌滋生。对于密闭或通风不佳的区域,可考虑安装空气净化设备。对公共设施如门把手、水龙头、公共座椅等进行定期清洁和消毒,特别是高频接触区域。若发生呕吐、泄漏等突发事件,应立即进行清理和消毒,防止细菌扩散。定期对公共区域的卫生状况进行检查和评估,发现问题及时整改。根据实际情况调整清扫计划和清洁方法,不断提高卫生保持水平。

劳动教育中打扫公共卫生间的具体实施方式涵盖了从个人到集体的多个层面,旨在通过实践活动让学生掌握清洁技巧,提高生活自理能力,并培养他们的责任感和集体意识。

3. 挑战与问题

劳动教育中打扫公共卫生间面临的挑战与问题主要包括以下几方面。

（1）频繁使用导致清洁难度大。

由于公共卫生间使用频繁,维持其持续的卫生状态显得尤为困难。大多数公共卫生间存在一定程度的卫生问题。这种高频率的使用和接触,使得公共厕所成为病毒的温床,地面脏乱、异味等问题普遍存在。

（2）设施设备损坏。

在一些地区,农村卫生公厕要么长时间无人清理,卫生状况堪忧,要么设施设备损坏。这不仅影响了卫生间的正常使用,也增加了清洁工作的难度。

（3）缺乏足够的清洁人员。

尽管组织开展了以清扫公共卫生间为主要内容的劳动教育实践活动,但在实际操作中,可能仍然面临人手不足的问题,特别是在疫情期间,正确佩戴口罩、处理垃圾及消毒通风等要求更为严格。

（4）公共卫生意识不足。

公厕人流量大、人员聚集,来往人员健康状况复杂,且普遍存在咳痰、擤鼻涕等行为。这些行为不仅增加了清洁工作的难度,也反映出公众对于公共卫生的重视程度不足。

（5）城市公共服务设施不到位。

有专家指出,"有偿厕所"的存在也侧面反映出城市公共服务设施不到位的问题。如果免费公厕随处可见,"收费"厕所自然就没有生存空间,这种错位可能导致部分公共卫生间得不到有效管理和维护。

4. 教育方法

（1）结合劳动课程和家庭教育开展亲子清洁小妙招征集。

首先,引导儿童发现并关注身边的环境细节,通过体验力所能及的行动,培养儿童的环境保护意识和劳动能力。这可以通过用白纸和彩笔记录清洁前后的变化,以及使用清洁工具（如刷子、抹布、手套、清洁剂等）进行实际的清洁工作来实现。其次,开展家庭劳动教育比赛,以组织比赛的形式,激发孩子们参与劳动的兴趣和热情。比赛可以包括家庭清洁、整理收纳个人物品等内容,旨在通过竞赛激发孩子们的积极性,同时也让家长参与到孩子的学习和成长过程中。最后，进行家校合作，点滴渗透。在学校期间，老师可以通过各种渠道开展劳动教育，如安排卫生值日工作、组织菜园种植实践活动、图书馆整理与搬运志愿者活动等。同时，老师还可以与家长配合，共同探讨和实施适合孩子的劳动教育方法。

亲子清洁小妙招在劳动教育中的实施方式涉及引导儿童关注环境细节、结合课堂传授技能、组织家庭劳动教育比赛以及家校合作等多个方面，旨在通过实践活动培养儿童的劳动能力和环境保护意识。

（2）课堂中传授劳动技能、技巧。

可以通过理论与实践相结合、分组合作、示范教学、反思与总结、安全教育以及培养责任感和卫生习惯等多种方式，有效地在课堂上传授打扫公共卫生间的具体技能和技巧。

首先，坚持理论与实践相结合。通过课堂教学让学生了解清洁卫生间的重要性和基本的卫生知识，比如如何正确使用清洁剂、消毒液等。然后，组织学生参与到实际的清洁活动中，如艺术与设计学院组织的校园卫生大扫除活动，让学生在实践中学习和掌握清洁技巧。

其次，进行分组合作。将学生分成小组，每组负责不同的区域或任务，比如一部分学生负责清理洗手池，另一部分学生负责擦干地面等。通过这种方式，不仅可以提高学生的团队协作能力，还能让他们更细致地学习到各个部分的清洁方法。接着，进行示范教学。教师可以先亲自演示清洁过程中的正确姿势和方法，比如正确的擦拭方式、如何安全使用清洁工具等。

之后，再让学生尝试并纠正错误动作，确保每位学生都能掌握正确的清洁技巧。在每次清洁活动后，组织学生进行反思和总结，讨论在清洁过程中遇到的问题以及解决问题的方法。这不仅能帮助学生巩固所学技能，还能培养他们解决问题的能力和自我改进的能力。此外还可以开展安全教育，通过案例分析或模拟演练等形式，增强学生的安全意识。强调在清洁卫生间时的安全注意事项，如使用化学清洁剂时要戴手套、在通风良好的环境下工作等。

最后，培养学生的责任感和卫生习惯。通过定期的清洁活动，让学生体会到维护环境卫生的重要性，从而培养他们的责任感和良好的卫生习惯。

7.3.3　实训室维护

劳动教育中实训室的维护是一项系统性工作，涉及多个方面的管理与操作。需要进行日常管理和维护，实训室环境的维护被视为对学生进行劳动教育和爱校教育的良好契机。系部将每个实训室划分给一个班级，由管理员负责日常管理和维护，班级则负责每周的彻底清洁和维护。此外，还有设备检查与维护制度。实训室管理人员应保存好各类计算机机型、显示器等设备的使用说明等资料，并在购进计算机后，建立每台计算机的保养档案。其次是安全与卫生管理。实训室管理员应根据仪器设备说明书等技术文件规定，定期对仪器设备进行维护和保养，并由管理员将维护保养情况认真填写在"设备履历卡"中。

还有安全手册与操作规程管理。要对实训实验室的安全制度、卫生制度、仪器设备操作规程以及防火灭火的方法等进行掌握，加强实训实验过程中的监督和检查，防止出现触电、中毒、烧烫伤等安全事故。

总之，劳动教育中实训室的维护不仅需要有明确的责任分配和管理制度，还需要结合实际情况，采取有效的技术和管理措施，确保实训室安全、卫生且高效运行。

1. 实训室环境管理

劳动教育中,实训室环境管理的具体措施至关重要,它不仅关乎学生的学习效果,还直接影响到学生的健康与安全。以下是一些具体的措施。

(1)制定明确的管理规定。

首先,应制定详细且全面的实训室管理规定,明确实训室的使用规则、卫生要求、设备维护标准等。这些规定应广泛征求师生意见,确保其实用性和可操作性。同时,应定期对规定进行修订和更新,以适应实训室使用和管理的新需求。

(2)加强卫生管理。

卫生管理是实训室环境管理的重要一环。应指定专人负责实训室卫生,确保实训室的内外干净整洁。实训室内应设置垃圾桶,方便师生投放垃圾。同时,应定期对实训室进行深度清洁,包括地面、墙面、设备等的清洁和消毒。

(3)设备维护与使用管理。

实训室的设备是教学和学习的重要工具,因此应加强对设备的维护和管理。应建立设备使用登记制度,确保设备使用的有序性。同时,应定期对设备进行维护和检查,及时发现并解决潜在问题。对于损坏的设备,应及时进行维修或更换,以确保其正常使用。

(4)加强安全教育。

实训室的安全管理至关重要。应定期开展安全教育活动,提高师生的安全意识。在实训室内应设置明显的安全警示标识,提醒师生注意安全。同时,应制定应急预案,以应对可能出现的突发事件。

(5)建立监督机制。

为确保实训室环境管理的有效性,应建立监督机制。可以设立实训室管理委员会或指定专人负责监督实训室的管理工作。定期对实训室的环境、设备、安全等方面进行检查和评估,及时发现问题并进行整改。

(6)开展劳动实践活动。

结合劳动教育,可以定期组织学生开展实训室清洁、设备维护等劳动实践活动。通过亲身参与劳动,学生可以更深入地了解实训室环境管理的重要性,同时培养他们的劳动习惯和责任感。

综上所述,劳动教育中实训室环境管理的具体措施包括制定管理规定、加强卫生管理、设备维护与使用管理、加强安全教育、建立监督机制以及开展劳动实践活动等。这些措施的实施将有助于创造一个安全、整洁、有序的实训室环境,为学生的学习和成长提供有力保障。

2. 实训室设备和仪器管理

在劳动教育中,实训室设备和仪器的管理至关重要,它们不仅是进行实践教学的物质基础,也是培养学生劳动技能和职业素养的重要工具。以下是一些关于实训室设备和仪器管理的具体措施。

(1)制定设备与仪器管理制度。

首先,应制定详细的实训室设备与仪器管理制度,明确设备与仪器的使用规则、维护标准、报废处理流程等。这些制度应经过充分的讨论和修订,确保其既符合学校的实际情况,又能满足实践教学的需求。通过对实验室进行标准化场景布置,对学生进行安全教育培训,提高学生的安全意识和规范操作能力。建立实训室现场管理制度,包括劳动保护用品的管理、使用规定,以及违规操作的处罚规定,以规范实训室的使用和管理。

（2）建立设备与仪器档案。

为每台设备和仪器建立详细的档案,包括其购买日期、规格型号、使用状况、维修记录等信息。这有助于管理人员更好地了解设备和仪器的使用情况,以便进行针对性的维护和管理。管理员应对预约使用的实训室进行巡查,检查实训室设备运行情况、学员实训情况、设备及场地卫生情况、实训指导教师到岗情况,并做好记录。同时,应保证各类在用的仪器设备和防护装置处于完好状态,对实验仪器设备要经常保养维护,定期检查。

（3）设备与仪器的使用与保养。

使用前检查。每次使用设备和仪器前,应进行全面检查,确保其处于良好的工作状态。如发现问题,应及时报修,避免在使用过程中出现故障。

使用培训。对于精密和大型仪器,应组织使用人员进行技术培训,确保他们掌握正确的操作方法和维护知识。

保养维护。定期对设备和仪器进行保养和维护,确保其性能稳定、精度准确。同时,应做好防尘、防潮、防震等工作,以延长设备和仪器的使用寿命。

（4）设备与仪器的报废与更新。

对于已经损坏或无法修复的设备和仪器,应按照学校的相关规定进行报废处理。同时,应根据教学需求和技术发展,及时更新和购置新的设备和仪器,以满足实践教学的需要。

（5）加强安全管理。

实训室设备和仪器的使用存在一定的安全风险,因此应加强安全管理。应制定严格的安全操作规程,并加强对师生的安全教育和培训。同时,应定期检查设备和仪器的安全性能,确保其在使用过程中不会造成安全事故。

（6）建立监督检查机制。

为确保实训室设备和仪器管理的有效性,应建立监督检查机制。可以设立专门的检查小组或指定专人负责监督设备和仪器的使用情况。对于发现的问题和违规行为,应及时进行处理和纠正。

综上所述,劳动教育中实训室设备和仪器的管理需要制定明确的制度、建立档案、加强使用与保养、做好报废与更新、加强安全管理以及建立监督检查机制等多方面的措施。这些措施的实施将有助于确保实训室设备和仪器的安全、有效使用,为劳动教育的顺利开展提供有力保障。

3. 实训室安全与卫生管理

1）保障实训室安全与卫生管理的重要性

保障实训室安全与卫生管理具有极其重要的意义。首先,实训室安全与卫生管理是确保师生人身安全的关键。实训室是进行实践教学的重要场所,其中涉及的设备和化学品往往具有一定的危险性。如果没有严格的安全管理制度和卫生标准,师生在实训过程中可能面临各种安全风险,如设备故障、化学品泄漏等。因此,加强实训室安全与卫生管理,能够有效预防和减少安全事故的发生,保障师生的人身安全。

其次,实训室安全与卫生管理对于保护师生健康至关重要。实训室中的粉尘、有害气体等污染物会对师生的呼吸系统、皮肤等健康造成潜在威胁。通过加强通风换气、定期清洁消毒等措施，可以降低污染物浓度，减少师生健康受到损害的风险。

此外，实训室安全与卫生管理对于维护实训设备的正常运行和延长其使用寿命具有重要意义。设备是实训室进行实践教学的物质基础，如果设备处于不安全或卫生状况差的环境中，其性能和精度可能受到影响，甚至导致设备损坏。因此，通过加强实训室安全与卫生管理，可以确保设备处于良好的运行状态，提高实践教学的质量和效率。

最后，实训室安全与卫生管理也是学校形象和责任担当的体现。一个安全、卫生、整洁的实训室能够展现学校的良好形象和管理水平，提升学校的声誉和竞争力。同时，加强实训室安全与卫生管理也是学校对师生和社会负责的表现，体现了学校对师生健康和安全的重视。

综上所述，保障实训室安全与卫生管理对于确保师生人身安全、保护师生健康、维护设备正常运行以及提升学校形象、彰显责任担当都具有重要意义。因此，学校应高度重视实训室安全与卫生管理工作，制定有效的管理制度和措施，确保实训室的安全和卫生水平达到要求。

2）实训室安全管理

（1）制定安全规章制度。

明确实训室的安全操作规程，包括设备的使用、化学品的存放和处理、紧急情况的应对措施等，确保师生了解并遵守。与实习基地签订安全协议书，购买劳动教育相关保险等，确保学生实习期间的人身安全和健康。实训课期间，受训学生和带教教师均应保持实训室清洁卫生。实训课结束后，实训室工作人员应确保所有仪器、水电、门窗等设施安全关闭，确认无误后才能离开。

（2）定期进行安全培训。

组织师生参加安全知识培训，提高他们对实训室安全的认识和应对能力，确保他们能够正确、安全地使用实训设备。通过实验室标准化场景布置，对学生进行安全教育培训，明确实验室安全管理要求。此外，还应加强对师生的劳动安全教育，强化劳动风险意识，建立健全安全教育与管理并重的劳动安全保障体系。

（3）加强设备维护和检查。

定期检查实训设备的运行状态，确保其安全可靠；对出现故障或老化的设备及时进行维修或更换。实训课期间，受训学生和带教教师均应保持实训室清洁卫生。实训课结束后，实训室工作人员应确保所有仪器、水电、门窗等设施安全关闭，确认无误后才能离开。

（4）设置安全警示标识。

在实训室明显位置设置安全警示标识，提醒师生注意安全；对于存在危险因素的设备和区域，应设置明显的警示标志并采取隔离措施。学生必须在教师或实训指导人员的指导下按操作规程进行实验，有危险性的实训必须有安全防范措施，且确保有教师指导监护。同时，要注意保持实训室的环境卫生，禁止携带易燃、易爆、易碎、易污染和强磁性物品进入实训室。

（5）建立应急预案。

应急预案应基于实训室的具体情况和潜在风险进行制定，包括但不限于设备故障、化学品泄漏、火灾、触电等可能发生的紧急情况。预案应明确应急处理流程、责任人、通讯方式及所需资源,确保在紧急情况下能够迅速启动并有效执行。制定实训室安全事故应急预案,明确应急处理流程,确保在发生安全事故时能够迅速、有效地进行处置。应急处理流程要明确在发生紧急情况时,师生应如何迅速报警、疏散、采取自救措施等。同时,指定专人负责协调和组织应急处理工作,确保各项措施得到有效执行。还应建立应急通讯联络机制,包括紧急联系电话、微信群、短信通知等方式,确保在紧急情况下能够及时通知相关人员,并迅速获取支持和援助。

3)实训室卫生管理

(1)制定卫生管理制度。

明确实训室的卫生标准和要求,包括地面、墙面、设备等的清洁和消毒频率。

首先,要明确卫生标准与要求:制定详细的实训室卫生标准,涵盖地面、墙面、设备、实验台等区域的清洁度要求。其次,明确卫生责任分工,确保每个区域都有专人负责。然后,规定清洁与消毒流程,包括清洁工具的选择、使用与存放;明确消毒要求和频率,特别是对于易滋生细菌的区域和设备。建立检查与评估机制,设立卫生检查制度,定期对实训室卫生状况进行检查。建立奖惩机制,对卫生工作表现优秀的区域或个人给予奖励,对卫生状况不佳的区域或个人进行提醒或处罚。最后,进行宣传与教育,通过宣传栏、讲座等形式,向师生普及实训室卫生管理制度的重要性,强调个人卫生习惯的培养,提高师生的卫生意识。

(2)定期进行卫生清洁。

需要安排清洁计划:根据实训室的使用情况,制订定期清洁计划,如每日清洁、每周大扫除等。明确清洁时间和责任人,确保清洁工作按时进行。全面清洁与消毒时有相关要求,要对地面、墙面、设备、实验台等区域进行全面清洁,去除污渍和灰尘。使用合适的消毒剂对实训室进行定期消毒,防止细菌滋生。其次是处理废弃物,设立专门的废弃物收集容器,对实验产生的废弃物进行分类收集。定期清理废弃物收集容器,确保废弃物得到及时处理。需要检查与反馈,在清洁工作完成后,对实训室卫生状况进行检查,确保清洁效果符合要求。收集师生对卫生清洁工作的反馈意见,不断改进和优化清洁流程。

(3)加强通风换气。

一个清新、舒适的实验环境能够提高实验人员的工作效率,减少疲劳感。通过加强通风换气,可以维持实训室内部适宜的温度和湿度,提高师生的工作舒适度和满意度。实训室中经常会产生各种有害气体和蒸汽,如化学试剂挥发产生的有害气体、设备运行时产生的废气等。通过加强通风换气,可以有效地将这些有害物质排出室外,避免对实验人员造成危害。不良的通风条件可能导致细菌、病毒等微生物在实训室内部滋生和传播,增加师生患病的风险。加强通风换气可以降低微生物的浓度,减少疾病传播的可能性。可以安装通风设备,在实训室内部安装合适的通风设备,如排风扇、新风系统等。这些设备可以有效地促进室内外空气的流通,排除有害气体和微生物。合理设计实训室布局,在实训室布局设计时,应充分考虑通风换气的需求。例如,可以将通风设备安装在实训室的高处,以便更好地排除室内的污浊空气。通过调节空调或加湿器等设备,将实训室内部的温度和湿度控制在适宜的范围内,以维持良好的实验环境。定期开窗通风,在天气条件允许的情况下,可以定期开窗通风,利用自然风的力量来改善实训室内部的空气质量。

(4)加强培训和检查。

通过培训,让师生充分认识到实训室卫生的重要性,了解不良卫生习惯可能带来的危害,从而增强他们的卫生意识和责任感。培训能够帮助师生掌握正确的清洁、消毒和实验操作技能,确保他们在实验过程中规范操作,减少卫生问题的发生。通过定期检查,可以督促师生遵守实训室卫生管理制度,确保各项措施有效执行。检查能够及时发现实训室卫生存在的问题与不足,为改进工作提供依据和方向。要定期举办卫生知识讲座,邀请专业人员为师生讲解实训室卫生知识,涵盖清洁消毒方法、实验操作规范等内容。组织师生进行实践操作培训,让他们亲自操作清洁消毒工具和设备,掌握正确的操作技能。还要制订培训计划和考核标准,制订详细的培训计划,明确培训内容和时间,同时建立考核标准,对培训效果进行评估和反馈。针对实训室卫生管理的重点环节和突出问题,开展专项检查,深入查找问题根源,提出改进措施。建立问题反馈和整改机制,对检查中发现的问题进行记录和反馈,要求相关责任人进行整改,并对整改情况进行跟踪和评估。

综上所述,实训室安全与卫生管理需要制定详细的规章制度、加强培训和检查、确保设备的维护和运行安全,以及做好卫生清洁和废物处理工作。这些措施的实施将有助于提高实训室的安全性和卫生水平,为师生创造一个良好的实验实训环境。

【课后思考】

1. 简述垃圾分类有何重要意义?
2. 在高校大学生中开展垃圾分类教育有哪些意义?
3. 新时代大学生参加勤工助学活动能获得哪些知识和技能?

项目 **8**

社会劳动实践

按照教育部门和相关院校的要求,走出校园,进入社会,参与各种形式的劳动实践活动,对大学生个人成长和社会发展都具有重要意义。大学生社会劳动实践是大学生成长过程中不可或缺的一部分,它不仅能够帮助大学生提升实践能力,还能增强其社会责任感,对其未来的职业发展和个人成长都具有深远的影响。

社会劳动实践主要有以下几种形式。

校外劳动实践:包括社区服务(义务教学、文化艺术活动、环保宣传等)、环保实践(植树造林、垃圾分类、节能减排等)、志愿者活动(为贫困地区的学生提供辅导,为老人提供陪伴,参与敬老院、留守儿童之家、孤儿院的义工服务等)。这些活动能够增强大学生的社会责任感,并提升其社区服务能力。

线上劳动实践:如线上志愿服务、专业知识服务等。

其他实践形式:如假期下乡、家教、兼职、创业以及与专业相关的实习和见习等。这些活动能够帮助大学生深入了解所学专业的实际应用,并提升自身的专业技能。

通过参与学校或社区的公益活动、志愿服务等,学生能够增强社会责任感,学会服务社会,履行公民义务。在劳动实践中,学生能够认识到环境保护的重要性,学会垃圾分类、资源节约等环保行为,培养环保意识。通过劳动锻炼,学生能够增强体质,提高身体素质。劳动过程中的挑战和困难能够锻炼学生的意志品质,培养坚韧不拔、勇于面对挑战的心理素质。

认知目标

- 深化对社会劳动实践知识的理解,更好地理解书本知识,实现知行合一;
- 理解参与集体劳动的重要性,更加充分地掌握个人行为与团队行为的区别。

能力目标

- 促进个人全面发展:培养团队合作、解决问题、创新创造等能力,促进个人全面发展;
- 提升就业竞争力:帮助大学生提前适应社会环境,积累工作经验,提高职业技能,为未来的就业和创业打下坚实基础;
- 增进社会交往:劳动为大学生提供了与人交往的机会,有助于提升人际沟通能力;
- 增强实践能力和动手能力,培养大学生的环保意识,锻炼大学生的组织能力和团队协作能力。

素养目标

- 培养社会主义核心价值观：通过劳动，大学生能够更好地理解和践行爱国、敬业、诚信、友善的价值理念；
- 增强社会责任感：大学生能够体会到劳动的艰辛和成果的喜悦，增强社会责任感和使命感；
- 培养良好的劳动习惯：良好的劳动习惯能够提高工作效率，促进个人成长；
- 促进心理健康：大学生通过劳动，可以调节情绪，缓解压力，促进心理健康。

8.1 志愿服务

【任务描述】

大学生志愿服务旨在通过实际行动，传递爱心与正能量，帮助需要帮助的人群，同时培养大学生的社会责任感、奉献精神和实践能力。

任务内容如下。

（1）服务对象：弱势群体，如孤寡老人、留守儿童、残疾人等，提供陪伴、教育辅导、生活照料等服务；社区居民，参与社区建设，如环境美化、垃圾分类宣传、公共设施维护等；特定活动参与者，如大型体育赛事、文化节庆活动的志愿者，提供引导、咨询、秩序维护等服务。

（2）服务形式：一对一帮扶——针对特定服务对象，提供个性化的志愿服务；团队协作——与其他志愿者一起，共同完成某项志愿服务任务；线上服务——利用网络平台，提供信息咨询、在线辅导等志愿服务。

（3）服务要求：遵守志愿服务组织的规章制度，服从安排；尊重服务对象，保护其隐私和尊严；积极主动，认真负责，确保服务质量。

任务实施：①培训准备——参与志愿服务前的培训，了解服务内容、要求和注意事项；任务分配——根据志愿者的特长和兴趣，进行合理的任务分配；②实地服务——按照计划，前往服务地点，开展志愿服务活动；③记录反馈——记录服务过程中的情况和问题，及时向志愿服务组织反馈。

8.1.1 什么是志愿服务

志愿服务主要是指社会志愿组织或个人在无偿服务的前提下，通过自愿参与或在社会志愿组织的组织下积极投身于社会公益事业，充分发挥自身的知识、技能、体力、财富等优势，促进社会公益事业的发展，同时提升自身的思想道德水平。随着志愿服务的不断深入和发展，大学生志愿者为志愿者群体注入了新的活力，成为志愿者组织的重要组成部分。大学生志愿服务主要指高校中的在校大学生能够自觉自愿参加学校志愿组织或社会志愿组织，用自己所掌握的专业知识与技能，以推动人类社会的进步为目的，无偿地开展各种服务活动。

【案例分享】

2019 年清华毕业典礼上发言的女孩：用一年不长的时间，做一件终生难忘的事

尊敬的各位老师、亲友、来宾，亲爱的同学们：

大家上午好！我是工业工程系的张薇，非常荣幸能够作为2019届毕业生代表在这里发言。

我来自甘肃镇原——一个黄土高原上的国家级贫困县，这里交通不便，教育资源有限，经济相对落后。犹记得第一次去省城参加物理竞赛实验环节，我甚至没有见过比赛所用的仪器，当我终于找到仪器开关时，实验时间已经到了。那是我第一次意识到不同地域的教育差异如此巨大，短暂的失落也在我心底埋下了改变家乡教育现状的种子。

经过高中三年的拼搏，我幸运地成了这个园子里的一分子。邱校长在开学典礼上就告诉我们："清华学生要具有理想主义精神"，要"听从内心的召唤，突破现实的羁绊，追求有意义、有价值的人生目标"。四年的大学生活告诉我，实现人生目标的关键是：能坚持、有担当。坚持，就是身处低谷仍心怀希望，困难重重仍坚定前行。

因为基础薄弱，我时常陷入自我怀疑。微积分作业要比别人多花三四倍的时间，竞选班长不成功，报名实践支队长也失败了，仰卧起坐满分100分只拿到了20分……《平凡的世界》里孙少平说："一个平凡而普通的人，时时都会感到被生活的波涛巨浪所淹没。你会被淹没吗？除非你甘心就此沉沦！"

我们都曾经历各种各样的困难挫折，曾在漫漫长夜中苦苦思索，在无人的角落里放声大哭，但只要咬牙坚持，生活就会给你惊喜。后来，我参加了辩论赛，和小伙伴一起获得了"辩论好声音"的冠军；我的仰卧起坐及格了，当上了班长，也开始指导实践支队，还顺利拿到了学业优秀奖学金。

我没有辜负自己当时在日记中写的那句话："无论如何，不许退缩，不许不努力，决不许放弃。"我们不会被困难打倒，咬着牙、含着泪，也要坚持到最后一刻！担当，就是要铭记清华人的家国情怀，不忘初心、坚守理想。

2017年，在甘肃特困镇殷家城的一间土窑洞里，我遇到了一位母亲和她的3个孩子。母亲不识字，父亲意外离世，家里只有一张桌子，没有台灯，但姐弟三人却学习得无比认真。我至今忘不了母亲的手足无措，忘不了孩子衣服上的破洞和眼睛里的光，我知道我应该做些什么。

经过我们的努力，这个困难家庭最终得到了北京一家公益组织的长期学业资金支持。在过去4年里，我曾前往甘肃、云南、陕西等多个省份开展了8次公益实践。我开始意识到，清华人有责任去关注社会，我们的努力真的具有点燃星星之火的力量！

我也始终记得曾经想为教育事业贡献力量的懵懂初心。推荐免试研究生成功以后，我决定延迟入学一年，加入清华大学研究生支教团。清华培养我们成为"肩负使命、追求卓越的人"，父母希望我不忘"饮水思源"，朋友们希望我做自己真正想做的事，而我想"用一年不长的时间，做一件终生难忘的事"！

岁月不居，未来可期。我们不仅有坚定不移的决心、果敢刚毅的品格，更有家国天下的情怀和为理想不懈奋斗的一腔热血！我们永远不会忘记心底的热爱与热泪盈眶的感动。感谢清华给我们更加有力的翅膀去翱翔天际，我们将不忘初心、坚守信念、乘风破浪、直济沧海！

谢谢大家！

（资料来源：清华大学毕业典礼上发言女孩：用一年时间做难忘的事.中国青年报，2019年7月.有改动）

8.1.2 如何成为志愿者

1. 大学生志愿服务的特征

(1) 自愿性。

志愿服务,就是志愿者的行为是自己想做的,而不是别人要求或强迫的。所以,大学生志愿服务活动最重要的原则就是自愿性。之所以志愿服务活动效果比较显著,也是因为它坚持自愿性的原则,它是发自志愿者内心的,并且志愿者拥有自由的选择权,能受到充分的尊重。

(2) 无偿性。

志愿者及相关组织在社会中开展志愿服务时,将营利和追求物质回报的想法排除在外,这便体现出志愿服务的无偿性特点。这一特点使志愿服务的利他性质得以最大限度地发挥。无偿性是区分志愿服务及追逐效益最大化和利润最大化的社会行为的主要特征。

(3) 组织性。

志愿服务的组织性有利于根据大学生参与志愿服务不同的情况进行分类管理,制订相应的培训计划和服务方案,形成专业的服务团队,从而保障大学生志愿服务活动有序、高效地开展。

2. 大学生志愿服务的工作对象和主要内容

(1) 农村扶贫开发。

农村扶贫就是动员和组织青年以志愿服务的方式,到贫困地区开展服务,主要服务内容包括基础教育、医疗卫生、农业科技推广、乡镇企业发展等方面。

【案例分享】

中国青年志愿者先进典型事迹(一):郎坤

郎坤,女,满族,中共党员,1984年出生,现为武汉理工大学团委书记、武汉团市委挂职副书记、湖北省志愿者协会副会长。

郎坤自2004年上大学以来,坚持关爱帮扶农民工子女,服务时数累计达6000余小时,帮扶3000多人,走访行程超过1.8万千米,捐赠价值158万元的物资,被誉为"最执着的志愿者"。本科4年期间,郎坤在武汉一所菜场旁的农民工子女学校——"屋顶小学"开展义务支教;大学毕业后,郎坤放弃直接读研的机会,成功入选中国青年志愿者扶贫接力计划研究生支教团,赴贵州省龙里县支教一年。她针对农民工子女特点倡导并建立了龙里县"为了明天——七彩阳光工作室",该工作室下设雏鹰志愿者基地、素质拓展训练营和心理援助爱心联盟等机构,成为农民工子女学校德育工作的一个新亮点。

2010年,郎坤在返校读研及工作期间,持续关注农民工子女的教育和生活问题,参与创建面向全武汉农民工子女的"5+1彩虹计划"志愿服务体系和"共青团关爱农民工子女志愿服务行动"专项计划。武汉理工大学专门成立"郎坤志愿服务队"。在郎坤的带领下,"郎坤志愿服务队"已成为专业从事"关爱行动"项目的志愿服务队伍。自2011年3月成立以来,累计开展1000余次关爱行动,先后出动志愿者5000人次,累计志愿服务工时达10000余小时。该服务队与湖北省多所农民工子弟小学建立长期结对帮扶关系,捐赠价值100余万元的善款及物资。先后打造了"卓越梦想家"成长体系、"安全卫士"自我保护生命教育、"Baby Care"贝壳行动自护课堂等品牌关爱项目,获得中国青年志愿服务项目大赛金奖2项、银奖1项。

郎坤的先进事迹引起了社会各界的广泛关注,《人民日报》《光明日报》《中国青年报》和新华网等主流媒体对郎坤关爱农民工子女志愿服务行动事迹进行了大幅专题报道。她本人也获得第十五届中国青年五四奖章、第八届中国青年志愿者优秀个人等荣誉称号。2012年5月4日,在纪念中国共产主义青年团成立90周年大会上,郎坤在北京人民大会堂代表亿万青年发言,受到党和国家领导人亲切接见。

(资料来源:弘扬五四精神 展现志愿风采|中国青年志愿者先进典型事迹.中国青年志愿者网,2019年5月.有改动)

(2) 社区建设。

中国的志愿服务是从社区发展起来的,同时社区建设也是当代大学生参与人数最多的志愿服务领域。如大学生志愿者"四进社区"活动,大学生利用周末课余时间,以志愿方式为社区提供科教、文体、法律、卫生服务。

(3) 环境保护。

保护环境是一项必须长期坚持的基本国策。共青团中央联合国家生态环境部(注:原国家环保总局已调整为生态环境部)调动社会资源,集中组织、动员青年开展各类环保志愿服务。这些青年志愿者中不乏大量的大学生志愿者,他们开展了以植树造林、清除垃圾、整治水污染为主的环保志愿服务。

【案例分享】

中国青年志愿者先进典型事迹(二):袁日涉

袁日涉,女,汉族,中共党员,1993年出生,现为中国青年志愿者协会副会长、北京市东城区灯市口小学教师。

1999年,刚满6岁的她发起了"一张纸"活动,成立了"一张纸小队",号召大家"废纸再用,双面用纸,保护大树"。在此倡议下,许多小学都开展了双面用纸活动。而后,她创办了全国第一个红领巾环保网站。少先队员们肩并肩、手挽手,组成一道阻挡沙尘暴、保卫北京的绿色长城,营造了少年先锋林。

2008年,她和全国生态环保伙伴提出"10个2008"迎接奥运:组织2008个"一张纸小队"、创建2008个"绿色银行"、种植2008棵树的"少年先锋林"、建设2008个节水家庭……此后,她通过网络发起用低碳"六个一"——一张纸、一滴水、一度电、一滴油、一棵树、一个塑料袋的实际行动迎接上海世博会和广州亚运会活动。2013年,袁日涉同学又发起百校捐助百所打工子弟学校图书室活动,并购买4152.8元图书捐给黄庄学校。利用自己的碳汇捐款和北京绿化基金会领导的个人捐款支持,组建了"绿之梦"苗圃,为北京市学校和社区提供以废换绿、见缝插绿的树苗。2014年,袁日涉同学联合北京十余所高校,组织了"首都高校节水联盟",利用迎新接站的机会,面向北京高校新生进行节约用水宣传。

20年来,她一直坚持并带动青少年开展植树、节水、爱鸟、限塑、阻击PM2.5等环保活动,利用自己的奖金和回收废品的收入进行绿化捐种、慈善捐款、图书捐赠,多年来共植树和动员植树120余万棵。在她的影响下,参加志愿服务的同学多达138万人,其个人累计服务时长 11400 余小时,先后获得第七届"中国十大杰出志愿者"、北京市"五四奖章"标兵等荣誉称号。

(资料来源:弘扬五四精神 展现志愿风采|中国青年志愿者先进典型事迹(一).中国青年志愿者网,2019 年 5 月.有改动)

(4)大型活动的志愿服务。

改革开放以来,中国在发展经济、繁荣社会的同时,也积极参与重大国际活动,承担大国的社会责任。在这些大型赛事中除了参加人员,更多的就是我们的大学生志愿者的身影,他们代表着中国的新生代出现在各种场合,向各种国际、国内、省际的赛会提供服务。

(5)救援服务。

中国志愿服务事业在长期的发展历程中,积累了一定的日常服务和应急服务经验,打下了良好的基础。在应急救援服务中,大学生志愿者发挥了重要作用。如在汶川地震灾区开展的大学生志愿服务,是迄今为止参与人数最多的志愿服务行动。

【案例分享】

中国青年志愿者先进典型事迹:陈建钧

陈建钧,男,蒙古族,中共党员,1986 年出生,现为鸿德乌鸡养殖孵化专业合作社理事长。

自 2009 年作为志愿者参加汶川灾后重建开始,他先后参与亚运会、云南鲁甸抗震救灾、上海世博会等志愿服务 40 余次,15 年累计无偿参与社会志愿服务超过 3 万小时,志愿足迹遍布全国 40 余座城市,累计行程 10 万余千米,被团中央《中华儿女》报刊誉为"草原上走出的蒙古族雷锋"。2013 年,四川雅安芦山地震发生后,陈建钧第一时间组织内蒙古专业救援志愿者赶赴灾区奋战 3 个月,发起"我为灾区孩子买双运动鞋"助学活动,得到全国各地志愿者及爱心企业响应,募捐到联想笔记本一体机 100 台、爱心书籍 3 万余册、运动鞋 400 余双,援建 12 栋爱心图书室。5 月 21 日,习近平总书记来到四川雅安芦山地震灾区看望群众,陈建钧向总书记汇报了救灾志愿服务工作,得到了总书记的肯定。

陈建钧的感人事迹先后被中央电视台、《人民日报》《南方都市报》《广州日报》等全国 40 余家主流媒体专题报道。2015 年,陈建钧获评第十届中国优秀青年志愿者个人奖、第二十二届中国青年五四奖章,2018 年度学雷锋志愿服务"四个 100"先进典型之"最美志愿者"等奖项和荣誉称号。

(资料来源:弘扬五四精神 展现志愿风采|中国青年志愿者先进典型事迹(一).中国青年志愿者网,2019 年 5 月.有改动)

(6)海外服务。

根据团中央工作部署,从 2002 年开始向老挝选派 5 名青年志愿者,实施海外服务计划。2019 年,海外服务计划第十一批援老挝服务队已出征。

8.1.3 怎样参与志愿服务

1. 大学生志愿服务途径

大学生志愿服务的主要途径包括学校统一组织、社会团体组织、学生自发组织、学生会社团组织等。专项途径有大学生志愿服务西部计划等。大学生志愿服务西部计划从 2003 年开始实施,按照公开招募、自愿报名、组织选拔、集中派遣的方式,每年招募一定数量的普通高等学校应届毕业生或在读研究生,到西部基层开展为期1～3年的教育、卫生、农技、扶贫等志愿服务。

【拓展阅读】

大学生志愿服务西部计划

西部计划按照服务内容分为基础教育、服务"三农"、医疗卫生、基层青年工作、基层社会管理、服务新疆、服务西藏7个专项。西部计划2019年实施规模为20000人,其中包括2181名第21届中国青年志愿者扶贫接力计划研究生支教团成员。

西部计划实施16年来,已累计选派29万余名大学生志愿者到中西部22个省(区、市)及新疆生产建设兵团的2100多个县(市、区、旗)基层服务。西部计划实施以来,综合成效明显。作为实践育人工程,引导具有理想主义情怀的青年人,通过火热的西部基层实践进一步坚定理想信念,锤炼意志品格,升华志愿情怀;作为就业促进工程,引导和帮助高校毕业生树立正确的就业观,并为他们搭建到西部去、到基层去、到祖国和人民最需要的地方去干事创业的通道和平台;作为人才流动工程,鼓励和引导东、中部大学生到西部基层工作生活,促进优秀人才的区域流动;作为助力扶贫工程,以西部计划志愿者为载体推动校地共建,引导高校资源参与到当地的脱贫攻坚工作中。

西部计划是国家重大人才工程"高校毕业生基层培养计划"的子项目,是引导和鼓励高校毕业生到基层工作的5个专项之一。党中央、国务院高度关心西部计划志愿者,高度重视西部计划和研究生支教团工作。习近平总书记曾多次作出批示或给志愿者回信,肯定志愿者们在西部地区辛勤耕耘、默默奉献,为当地经济社会发展、民族团结进步作出了贡献,勉励越来越多的青年人以志愿者为榜样,到基层和人民中去建功立业,让青春之花绽放在祖国最需要的地方,在实现中国梦的伟大实践中书写别样精彩的人生。

(资料来源:大学生志愿服务西部计划.中国青年志愿者网,2019年7月.有改动)

2. 志愿服务的发展目标

(1)满足大学生发展需要。

大学生志愿服务满足了大学生在社交、尊重和自我实现等方面的需要。大学生在参加志愿服务过程中与不同社会阶层和群体的人接触,可以扩大大学生的社会交际圈。志愿者在服务他人的过程中不断树立起自身的良好形象,赢得别人的爱护,同时也肯定自己的价值,提升自我尊重意识,满足自身受尊重的需要。

(2)提高大学生综合素质。

将大学生志愿活动内容与大学生所学专业知识密切联系起来,让学生能够走出课堂、学以致用,以此促进大学生学习进步的效果十分显著。大学生通过志愿服务活动可以培养自己的社会责任感和奉献精神,学习新的知识和技能,全面提高自身各方面的综合能力,成长为德智体美劳全面发展的"四有"新人。

(3)丰富思想政治教育载体。

志愿服务是一种强调自愿性的活动,它突出了大学生的自主性,符合当代大学生的成长需要。大学生志愿服务作为高校思想政治教育的有效载体,是一种寓教育于实践的崭新形式,它扩大了思想政治教育的覆盖面,有效提高了大学生思想政治教育的实效性、针对性和主动性。

【案例分享】

大学生志愿者，是社会志愿行动中的一支重要力量

在抗击疫情中，有这样一群大学生志愿者，在做好自我防护的前提下，以多种方式参与到防控工作中。有的坚守在宣传一线，将疫情防控相关信息及时准确地发布出来；有的利用专业优势制作疫情防控宣传漫画，在网络上传递正能量；还有的回到家乡，投入当地社区疫情防控工作中。

"可以发挥专业特长来支持疫情防控工作。"此刻，中国人民大学环境学院2019级硕士生曹松林正在家乡武汉，和千千万万老乡们一起抵御疫情。能为家乡做些什么？除了和学校一起开展"众志成城人大人，共战'疫'情心连心"活动，为前线同学传递正能量之外，他还利用专业知识探索更多可能。

疫情之下，医疗废物处理、医疗废水和城镇生活污水监管、生态环境应急监测等都面临巨大挑战。曹松林还和老师同学们一起，研究疫情防控对环保治理体系与治理能力带来的挑战与应对之策。"未来，我们要研究的是如何利用生态扶贫助力乡村振兴，进一步加强人居环境整治，提升乡村基层组织的治理能力。""在志愿活动中，个体更能感受到劳动和奉献的价值。"

王静雅是首都经济贸易大学劳动经济学院2017级人力资源管理班本科生。对她而言，这个假期最有意义的事情莫过于加入疫情防控志愿服务队伍。从2月2日报名当天开始，她每天值班9小时。她把这种参与感称为"被需要感"，这也是她一直坚持下去的动力所在。

王静雅的老家在山西晋城陵川县。在关注疫情的过程中，她了解到自己家所在的社区在招募疫情防控志愿者，想到自己是一名党员，便毫不犹豫地报名参加。"维护秩序，登记出入社区车辆和人员信息、测量体温、劝阻不戴口罩的居民等，都是一些力所能及的事情。老家的冬天格外冷，在室外登记车辆和人员信息的过程中，手握不住笔、脚迈不出步的情况很多。想要放弃的时候看到大家仍然在坚守，这一幕给了我坚持的动力，也让我真切体会到了一线工作者在为我们负重前行，我也看到了公平公正、刚直不阿的品质在大家身上闪闪发光。"王静雅说。

（资料来源：大学生志愿者，抗疫队伍中的重要力量.光明日报，2020年2月19日.有改动）

3. 志愿服务的发展目标

（1）沟通能力。

沟通是大学生走向社会的第一步。良好的沟通能力是顺利完成志愿服务的基础。通过培训，提升大学生志愿者与被服务对象的沟通能力，培养大学生志愿者聆听他人意见并准确表达自己意图的能力；大学生志愿者与其他志愿者沟通良好，可以加强团队合作，提高志愿服务的质量。

（2）实践能力。

大学生志愿者可以通过平时工作积累经验、参加培训，以及争取一切机会与有经验的志愿者进行经验交流，提升自身的实践能力，以促进志愿服务更好地开展。

首先，培养大学生志愿者解决问题的能力。通过培训，提升大学生志愿者运用所学专业知识解决实际问题的能力，促使他们将在学校所学的专业知识与社会实践相结合，培养其抗挫折能力、增强自信心，提高面对实际困难时冷静迅速处理和解决问题的能力。

其次，培养大学生志愿者的环境适应能力。大学生志愿服务的性质决定了大学生志愿

者常常处于不同的社会环境中。因此,需要志愿者细心留意服务环境,了解服务单位的规章制度,尽快明确自己在这一环境中所要承担的工作,以便尽快进入志愿服务状态。

(3)专业技能。

对于一些专业性较强的志愿服务工作,要提供必要的岗前专业技能培训,避免大学生出现"虽有热情,但无能力"的情况,提升大学生志愿者的社会实践能力和服务水平,加大对志愿者骨干的培训力度,提高志愿服务的实效性,强化服务效果,激发大学生志愿者的积极性。

【拓展阅读】

创新人才培养机制

国家层面应建立志愿服务组织人才示范培训机制,有条件的地区,可依托高等院校、党校、团校等教育培训机构建立志愿者培训基地,加快培养一批长期参与志愿服务、熟练掌握服务知识和岗位技能的志愿者骨干,着力培养一批富有社会责任感、熟悉现代管理知识、拥有丰富管理经验的志愿服务组织管理人才。国家机关、群团组织、企事业单位、其他社会组织和基层群众性自治组织要积极支持本单位、本社区的专业人才加入志愿服务组织,开展志愿服务活动,不断优化志愿者队伍结构。志愿服务组织要注重招募、使用专业志愿者,建立健全志愿者日常管理培训制度,对于专业性要求高的志愿服务项目,要强化专业知识和技能培训,不断提高志愿者的能力素质。引导志愿服务组织通过规范招募、科学管理、创新服务来培养、吸引和留住优秀志愿者。

(资料来源:关于支持和发展志愿服务组织的意见.新华社,2016年7月.有改动)

8.2　全面发展

大学生参与"三下乡"社会实践和假期兼职等劳动实践,不仅有助于增长见识、提升能力,还能增强社会责任感和奉献精神。深入农村、了解农民生活,能增强大学生的社会责任感和实践能力,同时促进农村的经济、文化和社会发展;参与社会实践,可让大学生了解社会现状、增长见识、锻炼能力,为未来的职业发展和社会参与打下坚实基础;假期兼职能使大学生体验职场生活、赚取生活费、提升自我管理和适应能力。

"三下乡"社会实践和假期兼职等劳动实践的实施主要有以下形式。

(1)教育帮扶:在农村学校开展支教活动,提供课程辅导、兴趣班教学等,帮助农村孩子提高学习成绩和综合素质。

(2)科技支农:利用专业知识,推广农业新技术、新品种,帮助农民提高农业生产效率和经济效益。

(3)文化宣传:组织文艺演出、放映电影等活动,丰富农民的精神文化生活,传播先进文化理念。

(4)社会调研:围绕特定主题(如环境保护、教育公平、社区治理等)开展调研活动,收集数据、分析问题、提出解决方案。

(5)公益服务:参与社区志愿服务、环保行动、扶贫帮困等公益活动,为社会贡献力量。

(6)企业实习:在企业或机构中实习,了解职场环境、学习专业技能、积累工作经验。

(7)岗位体验:在超市、餐厅、快递公司等场所从事兼职工作,了解不同行业的运作模式和职场规则。

（8）技能提升：结合所学专业或兴趣爱好，选择相关的兼职岗位，如家教、翻译、编程等，提升专业技能和实践能力。

（9）职业素养培养：在工作中遵守职业道德和规范，培养责任感、团队合作精神和解决问题的能力。

"三下乡"社会实践有以下要求：

（1）提前了解农村情况和农民需求，制订详细的活动计划，确保活动的针对性和实效性；

（2）尊重当地风俗习惯，与当地政府和农民建立良好的合作关系；

（3）积极参与实践活动，认真完成调研任务或服务项目；

（4）注重团队协作和沟通交流，共同推动实践活动的顺利开展。

假期兼职社会实践有以下要求：

（1）认真选择兼职岗位，了解岗位职责和工作要求；

（2）在工作中要积极主动、认真负责，遵守公司规章制度和劳动纪律；

（3）注重自我保护，增强安全意识，确保兼职过程安全顺利。

8.2.1 "三下乡"社会实践

"纸上得来终觉浅，绝知此事要躬行。"从书本上得来的知识终究是浅薄的，只有进行社会实践，才能更好地了解社会。而"三下乡"社会实践活动给生活在象牙塔的大学生提供了广泛接触社会、了解社会的机会。

1. 什么是"三下乡"社会实践

1996年12月，中共中央宣传部、原国家科学技术委员会、农业农村部、文化和旅游部等十部委联合下发《关于开展文化科技卫生"三下乡"活动的通知》。1997年，"三下乡"社会实践活动在全国正式开展。

"三下乡"是指文化、科技、卫生下乡。"三下乡"社会实践活动是各大中专院校在暑期开展的一项旨在提高学生综合素质的社会实践活动，其主要内容是学生把城市的文化、科技和卫生知识带到发展相对落后的偏远地区，向当地人传授这些知识。

文化下乡的内容主要包括图书、报刊下乡，戏剧下乡，电影、电视下乡，开展群众性文化活动；科技下乡的内容主要包括科技人员、科技信息下乡，开展科普活动；卫生下乡的内容主要包括医务人员下乡，扶持乡村卫生组织，培训农村卫生人员，参与和推动当地合作医疗事业发展。

开展"三下乡"社会实践活动既能促进先进生产力的发展，又能帮助和引导学生按照先进生产力发展要求成长成才；既能传播先进文化，又能帮助和引导学生接受先进文化的熏陶；既能维护人民群众的根本利益，又能助力学生全面发展。

2. "三下乡"社会实践的形式与流程

"三下乡"社会实践活动涉及面广，内容丰富，形式多样。活动可以是单人形式，也可以是小组形式。一般而言，小组形式更有利于实践活动的开展，也更有利于取得成功。随着社会发展，"三下乡"社会实践活动的形式也应有所创新和发展，如充分利用互联网创新活动形式，结合社会热点设计活动等。

"三下乡"社会实践活动的流程具体如下。

（1）确定活动主题。确定活动主题是顺利开展社会实践活动的前提。主题必须联系实际，切忌空谈和夸大。

（2）拟定活动方案。确定主题后，必须根据主题拟定详细的活动方案。活动方案应包括活动形式、具体活动内容及各种注意事项，其优劣关系到整个活动能否顺利开展。

（3）提出申请。向学校提出书面申请，同时上交活动方案并领取"三下乡"社会实践活动相关申请表格。

（4）开展活动。根据活动方案，在老师的指导下开展活动，确保活动安全。

（5）撰写总结。活动结束后，成员需要就活动过程和结果，撰写并提交活动总结报告。总结报告的内容应包括对整个活动的基本描述、成员的自我评价和心得体会。

【案例分享】

暑期"三下乡"，这群大学生超"接地气"

"民以食为天，食以土为根。发展山地种植，就要特别注意水土保持。"2021年7月盛夏，一场农技讲座在重庆市城口县咸宜镇举行，几位农学专业的大学生和指导教师依次上台，向村民们讲解土壤健康、水土保持的知识。

地处秦巴山区腹地的咸宜镇，地广人稀、山高坡陡，是重庆市确定的乡村振兴重点帮扶乡镇。2021年暑假，西南大学的学生实践团队来到这里，将农学专业理论知识与当地实际相结合，开展支农助农活动。

咸宜镇大部分坡地的海拔在1000米以上，这些坡地适宜种植中药材。针对当地的种植情况和特色，实践团队事先收集资料，制作图文并茂的种植科普指南，并在农技讲座现场免费发放。一些村民由于居住在偏远地区或忙于农务，没能赶来镇上参加讲座，实践团队成员们便上门入户，主动将技术送到田间地头。

每到一户，实践团队成员都入户了解村民的家庭情况，实地查看作物的生长情况。咸宜镇李坪村五组的冯阿姨种了很多魔芋，其中一块地的魔芋长势不佳。看到实践团队上门，她赶忙求助。"这些叶子全都耷拉下去了，茎秆也开始腐烂，这是软腐病的症状。"来自土地资源管理专业的大三学生小任拔起一株芋苗，仔细查看后告诉冯阿姨，温度高、湿度大均有可能导致软腐病。这种病还会传，所以遇到这种情况一定要及时拔掉病株。

什么时候除草，施用哪种化肥，遇到病虫害怎样处理……实践团队成员一边帮村民除草疏苗，一边讲解种植知识，答疑解惑。遇到一时无法解决的"疑难杂症"，实践团队成员就会申请"场外支援"，通过视频电话寻求学校教授的远程指导。

走访村民的过程中，实践团队发现当地留守儿童较多，放暑假后，孩子们的管护工作成了大问题。实践团队成员主动请缨，借用学校校舍、村委会办公室办起了免费暑期托管班。"袁隆平爷爷故事讲述""农业植物双语科学科普""科研趣味小实验"……大家发挥专业特长，用丰富多彩的兴趣课程，帮助孩子们度过一个充实又有意义的暑假。

奔走在山间、吃住在村里，实践团队的努力和付出得到村民们的认可。"这些大学生特别接地气，大伙儿盼着他们明年暑假还来！"李坪村党支部书记冯书记说。

（资料来源：暑期"三下乡"，这群大学生超"接地气".新华社，2021年8月5日）

3. "三下乡"社会实践的安全指南

（1）实践中可能遇到的问题。

- 对当地环境不适应而突发疾病，或者被蛇、虫咬伤。
- 不慎被盗被抢，甚至可能遭受人身伤害。
- 遭遇交通事故。
- 因接近危险设施或前往危险地段遭受伤害。
- 与社会不良人员发生纠纷。
- 团队成员之间无法及时取得联系。
- 遭遇火灾、踩踏等突发事件。

（2）实践中各种问题的防范措施。

- 掌握以下防范措施，就能在"三下乡"社会实践活动中避免遇到上述各种问题：
- 掌握基本的生理卫生常识和急救知识，随身携带常用应急药物，平时注意个人卫生。
- 增强自卫意识，保持警惕心理；保管好个人贵重财物，遭遇偷窃、抢劫时，保持冷静，先确保自身的人身安全，然后及时报警；减少单独活动和夜间活动，尽量采取小组活动的形式，并及时向负责人报告活动行程。
- 增强交通安全意识，遭遇交通事故后尽快将伤者送往医院，并注意保护现场。
- 远离危险设施，避开危险地段。如果需要接触危险设施或在危险地段活动，必须有专业人士陪同，并穿戴安全防护用品。
- 在公共场合注意言谈举止，尽量避免与人争执，做到克制、忍让。团队成员若与社会不良人员发生争吵甚至产生肢体冲突，其他成员应及时制止并报警，防止事态恶化。
- 如果发生火灾，团队成员应有序逃生，及时拨打火警电话；尽量不去拥挤的地方，在公共场所或参加大型活动时注意保护自己。

（3）实践注意事项。

在"三下乡"社会实践活动中，应注意以下事项。

- 出发前再次与实践地联系，确保食宿等安排妥当。
- 出发前办理好在实践地活动所需的证明。
- 出发前充分考虑可能出现的各种问题，学习应对各种问题的防范措施与技巧，熟悉当地习俗和地理情况等。
- 团队成员应遵守纪律，听从负责人的指挥，负责人应与每名成员随时保持联系。
- 团队成员应互相关心、互相帮助，遭遇突发事件时应沉着冷静，共同寻找解决办法。

8.2.2　假期兼职

1. 鉴别兼职陷阱

寒暑假期间，许多大学生都会做兼职。参与兼职可以在锻炼自己、积累工作经验的同时挣一些生活费。但是在参与兼职时，应擦亮眼睛，谨防落入各种陷阱。

（1）传销陷阱。

目前，不少传销组织打着"连锁销售""特许经营""直销"等幌子，或以"国家搞试点""响应西部大开发号召"等名义诱骗大学生参与传销活动。在形式上，传销组织也由此前发展"下线"改为"网上营销"方式，打着"电子商务""网络直销"等旗号利用互联网进行传销，其形式更加多样,违法行为更加隐蔽。

在参与兼职时,应注意以下方面:

- 在选择兼职单位时,应注意查看对方是否具有正规的营业执照。
- 结合面试官的描述分析用人单位的经营模式,判断其是否存在虚假宣传的情况。如果在面试过程中,用人单位对求职者的交友情况、家庭背景比对职业技能、实习经历更感兴趣,求职者应提高警惕。
- 一旦用人单位要求求职者缴纳入门费,或者要求求职者发展其他成员加入来获得报酬,求职者应提高警惕。
- 很多传销活动都是通过亲朋好友或同学开展的。如果突然收到长期没有联系的亲友、同学邀请自己去异地工作的信息,求职者应提高警惕。

(2) 培训陷阱。

某些"骗子公司"在招聘时会以"先培训,拿证后上岗"为由,要求求职者交纳培训费、考试费、证书费等各种费用。经过一段时间的培训后,"骗子公司"便不知去向,或告知求职者未通过培训考核,无法上岗。

(3) 押金陷阱。

某些用人单位以方便管理为由,向求职者收取一定数额的押金或保证金,并承诺工作结束后退还。然而在工作结束后,求职者往往只能领到工资,押金或保证金却不见踪影。

更有甚者,用人单位在求职者交了押金或保证金后,以岗位人员暂时已满为由,让求职者回去等消息,接下来便再也没有消息了。一些大学生在找兼职时既不了解相关规定,又求职心切,最终落入陷阱。国家有关部门明文规定,用人单位不得以任何名义向求职者收取押金或保证金。当用人单位表示要收取押金或保证金时,应提高警惕。

(4) "黑中介"陷阱。

某些"黑中介"抓住大学生缺乏社会经验且求职心切的心理,在向他们收取高额中介费后却不履行承诺,不及时为他们介绍合适的工作。"黑中介"的套路往往是不停地拖延,让大学生耐心等待兼职机会,最后不了了之。更有一些"黑中介"打一枪换一个地方,在骗取一定数额中介费后,就消失得无影无踪。

【小贴士】

大学生找兼职时,最好咨询学校的劳动就业服务中心,或者请学校负责联系用人单位。如果需要自己寻找兼职,就要找正规的用人单位,或找正规的中介机构帮忙联系用人单位。

2. 熟知兼职劳动关系

在以往的司法实践中,对于劳动者的兼职行为,某些司法机关会认定劳动者与用人单位之间构成的是劳务关系而非劳动关系。这种做法导致部分劳动者在从事兼职工作时,无法享受社会保险、节假日、最低工资标准等应有的劳动保障待遇。《中华人民共和国劳动合同法》(以下简称《劳动合同法》)和《中华人民共和国劳动争议调解仲裁法》施行以后,若兼职者与用人单位签订了劳动合同,则可认为双方构成了劳动关系;若双方未签订劳动合同,也未达成口头协议,则认为双方构成的是劳务关系。学生在找兼职工作时,应仔细了解自己与用人单位之间的法律关系,学会保护自身的合法权益。对于双方的权利与义务,最好能通过书面合同的形式予以确认。

8.2.3 创业探索

在创业者的主观世界里,那些具有开创性的思想、观念、个性、意志、作风和品质等,均为创业精神。创业精神是一种非智力因素,它支配着人们创业实践活动的态度、行为、方向和目标,具有较强的选择性和能动性。创业精神既是创业的动力系统,也是创业素质的重要组成部分。

1. 创业精神的内涵

创业本身就是一个不断试错的过程,从某种意义上讲,创业成功只是一个小概率事件。创业者应具备不向失败低头、在绝望中寻找希望的创业精神。创业精神是一种非智力因素,是创业者在创业过程中重要行为特征的高度凝练。下面从创新、冒险、合作和执着四个方面介绍创业精神。

(1)创新是创业精神的灵魂。

创业者将新的理念和设想通过新的产品、新的流程、新的服务方式与新的市场需求相结合,进而创造出新的价值。对于创业者而言,创新不仅体现在创造新的价值方面,还体现在使新的产品和服务、新的管理制度、新的流程等新事物进入市场活动之中。虽然创业精神常常以创办新企业的方式表现出来,但是创业精神不仅存在于新企业中,一些成熟的企业只要焕发创新活力,也具有创业精神。

(2)冒险是创业精神的特质。

任何一项创业活动都不可能是一帆风顺的,没有甘冒风险和勇担风险的魄力,就不可能成为一名成功的创业者。创业者的成长环境和创业机会虽然各不相同,但是他们大多是在条件不成熟、外部环境不清晰的情况下,敢为人先,勇于做第一个吃螃蟹的人,最终才取得成功。

(3)合作是创业精神的基础。

社会发展到今天,行业分工越来越细,几乎没有人能够独自完成创业过程中的所有事情。凡是创业成功者,都善于借助外力,善于与他人合作,他们能够将这种合作精神传递给团队中的每一位成员,使团队成员团结一心,不断进取;在遇到困难时,他们能够带领团队克服困难,摆脱困境。

(4)执着是创业精神的本色。

执着是一种信念,是一个人对自己追求的目标、从事的工作所表现出来的一往情深、一往无前的状态。人们耳熟能详的愚公移山、精卫填海、铁杵磨成针等典故,都诠释了执着的真谛。人生需要执着,执着成就人生。创业者要想创业成功,必须有"咬定青山不放松"的毅力和"任尔东西南北风"的定力。

(5)创业精神是一种青年风采。

在复杂的竞争环境中,创业精神能够帮助人们走向成功和繁荣。一个人如果没有创业精神,即使有创业行动,往往也是浅尝辄止、半途而废。

【案例分享】

朱婷婷的"Youth 独食俱乐部"荣获金奖

朱婷婷是襄阳职业技术学院护理专业 2017 届毕业生。毕业后,她专注于餐饮创新与改革,创立了"独食"系列品牌。不到 3 年,便拥有了 258 家加盟店和 5 家直营店。这些店铺覆盖全国 52 座城市,直接带动了 300 余人创业、1500 余人就业。

一心创新,执着创业

在校期间,朱婷婷对学校开设的职业规划课和创新创业课很感兴趣,并在老师的引导下参加了学校创业计划大赛,获得了一等奖。这次获奖经历激发了她的创新创业激情,从此,她的创新创业脚步再未停止。2016 年,她组建"育婴树"项目团队,参加了"中国创翼"创新创业大赛,获得了银翼奖。2017 年,她参加了第三届中国"互联网+"大学生创新创业大赛,获得了铜奖。这些参赛经历激活了她的创业基因。毕业后,她响应国家"大众创业、万众创新"的号召,开始创业。

瞄准商机,创新创业

美团外卖《2020 外卖行业报告》显示:在"90 后""00 后"的外卖订单中,单人用餐的比例分别是 65.4% 和 73.7%。这说明在"90 后"和"00 后"群体中,"独食"现象非常普遍。于是,朱婷婷提出了"一人一位一份暖心精致餐品,独享空间与'轻社交'完美结合,赋予餐饮好心情"的饮食理念。"我要为顾客打造一个独享空间,从空间、服务到菜品,营造一种轻松的氛围。"朱婷婷说。为了让顾客获得真正的"独食"体验,她在火锅店设计了可供一人用餐的单独卡座,相邻座位之间用隔板隔开,隔板上设有可将隔板打开和关上的按钮。打开隔板,顾客就可以和朋友聚餐;关上隔板,顾客就可以拥有属于自己的一方小天地。

此外,朱婷婷还在每个隔板上悬挂了一本"独食日记",顾客可以在等餐时翻阅别人留下的小故事,也可以将自己平日里难以对他人言说或不敢说的话写在上面。这一创举满足了当代年轻人"轻社交"的心理需求,同时也加强了店员与顾客、顾客与顾客之间的联系,顾客回头率达到了 80%。朱婷婷在创业过程中不断创新,先后获得了 17 项专利。这些专利涉及火锅配方、蘸料配方、炒料机、独立餐桌等方面。

破纪录的获奖者

2020 年 11 月 19 日,朱婷婷团队凭借"Youth 独食俱乐部"项目在第六届中国国际"互联网+"大学生创新创业大赛总决赛中斩获金奖。"朱婷婷团队获得的这个金奖打破了湖北省职教赛道在中国国际'互联网+'大学生创新创业大赛中从未获得金奖的纪录,是我校的骄傲,也是我省的骄傲!"襄阳职业技术学院就业创业中心主任林某说。

(资料来源:靠吃"独食"创意 襄阳职业技术学院毕业生捧得金奖归!襄阳广播电视台,2020 年 11 月 28 日)

2. 创业精神的特征

创业精神具有以下特征。

(1)高度综合性。

创业精神是创新精神、拼搏精神、进取精神、合作精神等多种精神的综合体现,具有高度的综合性。

(2)三维整体性。

创业精神涵盖了哲学层面的创业思想和创业观念、心理学层面的创业个性和创业意志、行为学层面的创业作风和创业品质,缺少其中任何一项内容,都无法构成创业精神。

(3)超越历史的先进性。

创业精神的最终体现的是开创事业,而开创事业本身体现了超越历史的先进性。创业者要想创业成功,就必须想常人不敢想、做常人不敢做之事。

（4）鲜明的时代特征。

在不同的时代，人们的物质生活条件和精神需求不同，使得创业的基础条件和环境不同，进而使创业精神呈现出鲜明的时代特征。

【案例分享】

大学生打造校园旅游平台

因为爱"穷游"，两名大学生合伙创建了专为大学生服务的校园旅游平台。在试运营期间，该平台的业绩甚至超过了一些传统旅行社。更让两人意想不到的是，该平台还获得了高额投资。

创业灵感来自糟糕的经历

小徐和小敏是安徽农业大学的大四学生，就在其他同学忙于找工作时，他们两人的创业项目——"嘻游记"已经步入正轨。"嘻游记"被大学生亲切地称为"最懂大学生的校园旅游平台"。

创业灵感的迸发离不开生活的启示，而他们创建校园旅游平台源于一次糟糕的旅游经历。大二暑假，小徐召集了7名同学去云南旅游，其中就有小敏。"做旅游预算时发现，无论怎么节约，每个人都要花3000元。"小徐说。对于大学生来说，这是一笔不少的费用。思前想后，众人还是选择了报旅游团。但意想不到的是，由于小徐等人在旅游过程中花销太低，旅游结束时每人还得补缴600元团费。

五天四夜的云南之行，留给小徐的却是异常糟糕的回忆：两天耗在车上，两天耗在购物场所，半天花在走马观花地照相上，半天花在卫生间排队上。此后，小徐萌发了创建校园旅游平台的想法，这一想法也吸引了小敏。

"硬骨头"获得了高额投资

与其他旅游市场相比，校园旅游市场规模不大，大学生有限的消费能力、相对集中的出游时间，无不成为校园旅游经营者盈利的制约因素。因此在创业初期，周围很多人都不看好小徐和小敏，但是他们还是选择了这块不好啃的"硬骨头"。

为了将校园旅游与常规旅游区别开来，小徐和小敏想了不少方法：在景区内设置热门综艺节目里的游乐环节，只做精品线路不求数量，创业团队只招募在校大学生，等等。在小徐的记忆中，创业之后最难入眠的夜晚莫过于首发旅游团开团的前一夜："担心不能招满一车人，担心行程安排不能令游客满意，担心旅游质量不能达到游客的期望……"但是让小徐和小敏没有想到的是，首发旅游团开团就有百余人报名，最终出行人数也远远高于预期。

"嘻游记"3月份开始试运营，还未到一个季度的时间，就已经创下了喜人的业绩。据小徐介绍，"嘻游记"刚开始只有4条旅游线路，但每条线路每周都有约300人报名。与业绩一同增长的，还有"嘻游记"旅游创业团队的加盟人数。不仅如此，"嘻游记"还意外获得了一笔高额投资。技术、运营经验、资金齐备的"嘻游记"在庞大的旅游市场中开辟了一条属于自己的发展道路。

（资料来源：大学生创业打造校园旅游平台 已获天使投资正式运营.中安在线，2016年2月6日）

3．如何培养创业精神

培养创业精神，通常可以从塑造创业人格、提高创新能力和强化创业实践等方面做起。

1）塑造创业人格

创业之路充满艰险与曲折，这就要求创业者具有很强的调控能力，能够始终保持一种积极、沉稳的心态,具有良好的创业人格。创业者只有具有处变不惊的良好心理素质和愈挫愈勇的顽强意志,才能在创业过程中做到自强不息、竞争进取、顽强拼搏,进而闯出一片新天地。从无数创业者的经验教训中可以发现,成功的创业者均具有聪慧勤勉、坚韧敢为、独立自律、诚实守信的创业人格。对于大学生而言,塑造创业人格,可以从提高心理素质、增强适应能力、自觉培养坚韧不拔的意志品质和艰苦奋斗的精神等方面做起。此外,还可以结合创业案例剖析创业者的人格特征,掌握培养良好心理素质与人格特征的途径和方法。

2) 提高创新能力

大学生可通过以下途径来提高创新能力。

(1) 增强创新意识。

创新是真正意义上的超越,是一种敢为人先的胆识。大学生创新能力的提高应该从增强创新意识开始。在学习和生活中做到以下几点,有助于增强创新意识:①善于打破常规,敢于超越;②培养运用多种思维方式解决问题的能力,如培养聚合思维和发散思维,重视直觉和灵感的作用,把形象思维和抽象思维结合起来,善于运用归纳、演绎、推理等多种逻辑思维方式;③培养问题意识,善于发现问题、提出问题、解决问题,一些富有新意的问题的提出、分析和解决就是创新过程。

(2) 健全知识体系。

创新意识可以在短时间内快速增强,但是个人创新能力的提高是一个日积月累、循序渐进的过程,它来源于精深的专业知识和广博的科学文化知识。一些世界级的重大科技成果都是以扎实的专业知识为基础,如果没有扎实的专业知识作为理论支撑,创新就成了无源之水、无本之木,超越便没有了可能。要提高创新能力,就必须脚踏实地地学好专业知识,掌握真才实学。此外,还要扩展自己的知识面,丰富的人文、历史、地理等知识有利于直觉、灵感的产生。

(3) 提升综合能力。

创新不是一种简单的包装,它体现的是一种更高层次的能力,建立在各种基础能力之上。大学生要想提高创新能力,就必须提高自己的综合能力,包括观察能力、分析和解决问题的能力、独立思考能力、学习能力、社交能力等。

3) 强化创业实践

大学生应利用课余时间积极参加创业模拟和社会实践活动,增强对企业的了解和对社会的认知,在实践中磨炼自己,培养创业精神。大学生进行创业实践的途径主要有以下几种。

(1) 参加各类科技活动和专业竞赛。

参加科技活动和专业竞赛是大学生运用所学知识解决问题的最好实践机会,能够有效地激发和培养大学生的科技创新意识。大学生可以参加国家级的竞赛项目、省市级的竞赛项目和学校组织开展的科技活动。其中,学校组织开展的科技活动内容丰富、形式多样,大学生要重视并积极参加学校组织开展的科技活动,如"走进科技馆""走进企业""走进高新技术基地"等科技活动。

此外,每个专业都有与该专业相对应的竞赛活动,如机械类专业的全国大学生机械创新设计大赛、电子科学类专业的全国大学生电子设计竞赛、艺术类专业的全国大学生广告艺术大赛、电子商务专业的全国大学生电子商务"创新、创意及创业"挑战赛等。大学生应密切关注、积极参与这些竞赛活动,在竞赛中培养创新精神,提升专业水平。

（2）参加"挑战杯"竞赛。

"挑战杯"竞赛被誉为中国大学生科技的"奥林匹克"盛会,自创办以来,始终坚持"崇尚科学、追求真知、勤奋学习、锐意创新、迎接挑战"的宗旨,在推动广大高校学生参与学术科技实践、发现和培养创新型人才、深化高校素质教育等方面发挥了积极作用。大学生应积极参加"挑战杯"竞赛,以开阔视野、磨炼意志、锻炼动手能力、培养创新意识。

（3）参加中国国际"互联网＋"大学生创新创业大赛。

中国国际"互联网＋"大学生创新创业大赛是教育部与各高校共同主办的一项技能大赛。第八届中国国际"互联网＋"大学生创新创业大赛的主题是"我敢闯,我会创",主要任务是：以赛促教,探索人才培养新途径；以赛促学,培养创新创业生力军；以赛促创,搭建产教融合新平台。大学生应积极参加中国国际"互联网＋"大学生创新创业大赛,以激发创造力,扎根中国大地了解国情民情,在创新创业中增长智慧才干,坚定执着追求理想,实事求是闯新路,把激昂的青春梦融入伟大的中国梦,努力成长为德才兼备的有为人才。

【案例分享】

大学生创新创业"金牌团队"

2021年7月,"建行杯"第七届浙江省国际"互联网＋"大学生创新创业大赛结果揭晓,杭州师范大学的参赛项目"曙晖科技——全球高端生科医疗器具国产化引领者"获得高教主赛道初创组金奖。

对于临床医学专业2019届毕业生赵起超来说,这不是他第一次参赛了。早在2018年7月,赵起超就参加了第四届浙江省"互联网＋"大学生创新创业大赛,并获得了银奖。在备赛过程中,他在分析了国内外市场需求后,发现自己参赛项目的市场前景广阔,于是产生了将该项目投入实际运营的想法。2018年底,赵起超创办了杭州曙晖生物科技有限公司,开启了创业之路。毕业后,赵起超与老师、同学依然保持联系,他向老师和学长请教专业问题,向学弟学妹传授学习和创业经验。在一次次沟通交流中,越来越多怀揣创新创业梦想的同学彼此相识。

2020年12月24日,杭州师范大学发出通知,号召符合条件的在校生和毕业5年内的校友参加"建行杯"第七届浙江省国际"互联网＋"大学生创新创业大赛。看到通知,赵起超和他的伙伴们再次萌生了参赛的想法。就这样,来自多个学院的11名同学与赵起超一起,各展所长,开启了"曙晖科技——全球高端生科医疗器具国产化引领者"项目的创新创业大赛之旅。

团队组建后,不同专业、不同年龄、不同性格的队员围绕高端生科医疗器具国产化进行了一次又一次的头脑风暴,共同探索中国生科医疗器具创新发展之路,提出一个又一个鲜明的观点,碰撞出了思想的火花。

为了掌握更多的专业知识,更好地发挥特长,队员们主动参加了形式多样的创新创业培训,并放弃了假期休息时间,纷纷留校备赛。大家集中研讨,明确分工,反复、仔细地对项目计划书和PPT进行修改。学校还邀请了相关领域的专家有针对性地对他们进行指导,队员们及时根据专家的建议进行修改。

省赛小组名单公布后,面对强劲的对手,压力向团队袭来。如何在众多项目中展示团队的独特优势,如何在路演顺序靠后的情况下吸引评委的注意力,这些无疑都是挑战。

队员们认为,在经过了无数次的项目打磨和模拟演练后,项目已经具备了一定的竞争力,而取得好成绩的另一个关键就是细节。在规定的时间内完成项目演讲,在回答问题时保持语言流畅,这些都至关重要。

省赛决赛当天,项目主讲人按照赛前演练的方法,着重突出项目核心,在规定的时间内声情并茂地完成了演讲,展现了项目的特色与创新之处。随后,面对评委的提问,队员们从容应对、对答如流,获得了评委的一致好评,省赛决赛结束后,团队积极备战国赛,在做好高端生物医疗器具国产化的道路上继续探索,为实现中国生命科学科研工具的自主可控而躬身前行!

(资料来源:杭师大这个学生创新创业"金牌团队"是怎样炼成的!澎湃新闻,2021年7月30日)

4) 自主创业

大学生可选择自主创业。常见的适合大学生的自主创业项目有以下几种:

(1) 开设培训班。

大学生可以利用自己掌握的知识和技能,在课余时间开设英语四六级培训班、考研冲刺培训班、计算机培训班等专业技能培训班,或者开设音乐培训班、美术培训班、舞蹈培训班、体育培训班等文体类培训班。

(2) 开设寝室商店。

在不违反学校寝室管理规章制度的前提下,大学生可以将同学作为目标客户,在寝室内出售零食、生活用品,或者提供理发、打印、照相、手机贴膜等服务。

(3) 开设网店。

电子商务的蓬勃发展为大学生网络创业提供了机会,开设网店已成为许多大学生青睐的创业项目。值得注意的是,运营网店需要耗费大量的时间,大学生应合理分配自己的时间,不能耽误学业。

8.3 实习实训

【任务描述】

为增强大学生的专业实践能力,提升其职业素养和就业竞争力,学校在假期期间组织实习实训劳动实践活动。通过实践,学生将有机会亲身体验职场环境,了解行业发展趋势,掌握专业技能,培养团队合作精神和解决实际问题的能力,从而获得宝贵的职场经验,为未来的职业发展奠定坚实基础。

实践内容与要求:实习岗位选择——需根据个人兴趣、专业背景及职业规划,选择适合的实习岗位。岗位范围涵盖金融、教育、IT、医疗、制造等行业。需自主联系实习单位,提交简历并进行面试。学校可提供一定的资源支持,如推荐信、实习信息平台等。

实习任务执行:岗位熟悉——入职初期,学生需快速熟悉公司文化、岗位职责及工作流程;技能提升——在实习期间,学生需积极参与项目工作,通过实际操作提升专业技能,如数据分析、编程、市场调研等;团队协作——学生需与团队成员保持良好沟通,共同完成工作任务,培养团队合作精神。

实习成果总结：学生需定期记录实习日志,总结每日工作内容、学习心得及遇到的问题;实习结束后,学生需撰写实习报告,包括实习单位介绍、岗位职责、实习内容、技能提升、问题及解决方案、个人感悟及职业规划等内容;学校将组织实习成果展示会,学生需准备PPT或视频等材料,分享实习经历及成果。

实践评估与反馈:实习单位将对学生的工作态度、专业技能、团队协作能力等方面进行评价;学校将结合实习日志、实习报告及实习单位评价,对学生的实习成果进行综合评估;学校将为学生提供实习反馈,指出其优点与不足,并提出改进建议;学生需根据反馈进行自我反思与调整,为未来的职业发展做好准备。

8.3.1　实习实训概述

实习是大学生积累社会经验的重要途径,有利于培养大学生的沟通能力、适应能力及解决问题的能力。大学生应充分把握在校期间的实习机会,大胆尝试,广泛接触社会,积累实践经验,以增强自己未来求职的竞争力。

1. 了解实习的类型

根据不同的标准,实习可分为不同的类型。根据实习地点不同,实习可分为实地实习和远程实习;根据组织形式不同,实习可分为集体实习和分散实习;根据工作内容不同,实习可分为认知实习和岗位实习。下面主要介绍认知实习和岗位实习。

认知实习是指由学校组织学生到实习单位参观、观摩和体验,形成对实习单位和相关岗位的初步认识的活动。

岗位实习是指具备一定实践岗位工作能力的学生在专业人员指导下,辅助或相对独立地参与实际工作的活动。

【案例分享】

远程实习热度高

随着远程办公的兴起,越来越多的公司开始提供远程实习工作机会,远程实习的热度不断攀升。在黑龙江读大学的小王表示,远程实习最大的好处就是时间灵活。她说:"大多数实习工作要求在岗3~6个月,而我们的假期有限,很难满足这个要求。即使找到合适的实习工作,一个女孩在陌生的城市上班,也会有安全方面的隐患。"

远程实习是多数大学生的绝佳选择,因为工作时间、地点自由,大学生在增加实习经验的同时还能赚点零花钱。小王现在就在做一份远程实习工作,负责运营一个新浪微博动漫账号。小王是通过学校内部论坛找到这份实习工作的,她觉得相比于社会上的求职网站,校内的平台更可靠。打开求职网站,可以看到多种多样的远程实习工作信息。小王所做的线上运营类工作,无疑是适用人群最广、门槛最低的远程实习工作。一般来说,线上运营类工作对学历和专业的要求不高,但要求从业者有一定的文字功底和排版技能,还要有一定的热点捕捉能力。当然,这对大学生来说并不是难事。至于薪酬,不同公司的计算方法有所不同。校园推广、海报设计、美工、淘宝客服、线上HR、翻译等很多远程实习工作等待"解锁"。只要愿意寻找,相信每个人都能找到适合自己的远程实习工作。

(资料来源:"远程实习"了解一下? 青年参考,2019年10月18日)

2. 领悟实习的意义

实习对大学生意义重大,主要体现在以下几方面。

（1）提高大学生的职业素养。

许多大学生对自己未来要从事的工作没有系统的认识，也没有树立正确的职业价值观。通过参加实习，大学生可以充分认识自身的能力水平与岗位需求之间的差距，找准自我定位，树立正确的择业观，培养爱岗敬业、奉献社会的职业素养。

（2）增强大学生的实践能力。

"一说就会，一做就废"的现象在大学生中较常见。部分大学生在掌握一定的理论知识后，极少有机会将其运用于实践，导致理论和实践严重脱节。在实习过程中，大学生可以亲自动手操作，在真实或仿真情境下反复锻炼技能，不断增强实践能力。

（3）丰富大学生的人生阅历。

对于大部分大学生来说，步入社会的第一步就是找到一份工作。然而在求职的路上，很多大学生因为没有工作经验、缺乏社会阅历而与心仪的工作失之交臂。工作经验和社会阅历是大学生在课堂上学不到的。借助实习，大学生能够开阔视野，丰富人生阅历，为成长成才打下基础，缩短毕业后适应社会的时间。

【案例分享】

走出象牙塔，绽放生命花

实习对于每一个大学生来说都是一次考验，也是一次获得成长的经历。

在实习中获得很多知识和技能

"我觉得在学校和在实习单位，应具备的责任心是不一样的。在学校，只要认真上课、完成作业就行了，但是在实习单位，必须要有很强的责任心。"在青海省西宁市某政府机关实习的小磊说道，"我已经实习一个月了，感觉还不错，虽然每天的工作就是收发文件、写材料，但是就在这看似简单的工作中，我学到了很多东西。"

小李住在城市的西边，他实习的地方却在城市的东边。他每天不到7:00就要起床，简单洗漱一下就赶往公司，然后不停地写稿、改稿……"以前在学校社团，我也负责写材料，自认为写得还不错，但是现在……"小李摇摇头说，"没办法，在学校里学的都是理论，现在是实际工作，还得重新开始。不过在实习中，我收获了弥足珍贵的写作经验。"

在实习中寻找人生的快乐

"我在实习中遇到的最大困难就是不能完成领导所布置的任务，有的是真的不会做，有的是因为马虎而做错了。做错了还可以改正，如果不会做又找不到可以请教的人，那种痛苦真是难以诉说。但是在实习中可以获得很多快乐。"青海建筑职业技术学院的小姚说道。对于实习，每个大学生都有自己的看法。据了解，大学生初次选择工作时，主要考虑父母的期望、个人的兴趣、所学专业和社会对人才的需求。在某律师事务所实习的小金说："我觉得还是个人兴趣比较重要，毕竟未来的道路还是要自己走下去，如果完全顺从父母或者盲目随大流而选择自己不喜欢的工作，以后的生活就会很枯燥。当然，如果父母的想法和自己的想法一致，那就再好不过了。"

早起的鸟儿有虫吃

据悉，许多高校在大学生即将毕业之前，都会要求他们实习。但有些大学生认为实习时间过早，自身的基础知识不扎实，如果专业不对口，可能会影响实习效果。来自青海师范大学的小田说："早起的鸟儿有虫吃。大二时，很多同学在寒暑假期间做兼职，他们说这样可以获得更多的工作经验。由此可见,还没毕业就开始实习其实并不早。"

通过一段时间的实习,小田学到了很多东西,特别是学会了怎样和同事相处。"我发现在大学学到的理论知识并不会全都在工作中得到运用,工作中更重要的是工作能力而不是理论知识。所以在实习期间,即便专业不对口,也可以从中学到很多知识,有利于未来的职业选择。"小田说。

实习已成为大学生从校园走向工作岗位的必经之路。在实习过程中,大学生不仅能收获工作经验、完善未来规划、增强竞争优势,还能为以后的人生道路夯实基础。

(资料来源:走出象牙塔,绽放生命花——大学生实习面面观.青海新闻网,2014年3月18日)

3. 获取实习信息

可以通过以下渠道获取实习信息:

(1) 学校公示栏。

学校附近的用人单位通常会把实习岗位招聘信息以纸质文稿的形式张贴在学校公示栏中。希望在学校附近实习的大学生可从学校公示栏中获取实习信息,从中筛选出合适的实习岗位。

(2) 各地人力资源和社会保障部门。

各地人力资源和社会保障部门每年都会出台相应的政策,支持大学生进行实习。这些部门提供的实习单位不仅类别丰富,而且相对正规。

(3) 用人单位官网。

一般来说,用人单位会在其官网上发布实习工作招聘信息。有意向的大学生可以多留意用人单位的官网,从中寻找适合自己的实习单位。

【小贴士】

为防止被骗,大学生在找实习单位时,应特别注意以下事项:

1. 从可靠渠道获取实习信息。

2. 通过多种渠道了解用人单位的背景。

3. 认真确认面试地点。

4. 谨慎签订实习协议。实习协议中应当写明实习薪资、实习期限、终止协议的相关条款。如果用人单位违约或拖欠工资,大学生就可以将实习协议作为证据提起劳动仲裁,以维护自身的合法权益。

5. 拒缴用人单位以任何名义收取的费用。

6. 求职前了解相关劳动法律法规。

4. 选择实习岗位

选择实习岗位时,应注意以下事项:

(1) 了解岗位要求。

在进行岗位选择前,需要详细了解岗位的具体要求,包括岗位所需要的技能、资格、工作内容、工作环境和文化、培训与发展、绩效评估标准、职业发展路径等。这有助于明确自己是否适合该岗位,并准备相应的知识和技能。

(2) 考虑个人兴趣和职业目标。

个人兴趣是驱动选定职业方向的内在动力,尽量选择与自己专业匹配或者自己感兴趣的岗位,将个人兴趣融入职业规划,这样不仅可以学以致用,还可以挖掘自身蕴藏的潜力,为将来就业打好基础。设定职业目标，这样才能及时抓住机遇。

（3）摆正心态。

保持积极的态度可以帮助自己更好地应对压力，相信自己的能力。还需要保持良好的心态，客观地分析自己的性格、专业知识、沟通技能、思维能力等，然后结合实习岗位的具体情况，判断在该岗位实习能否提升自己的某些能力，进而选择适合自己的实习岗位，这也有利于建立良好的人际关系。

【小贴士】

（1）一般而言，成熟型企业有完备的管理流程和鲜明的企业文化，大学生在这种企业实习有助于提升自己的职业素养；发展中的中小型企业在管理方面不够成熟，但是大学生在这种企业实习能够全面提升自己的职业能力。

（2）对于实习薪资，大学生应做到具体情况具体分析。如果实习机会难得，可考虑少要或不要薪资。

5. 做好实习工作

大学生在实习初期、中期和结束时，都应做好相应的工作。

（1）实习初期。

熟悉环境，不做局外人。进入实习单位后，应尽快熟悉环境，了解实习单位的有关规章制度、人事结构，以及岗位配套的各种设施、工具的用法。

熟悉业务专业词汇。对同事提及的业务专业词汇如果不了解，应第一时间请教他人或查阅相关资料，做到心中不留疑问。

多听、多想、多学。凡事多留心，少说多做，同时抓紧时间充实自己，对实习的内容和流程了然于胸。

（2）实习中期。

严于律己。用正式员工的标准要求自己，严格遵守实习单位的规章制度，及时汇报实习进度。

勇于担当。遇到问题先想解决办法再寻求帮助，保质保量按时完成既定的工作，积极主动寻求新任务。

笃行不忘笃学。学会回顾工作、总结经验、反思不足。认真思考实习的重点环节是什么，自己在工作中存在哪些问题，如何改进自己的思维方式和工作方法，如何避免出错，如何更好地应对突发状况等。

【知识拓展】

如何成为优秀的实习生

（1）积极主动，强化工作意识。实习生必须明确自己到实习单位是来学习、实践的，知道自己要做什么、该做什么。要想取得良好的实习效果，实习生就要仔细阅读实习单位的相关资料，明确实习单位的运行机制和人事结构；强化工作意识，工作时全身心投入，不做与工作无关的事情，如聊天、玩手机等；主动向他人请教，主动帮助他人；不迟到，不早退。

（2）脚踏实地，从小事做起。实习生既没有工作经验，又缺少人脉，要获得实习单位的认可，只有认真、主动地工作。如果实习单位不分配任务，实习生就要学会自己找事情做，如主动送文件、寄快递等，力争把每一件小事做好、做到位。

（3）谦虚学习，尊重同事。实习生刚踏入社会，缺乏实际工作经验，办事情、处理问题的能力可能不如其他同事。但实习生只要尊重同事，保持一颗谦虚之心向同事学习，自身的能力一定会得到提高。

（4）勇于创新，善于分析思考。创新是一个民族进步的灵魂，是一个国家兴旺发达的不竭动力。同样，创新也是实习单位永葆生机的源泉。思路决定出路，实习生要善于观察，养成积极思考的好习惯，积极探索新路子、寻找新方法。

（5）勇担责任，保持工作激情。一个对自己的工作有高度责任感的人，会花更多的时间提升自己，也更值得领导信任。实习生无论处在哪个岗位，都要重视自己的工作，对工作满怀热情，做到在其位、尽其责，精益求精，一丝不苟。

（3）实习结束。

开具实习证明。实习生应请实习单位出具一份实习证明并签字盖章，实习证明中应写明实习岗位、实习过程中完成的任务、实习评价等。

编写实习总结。实习生应及时进行实习总结，为今后积累经验素材。

【案例分享】

故事一

学生小A是专科生，大一时消沉懒散，老师百般劝说，他也难以改变，经常缺课睡懒觉，不参与任何比赛活动，成绩也岌岌可危，处于挂科边缘。去年暑期因缘际会，去一家企业实习，估计是受到了磨砺，回来以后和父母说自己要考专升本，要提升学历。开学后再也不睡懒觉了，还时不时找老师寻求指点，有空也积极帮助集体做些事，晚上自己夹本书去上自习。同学们说他变了，好像换了个人。父母说："这是自己以前的孩子吗？"难以置信。

我想，一个人要想改变自己的状态，总需要一次强烈的刺激或特殊的际遇。我一直认为，除非你自己想清楚，不然别人很难说服你。经历，比道理更有说服力。

故事二

一个三本学生小B，在微博分享自己做的PPT，并与图书作者和出版社联系交流，得到作者推荐，获得了在出版集团实习的机会。要知道，这个实习机会以前只对名校学生开放。有很多学生觉得自己很不错，自我感觉良好，但等到求职受挫时，又很郁闷，为什么那些企业都看不到自己这样的人才？

企业都很忙，没有时间透过你邋遢的外表去发现你有一颗想上进、想努力但还没有任何成果的心，要抓住一切机会展示自己。

故事三

学生小C问：学校安排实习了，是去自己喜欢的一家企业，本来觉得挺不错，但是听说和自己处不来的一个室友也要去那里，瞬间就有些不想去这家公司了。

你是去实习，不是去交朋友。每个人都有自己喜欢的人和不喜欢的人，你也一样，你室友会因为不想和你在一起就放弃理想的实习机会吗？人生短暂，干吗盯着那些不喜欢的人呢？未来在公司里，大多数人都是你喜欢的，或者至少是你不讨厌的，但也有一部分人，是你无法喜欢的。这有什么关系呢？你总不能把不喜欢的人都辞退掉吧？喜欢就多沟通多来往，不喜欢就保持正常的职业交往。要学会搁置自己的情绪看问题。

故事四

何帆老师在他的《大局观》一书中提到这样一个分享：你在哪里读书，是综合性大学还是文理学院,是公立学校还是私立学校,从长远看对学生的职场表现并无本质的影响。几乎所有成功的学生都会提到两件对他们来说最为重要的事:

第一,他们在学校或职场里遇到真正关心他们、激励他们的导师。

第二,他们曾经有过至少一段实习经历,并从实习中发现自己的长处和短处,以此为基础找到人生目标。

简单来说,你的第一任师傅或对你影响最大的师傅非常重要,他会影响你的一些学习理念、工作理念。其次,在实践中真实地了解现实工作情况,有助于我们更好地选择某个为之努力的行业。

实习能够帮助我们更好地了解一个行业、一个岗位,很多事情你不去亲自做一做,是很难了解真实情况的。实习不一定能立刻帮你找到最适合自己的岗位,但至少可以帮你排除掉一些你不喜欢、不擅长的岗位。

抓住实习的机会,多出去走一走,看一看,练一练,未来的路才能走得更准、更稳。

(资料来源:大学生实习的故事与困惑.中国大学生就业,2020年1月.有改动)

8.3.2　高校大学生参与实习实训的主要途径

1. 科研院所实习实训

有的高校会组织学生赴合作科研院所开展短期实习,在院所导师、研究生的指导下,聆听院士、学者所作的科普报告、院所介绍,参观实验室,参加会议,协助处理研究所日常工作。特点是时间短,组织难度相对较小,适合低年级大学生,易于较大规模实施。

【拓展阅读】

2019年中国科学院——香港青年实习计划

由香港特别行政区政府和中国科学院联合举办的"中国科学院——香港青年实习计划"始于2018年,2019年是第二届。中国科学院自动化所、计算所、软件所、微生物所、数学院和物理所组建了一支由40名科研人员组成的导师队伍,指导香港大学生参与了人工智能、数学、物理、生命科学等领域的17个课题的研究与实践。

实习过程中,香港大学生深入实验室,开展动手实践,在导师团队的悉心指导下取得了多项成果。例如,有的同学利用多模态磁共振成像数据,完成了不同脑区和全脑尺寸的个体化脑图谱绘制;有的利用深度学习构建了人机对抗的智力游戏;有的在实验中摸索研究方法和手段,寻找新的超导材料等。

香港大学生代表孙沚扬表示,在国家顶级科研机构实习令他受益匪浅,不仅开阔了眼界,还提高了专业技能,自己将认真总结学到的知识和经验,应用到未来的学习与工作中。

中国科学院副秘书长高鸿钧说,当前国家的科技发展已进入新时期,重大创新成果不断涌现,青年人扮演的角色也更加重要。通过在国家最高科学殿堂实习,香港大学生有机会接触前沿科创成果,聆听著名科学家的教导,有助于充实知识储备,激发创新的动力和自信,还能为香港与内地的科技合作搭建桥梁。

(资料来源:"2019年中国科学院——香港青年实习计划"在京结业.新华网,2019年7月.有改动)

2. 企业公司实习实训

为加强大学生实践能力、创新精神和社会责任感的培养,学校通常会组织大学生到企业公司进行短期实习实训,一般为一个月以内,主要是为了深化课堂教学,让学生了解社会、接触生产实际,获取并掌握生产现场相关知识。同时,很多企业会招聘实习岗位,大学生可申请利用假期、周末等空闲时间参与企业实习,锻炼提升自己。

3. 创新创业实训

近年来,国家为支持大学生创新创业出台了一系列政策措施。但大学生在创业过程中最缺乏的不是资金,而是知识和技能,只有具备一定的能力才有可能成功。目前很多高校设立了创新创业实训中心,开设了创新创业课程,以引领、扶持大学生创新创业为核心,通过组织大学生参加创业大赛、项目模拟等方式增强学生的认知和创业意识,培养大学生的创新创业能力。

【案例分享】

钱立权:90 后"设计男"的文艺创业之路

钱立权的创业路是从免费开始的。大一时,他通过为学院、社团设计集体服装发现了商机。尽管这一过程并没有赚到钱,但他得到了大家的认可,开启了自己的"文创"之路。2016 年,钱立权毕业于湖北工业大学,获得艺术学学士学位,同年考取该校艺术设计专业硕士。

在校期间,钱立权带领团队先后获得教育部"第三届中国'互联网+'大学生创新创业大赛银奖"、武汉市"2017 高创之星十强"、国台办"海峡两岸创新创业邀请赛三等奖"等荣誉。他个人已是武汉文化创新产业促进会会员、湖北省收藏家协会会员,以及武汉雅格创意文化传播有限公司、武汉雅格时代科技有限公司、湖北中豪广告有限公司这三家公司的执行董事。

他创办的武汉雅格创意文化传播有限公司是一家涵盖文创产品开发、线上教育网校与线下门店、创意设计三大板块的综合型文化创意公司。公司先后参与了二十余家上市公司、政府开发区的文创产品研发与旅游形象规划设计,并与嘉禾装饰等业内知名设计公司建立对口联系。此外,公司帮助近千名大学生走上工作岗位,还带动身边有创业理想的同学创业。

经过几年发展,钱立权的公司逐渐有了知名度。2017 年 8 月,一家文创产品生产企业慕名而来,想让钱立权团队结合陕北南泥湾红色文化设计一套文创产品。钱立权前后易稿10 多次,还多次前往陕北考察。经过 4 个多月的反复沟通,一套包括摆件、书签、雕塑等在内的 24 件产品最终出炉。

钱立权介绍,他创办的公司不仅兼顾了文创产品设计与销售,还致力于设计类教育培训。前不久,他们开发的一套培训软件,取得了 8 项国家软件著作权。在钱立权看来,21 世纪是一个最好的时代,也是一个最坏的时代。信息过于扁平化对知识提出了更高要求,很多传统行业都将被人工智能取代,这对创业者的技术性、科学性提出了更高要求。"我们创业之前一定要好好地准备。现在的人们只会注意阳光灿烂下的花枝招展,很少会注意狂风暴雨后的残枝碎叶。所以,一定要对一个行业了解三年以上再去创业,不要盲目创业。"他说。

(资料来源:KAB 创业俱乐部.专注成就梦想,90 后"设计男"的文艺创业之路.中青在线,2018 年 5月.有改动)

4. 政府部门、事业单位见习

为促进就业,增强大学生实践能力,各地市政府机关、事业单位通常在暑期、寒假组织大学生见习活动。通过实践学习,大学生能将理论知识在实践中得到验证,培养灵活运用知识的能力,增加社会接触,扩充知识面,为毕业后顺利融入社会打下坚实基础。

【拓展阅读】

2019 年共青团中央全国大学生实习"扬帆计划"

近日,共青团中央印发《关于进一步做好服务大学生就业工作深入开展全国大学生实习"扬帆计划"的通知》(以下简称《通知》)。《通知》提出,按照《中长期青年发展规划(2016—2025)》有关要求,共青团将发挥组织优势和育人功能,整合各级党政机关、企事业单位资源,为大学生提供实习岗位,帮助大学生在实习实践中深入了解国情社情,树立正确就业观,储备就业工作经验,为就业做好积极准备,实现更高质量和更加充分的就业。

据了解,"扬帆计划"分为政务实习、企业实习两部分内容,将分级、分层次组织实施。团中央将协调中央和国家机关、部分大型国有企业、大型知名民营企业,在全国范围内为在校大学生提供实习岗位,同时组织开展中央和国家机关实习工作。各省级团委将协调省直机关和本地企业,为区域内在校大学生提供实习岗位,同时组织开展本地实习工作。"扬帆计划"还将开展职场体验系列活动,组织在校大学生走进大型知名企业,通过访问交流、高管分享、模拟面试等方式感受真实职场生活。

据悉,"扬帆计划"将于每年的 7～8 月集中开展,在校大学生可向所在学校团组织了解情况、报名参加。

(资料来源:共青团中央启动全国大学生实习"扬帆计划".中国青年报,2019 年 4 月.有改动)

5. 海外研修实习实训

有条件的高校与海外合作院校或海外知名企业签订合作项目,定期选拔一定数量的学生到海外进行短期实习实训,一方面了解、学习国外先进知识和技术,另一方面让学生了解海外文化,提升综合素质,增强就业竞争力。

【课后思考】

1. 作为新时代的大学生,你是如何理解低碳生活的?

2. 在日常的学习生活中,你能否真正做到低碳呢?

3. 你是否见过校园中有以下浪费现象? 你是否也曾这样做过?

(1) 洗手间的水龙头滴滴答答地滴水,却无人问津。

(2) 学生宿舍没有人,灯还一直亮着。

(3) 食堂餐桌上还放着没怎么动的餐盘,盘中还有一口未吃的包子。

(4) 打印纸张只用单面便丢弃。

(5) 一次性筷子、餐盒堆积在垃圾箱里。

(6) 笔芯没用完就被丢弃。

4. 勤工助学对大学生个人发展有哪些促进作用?

5. 如何正确认识大学生志愿服务?

6. 新时代大学生应如何积极参与到志愿服务当中去?

7. 新时代大学生实习实训的途径包括哪些? 结合自身实习经历,谈谈实习对自己的帮助。

8. 调查了解你身边参与志愿服务的典范,并举例分析。

项目 9

智慧劳动实践

在数字化与智能化高速发展的时代浪潮下劳动的形态与内涵正在经历前所未有的变革。智慧劳动作为一种融合了现代科技、创新思维与专业技能的新型劳动方式,正逐渐成为推动社会进步和经济发展的关键力量。本项目旨在引导学生深入探索智慧劳动的本质与价值,通过一系列精心设计的实践活动,培养学生的创新精神、实践能力和问题解决能力,使学生能够在未来的社会生活中更好地适应科技发展,成为具有智慧劳动素养的新型劳动者。

智慧劳动实践不仅关注知识与技能的传授,更强调学生在实践过程中的体验与感悟。通过参与实际项目,学生将有机会运用所学知识解决现实问题,从而深刻理解智慧劳动在推动社会可持续发展中的重要作用。本项目将涵盖多个领域,包括但不限于智慧校园建设、无人机技术应用、智慧农业实践等,旨在为学生提供一个全面、多元化的学习平台,激发学生的创造力和探索精神。

在本项目中,我们将详细介绍各个实践项目的具体内容、目标、实施步骤以及评价标准,帮助学生系统地掌握智慧劳动的相关知识和技能。同时,我们也将强调团队合作、沟通交流以及自我反思的重要性,鼓励学生在实践中不断总结经验,提升自我。通过本项目的实施,我们期望学生能够在智慧劳动的实践中成长成才,为实现个人梦想和社会发展目标贡献自己的力量。

认知目标

- 理解智慧劳动概念:学生能够准确阐述智慧劳动的定义、特点及其与传统劳动的区别,了解智慧劳动在现代社会中的重要性和发展趋势。
- 掌握相关技术知识:学生熟悉智慧劳动中涉及的关键技术,如无人机操作、数据分析、智能设备应用等,并能够解释这些技术在不同劳动场景中的具体应用。
- 了解行业应用案例:通过研究智慧校园建设、智慧农业实践等具体案例,学生能够分析智慧劳动如何优化传统劳动流程,提高效率和质量,减少资源浪费和环境污染。

能力目标

- 技术操作能力:学生能够熟练操作智慧劳动相关的设备和工具,如操控无人机进行航拍与物资投递、使用数据分析软件处理和解读数据等。
- 问题解决能力:面对实际劳动中出现的问题,学生能够运用所学知识和技能,提出创新的解决方案,并通过实践验证其有效性。
- 团队协作能力:在项目实施过程中,学生能够与团队成员有效沟通、分工合作,共同完成复杂的智慧劳动任务,培养团队精神和集体荣誉感。

- 自我学习能力:学生具备自主学习新知识、新技术的能力,能够适应智慧劳动领域快速变化的需求,不断更新自己的知识体系和技能储备。

素养目标

- 创新思维素养:鼓励学生在智慧劳动实践中积极思考、勇于创新,培养学生的创新意识和创新能力,使其能够从不同角度审视问题,提出独特的见解和解决方案。
- 实践操作素养:通过实际操作和项目实践,学生能够将理论知识转化为实际操作技能,增强动手能力和实践能力,养成严谨、细致的工作态度。
- 数据素养:学生能够理解数据在智慧劳动中的重要性,掌握数据收集、整理、分析和解读的基本方法,培养从数据中发现问题、解决问题的能力。
- 信息素养:在数字化环境下,学生能够有效地获取、评估和利用信息,运用信息技术支持智慧劳动的开展,提高工作效率和质量。

课程思政

- 社会责任感:通过参与智慧劳动实践,学生深刻认识到自身在推动社会可持续发展中的责任,增强社会责任感和使命感,积极为解决社会问题贡献力量。
- 生态文明意识:结合智慧劳动项目,如智慧绿色校园建设和智慧农业实践,学生能够树立绿色发展理念,理解环境保护的重要性,培养生态文明意识,践行绿色生活方式。
- 劳动价值观:引导学生树立正确的劳动观念,认识到劳动的尊严和价值,尊重不同类型的劳动,培养热爱劳动、勤奋敬业的品质,形成积极向上的劳动态度。
- 团队合作精神:在团队合作中,学生学会相互尊重、相互支持,培养集体主义精神和团队合作意识,理解个人与集体的关系,增强团队凝聚力和向心力。

9.1 "构建智慧绿色校园"——寻找校园最佳垃圾站点

9.1.1 任务综述

在国家大力倡导绿色低碳发展的背景下,校园作为社会的重要组成部分,也肩负着培养学生环保意识和践行绿色理念的责任。《"十四五"规划和 2035 年远景目标纲要》中明确指出,要全面推进生态文明建设,实现可持续发展。教育部发布的《大中小学劳动教育指导纲要(试行)》也强调,劳动教育应注重绿色环保内容,培养学生在劳动实践中树立社会责任感和生态意识。

结合国家政策与教育目标,"构建智慧绿色校园"不仅是实现校园环保目标的重要抓手,更是劳动教育与智慧技术融合的创新实践。通过无人机航拍技术,学生可以对校园垃圾分布状况进行全面观察和分析,深入了解数据采集和科学决策的基本方法。本次任务不仅让学生掌握无人机的基本操作技能,更能引导他们运用科技手段助力校园环境优化,增强对"科技赋能生态文明"的深刻认识。

寻找校园最佳垃圾站点,不仅是一次实践性的劳动教育任务,更是一次生动的思政教育机会。学生通过分析数据和优化布局,体会绿色发展理念的实际意义,并进一步增强环保责任感和团队协作能力。这将帮助学生在智慧劳动实践中,成长为具有创新能力和社会责任感的新时代青年。

9.1.2　任务主要技术指标

在寻找校园最佳垃圾站点的过程中,明确技术指标是保障任务顺利实施的重要基础。技术指标的制定不仅为无人机的操作和数据采集提供了具体的执行标准,还确保了任务成果的科学性和实用性。"构建智慧绿色校园——寻找校园最佳垃圾站点"的任务主要技术指标如表 9-1 所示。

表 9-1　"构建智慧绿色校园——寻找校园最佳垃圾站点"的任务指标

序号	指标类别	技 术 指 标
1	航拍设备	配备高清航拍无人机(分辨率≥1080P,飞行时长≥20 分钟,最长飞行时间≥40 分钟)
2	飞行操作	掌握无人机基本飞行技能,包括起飞、悬停、转向、降落等
3	数据采集	通过航拍完成校园区域全覆盖垃圾分布图像采集,确保图像清晰度和连贯性
4	数据处理	使用影像拼接工具(如 Pix4D)生成校园全景图,并标注垃圾分布点的具体位置
5	分析与优化	结合航拍图数据,设计优化后的垃圾站点分布方案,站点间最大步行距离≤50 米
6	环保指标	计算并评估垃圾站点布局优化后的效果,包括全校垃圾清理效率的提升幅度以及校园垃圾暴露率的降低程度
7	安全与合规	确保飞行区域在学校范围内,不越界、不侵入隐私区域,严格遵守无人机飞行管理法规

9.1.3　任务准备

通过智慧绿色校园建设,能够有效减少环境污染,保护校园的自然环境,为师生提供一个更加健康、舒适的学习和生活环境。请根据您对"构建智慧绿色校园"——寻找校园最佳垃圾站点的看法,在表 9-2 中找到与您想法相符的陈述,并在相应的选项旁打钩(√)表示认同,打叉(×)表示不认同。

表 9-2　绿色校园建设现状自查表

序号	绿色校园建设现状	认同(√) 不认同(×)
1	对校园环境保护和垃圾分类有浓厚兴趣,愿意参与相关活动	
2	发现校园垃圾分布不均或垃圾暴露现象时感到不满,希望改善	
3	对无人机技术或环保数据分析感兴趣,愿意学习相关技能	
4	曾尝试过垃圾分类或环保活动,但对如何更科学有效感到困惑	
5	想通过无人机航拍等科技手段参与到校园环保行动中	
6	觉得现有垃圾站点分布不合理,常见垃圾堆积或清理不及时的问题	
7	希望看到整洁、有序、美丽的校园环境,并愿意为此付出努力	
8	对劳动教育感兴趣,愿意通过智慧劳动学习新技能并解决实际问题	

以上 8 项如果认同 3 项以上,或者有某一项你特别迫切地想改变,请加入"构建智慧绿色校园"——寻找校园最佳垃圾站点行动吧！在任务中,我们将通过实践和智慧劳动相结合,利用无人机航拍技术优化垃圾站点布局,让校园更整洁、更环保、更智慧！

9.1.4　任务目标

本任务旨在引导学生运用无人机航拍技术,探索校园垃圾分布现状,分析数据并优化垃圾站点布局,具体目标包括以下几方面。

(1) 环保意识培养。

增强学生对校园环保的关注,提升垃圾分类与环境保护意识,树立绿色发展理念。

(2) 科技技能学习。

掌握无人机的基础操作技能,包括起飞、飞行、悬停、降落等,熟悉航拍与数据采集的基本流程。

(3) 数据分析能力提升。

学会使用影像拼接工具生成校园全景图,标注垃圾分布点,并通过数据分析提出优化方案。

(4) 垃圾站点布局优化。

在科学数据支撑下,优化垃圾站点位置,使校园垃圾清理效率提升、垃圾暴露率降低,打造整洁有序的绿色校园。

(5) 团队协作能力培养。

通过分组实践,锻炼学生团队合作与沟通能力,在共同劳动中培养责任感和集体意识。

(6) 思政教育融合。

通过智慧劳动实践,深刻理解生态文明建设的重要性,践行社会责任,成长为具有创新能力和环保担当的新时代青年。

9.1.5　任务内容

在"构建智慧绿色校园"——寻找校园最佳垃圾站点任务中,学生将通过理论学习和实践操作,完成以下具体内容。

(1) 任务分工与计划制订。

组建团队:将学生分组,每组负责校园不同区域的垃圾分布调查和站点布局优化工作。

制订计划:明确任务时间表,包括无人机操作培训、航拍数据采集、数据分析和优化方案设计等环节。

(2) 无人机航拍与数据采集。

设备检查与调试:检查无人机设备是否正常,包括电池电量、摄像头清晰度,进行飞控系统的调试。

航拍垃圾分布:使用无人机对校园各区域进行航拍,确保数据的全面性和连贯性,记录垃圾分布的具体位置与面积。

数据存储:将航拍影像和相关数据保存在指定设备中,准备进行后续分析。

(3) 影像拼接与全景图制作。

使用专业工具:采用影像拼接软件(如 Pix4D 或 DroneDeploy),将航拍图像整合为完整的校园全景图。

标注垃圾分布点：在拼接完成的图像中标注每个垃圾分布点的具体位置，并记录其大小和清理难度。

（4）数据分析与垃圾站点布局优化。

分析垃圾分布特点：结合航拍图像和校园实地情况，分析垃圾分布的密集区域和清理盲点。

优化垃圾站点位置：根据学生步行路径、校园人流密度及垃圾清理需求，设计出科学合理的垃圾站点布局方案，确保站点间步行距离不超过 50 米。

（5）实践总结与分享。

成果展示：每组制作一份任务报告，包括航拍图片、全景图、垃圾站点优化方案及相关数据分析结果，向全班分享实践成果。

讨论与改进：通过全班讨论，评估优化方案的可行性，并提出进一步的改进建议。

（6）劳动教育与环保宣传。

实践反思：通过任务实施，引导学生反思自身在环保和劳动教育中的责任与担当。

宣传行动：将任务成果用于校园环保宣传活动，例如设置垃圾分类科普展板，倡导全校师生参与绿色校园建设。

以上任务内容既涵盖了无人机技术的实际应用，又融入了劳动教育与思政教育的目标，帮助学生在智慧劳动实践中学以致用、成长成才。

9.1.6　任务实施

为有效开展"构建智慧绿色校园——寻找校园最佳垃圾站点"的任务，本任务的实施划分为以下紧凑步骤。

第一阶段：任务启动与计划制订

（1）组建团队与任务分工。

学生分组，每组负责一个校园区域，明确角色分工，如无人机操控、数据记录、方案设计等。

（2）制定时间表。

第一周：无人机操作与模拟飞行。

第二周：垃圾分布航拍与数据处理。

第三周：布局优化与成果展示。

第二阶段：无人机航拍与数据采集

（1）飞行训练与设备调试。

学习无人机基础操作，确保安全起飞、悬停、降落及图像拍摄的稳定性。

（2）校园航拍与数据记录。

按区域进行垃圾分布航拍，记录每个垃圾点的位置、类型及数量，确保数据覆盖全面。

第三阶段：数据分析与布局优化

（1）影像拼接与分布图绘制。

使用拼接工具生成完整的校园垃圾分布全景图，并标注垃圾密集点及清理盲区。

（2）优化垃圾站点布局。

根据人流分布及步行便捷性（步行距离≤50 米），设计出合理的垃圾站点分布方案。

第四阶段：成果展示与总结

（3）任务报告与展示。

各组汇报任务过程及优化方案，通过全班讨论完善布局设计。

（4）环保宣传与行动计划。

将成果转化为校园环保教育内容，推动垃圾分类与绿色校园建设实践。

通过以上步骤，学生将掌握无人机航拍及数据分析的基本技能，增强环保意识与劳动实践能力，为智慧绿色校园的建设贡献力量。

9.1.7　注意事项

（1）无人机操作安全。

严格遵守无人机操作规范，检查设备电池电量、螺旋桨状态和飞控系统的稳定性，确保飞行安全。飞行时避免靠近人群和建筑物，防止意外发生。

（2）数据采集规范。

航拍时保证图像清晰、区域覆盖全面，不遗漏重要区域。数据存储后及时备份，避免因设备故障导致数据丢失。

（3）环保意识与责任感。

在任务中注意不随意丢弃废弃物品，保持拍摄区域的整洁，展现作为环保行动者的责任感和榜样作用。

（4）团队合作与分工明确。

小组成员之间应明确职责，加强沟通与协作，确保任务高效完成。在遇到问题时主动寻求指导教师的帮助。

9.1.8　实践作业

1. 任务计划表

任务计划的设计是教育部 1+X 职业技能证书"青少年劳动教育项目开发与实施"项目的考点内容之一，需依据劳动教育、五步十法的要点进行设计。表 9-3 是基于"人员责任矩阵"设计的任务计划表。中、高职学生可以自行设计。

表 9-3　任务计划表（一）

人物	WBS				
	教师 1	教师 2	学生 1	学生 2	任　务　描　述
1 任务管理					
1.1 计划	▲				指导老师对任务进行规划
1.2 监督		▲			辅导员老师对计划实施监督
2 实训条件					
2.1 设备准备	▲		△	△	确保无人机设备状态良好，并提供必要的技术支持
2.2 场地安排		▲	△	△	确认航拍场地的安全性和适用性，划分任务区域

续表

人物	WBS				
	教师1	教师2	学生1	学生2	任 务 描 述
3 安全保障					
3.1 安全培训	▲				向学生提供无人机操作与任务执行的安全培训
3.2 安全检查		▲			确保设备及场地符合安全要求,避免意外发生
4 任务行动					
4.1 航拍操作	○		▲	△	学生1负责操作无人机完成指定区域的垃圾分布航拍
4.2 航拍操作	○		▲	△	学生2记录航拍数据并初步整理垃圾分布特点
4.3 数据处理		○	▲	△	教师2指导使用软件拼接影像,绘制校园全景图
4.5 方案设计		○	▲	△	教师1负责指导学生设计垃圾站点优化布局方案
5 小结					
5.1 检视评价	○		▲	△	检视劳动成效,开展全组讨论与任务成效评价
5.2 任务反思		○	▲	△	教师2组织学生总结任务不足,提出持续改进建议
备注:	负责-▲ 辅助-△ 监督-○				

2. 任务自评表

根据任务内容设计任务的评价指标,形成量表,以便任务实施完成后自评,如表9-4所示。

表9-4 任务自评表(一)

阶段	项 目	描 述	分值	自评分
劳动前	劳动方案、计划	任务方案完整,计划合理且具有可操作性,明确时间节点和责任分工	10	
	劳动准备	调查校园垃圾现状翔实,航拍设备检查完好,区域划分科学合理,任务分工明确,工具准备充分	15	
劳动中	劳动质量	各组成员分工协作,航拍任务高质量完成,无安全事故,能充分利用无人机技术体现创新能力	30	
	劳动效率	按照计划高效完成任务,各环节衔接紧密,团队配合流畅,保证航拍与数据处理的效率	20	
劳动后	总结评价	小组共同检查劳动成效,完成成果展示和任务报告撰写,评价优化方案的合理性与可行性	15	
	任务反思	反思任务执行过程中的不足,提出明确的改进建议,形成实践经验积累	10	
总分			100	

9.2 在学校操场完成"小型物资精准投递比赛"

9.2.1 任务综述

为了增强学生的劳动意识和团队协作精神,同时提升他们运用现代科技开展劳动实践的能力,特组织一次以班级为单位的"小型物资精准投递比赛"。活动由任课教师牵头,劳动委员统筹安排,班委组建参赛小队,每个小队根据任务要求,利用无人机完成物资从起点到指定目标区域的精准投递任务。

本次比赛不仅考验学生对无人机的操作技能,还培养他们在实践中分工协作、团队配合的能力,充分发扬热爱劳动、勇于创新的精神。通过比赛,学生能够体验科技赋能劳动的乐趣,增强对劳动价值的认识,同时锻炼他们的团队意识与集体荣誉感,为智慧劳动实践注入新活力。

9.2.2 任务主要技术指标

在"小型物资精准投递比赛"中,任务的顺利实施需要明确技术指标,以确保团队协作的高效性和比赛目标的精准完成。表 9-5 为任务主要技术指标。

表 9-5 "小型物资精准投递比赛"的任务主要技术指标

序号	指标类别	技 术 指 标
1	无人机设备	配备可载物的无人机,具备飞行稳定性,载重能力≥0.5kg,续航时间≥15分钟,操作简便
2	飞行操作	掌握无人机精准飞行技能,包括起飞、悬停、转向、物资释放和降落,误差≤50cm
3	团队协作	团队分工明确,各岗位(如操控、物资固定、目标引导)高效配合,流程化作业完成任务
4	物资固定与释放	物资在运输过程中固定牢靠,释放时动作流畅,确保物资精准投递至指定区域核心范围内
5	效率与精准度	每组完成投递任务所用时间≤5分钟,物资投递落点精准至目标核心区得满分,其余得分按偏差递减
6	安全与合规	比赛全程确保飞行区域安全,避免飞行器失控,严格遵守校园活动安全规范与无人机使用规定

通过这些技术指标的设定,不仅保障了比赛的公平性和安全性,也进一步引导学生在任务中培养团队协作能力、技术应用能力和责任意识。

9.2.3 任务准备

"小型物资精准投递比赛"是一个结合现代科技与劳动教育的绝佳机会,旨在培养学生的实际操作能力和团队协作精神。请根据您对"小型物资精准投递比赛"的看法,在表 9-6 中找到与您想法相符的陈述,并在相应的选项旁打钩(√)表示认同,打叉(×)表示不认同。

表 9-6　参加集体劳动现状自查表

序号	参加集体劳动现状	认同(√) 不认同(×)
1	对无人机操作和物资投递有浓厚兴趣,愿意参与相关活动	
2	发现在物资投递训练中存在的问题,并希望加以改善	
3	对无人机技术感兴趣,愿意学习相关飞行和操控技能	
4	曾尝试过无人机操作或物资投递,但对如何提高效率和精准度感到困惑	
5	想通过实际比赛参与到无人机操作实践中,提升操作技能	
6	认为现有训练方法不够科学或效率不高,希望探索更有效的方法	
7	希望在比赛中展现出团队协作精神,并为此付出努力	
8	对科技赋能劳动感兴趣,愿意通过智慧劳动学习新技能并解决实际问题	

以上 8 项如果认同 3 项以上,或者有某一项你特别迫切地想改变,请开始在学校操场完成"小型物资精准投递比赛"吧!

9.2.4　任务目标

(1)劳动技能培养。

学生能够熟练操作无人机,完成物资从起点到指定目标区域的精准投递任务。

增强学生对劳动价值的认识,提升劳动技能,激发劳动热情。

(2)科技技能学习。

学生掌握无人机操作的基本技能,包括起飞、悬停、转向、物资释放和降落。

学生熟悉无人机航拍与数据采集的基本流程,提升科技应用能力。

(3)团队协作能力提升。

学生在团队中明确分工,高效配合,共同完成物资投递任务。

通过团队合作,培养学生的沟通协调能力和集体荣誉感。

(4)效率与精准度提升。

学生能够在规定时间内(≤5 分钟)完成物资投递任务,提高操作效率。

学生能够精准控制物资投递落点,提升精准度,优化操作技巧。

(5)安全意识与规范遵守。

学生在操作无人机过程中,严格遵守安全规范,确保飞行区域安全。

学生了解并遵守校园活动安全规范与无人机使用规定,预防事故发生。

(6)思政教育融合。

通过劳动实践,让学生深刻理解劳动的重要性,培养创新精神和环保意识。

学生在实践中践行社会责任,成长为具有环保担当的新时代青年。

9.2.5　任务内容

(1)任务分工与计划制订。

组建团队:将学生分组,每组负责不同的物资投递任务,包括起点、目标区域的设定和物资的准备。

制订计划:制定任务时间表,包括无人机操作培训、物资投递演练、效率与精准度评估等环节。

（2）无人机操作与物资投递。

设备检查与调试：检查无人机设备是否正常，包括电池电量、摄像头清晰度，进行飞控系统的调试。

物资投递演练：使用无人机进行物资投递演练，确保操作的稳定性和物资的安全性，记录每次投递的效率和精准度。

数据记录：将每次投递的结果（包括时间、落点位置等）保存在指定设备中，准备进行后续分析。

（3）效率与精准度分析。

使用专业工具：采用数据分析软件，对投递结果进行统计和分析，找出操作中的不足之处。

优化投递策略：根据分析结果，调整无人机操作技巧和团队协作流程，以提高投递效率和精准度。

（4）实践总结与分享。

成果展示：每组制作一份任务报告，包括演练视频、投递数据、优化策略及相关分析结果，向全班分享实践经验。

讨论与改进：通过全班讨论，评估投递策略的可行性，并提出进一步的改进建议。

（5）劳动教育与环保宣传。

实践反思：通过任务实施，引导学生反思自身在团队合作和劳动实践中的责任与担当。

团队协作宣传：将任务成果用于校园团队精神宣传活动，例如设置团队合作案例展板，倡导全校师生参与智慧劳动实践。

9.2.6　任务实施

为有效开展"小型物资精准投递比赛"的任务，本任务的实施划分为以下几个阶段。

第一阶段：任务启动与计划制订

（1）组建团队与任务分工。

学生分组，每组负责一个特定的投递区域，明确角色分工，如无人机操控手、物资管理员、目标区域协调员等。

明确团队各成员的职责，确保每个成员都了解自己的任务和期望成果。

（2）制定时间表。

第一周：无人机操作基础培训与模拟飞行练习。

第二周：实际物资投递演练与飞行技巧提升。

第三周：效率与精准度评估、优化策略制定及成果展示。

第二阶段：无人机操作与物资投递

（1）飞行训练与设备调试。

学习无人机基础操作，确保安全起飞、悬停、降落及物资释放的稳定性。

调试无人机设备，确保载重、续航和操作简便性满足比赛要求。

（2）物资投递与数据记录。

按计划进行物资投递，记录每次投递的时间、落点位置、物资状态等数据，确保数据覆盖全面。

第三阶段：数据分析与投递优化

（1）投递数据分析与反馈。

使用数据分析工具，对投递结果进行统计和分析，找出操作中的不足之处。

根据分析结果，调整无人机操作技巧和团队协作流程，以提高投递效率和精准度。

（2）优化投递策略。

根据团队讨论和数据分析结果，优化物资投递策略，提高团队的整体表现。

第四阶段：成果展示与总结

（1）任务报告与展示。

各组汇报任务过程、投递数据、优化策略及相关分析结果，通过全班讨论完善投递策略。

（2）团队协作与劳动教育宣传。

将比赛成果转化为校园团队协作与劳动教育的案例，推动智慧劳动实践。

通过比赛展示学生的团队精神和劳动技能，激励更多学生参与到智慧劳动实践中。

通过以上步骤，学生将掌握无人机操作及物资精准投递的基本技能，增强团队协作意识与劳动实践能力，为智慧劳动实践的推广贡献力量。这一系列活动不仅能够提升学生的个人技能，还能增强团队合作意识，为未来的社会生活和职业发展打下坚实的基础。

9.2.7　注意事项

（1）无人机操作安全。

遵守操作规范：在操作无人机前，务必检查电池电量、螺旋桨的完整性和飞控系统的稳定性，确保飞行安全。

保持安全距离：飞行时应避免靠近操场上的人群和障碍物，以防发生意外碰撞。

（2）数据采集规范。

确保投递数据准确记录：在进行物资投递时，保证记录的数据准确无误，包括投递时间、落点位置等关键信息。

及时备份数据：飞行结束后，应立即对采集的数据进行存储和备份，以防设备故障导致数据丢失。

（3）环保意识与责任感。

维护操场整洁：在比赛过程中，注意不随意丢弃任何物品，保持操场的清洁，体现环保意识。

展现环保行动者的榜样：作为学生，应展现出对环境保护的责任感，为校园环保作出积极示范。

（4）团队合作与分工明确。

明确团队成员职责：每个团队成员都应清楚自己的任务和责任，确保团队协作顺畅，任务得以高效完成。

沟通与协作：团队成员之间应加强沟通，协同工作，遇到问题时共同寻找解决方案。

寻求指导：在遇到技术或操作上的难题时，应及时向指导教师寻求帮助，确保问题得到及时解决。

9.2.8 实践作业

1. 任务计划表

任务计划的设计是教育部1+X职业技能证书"青少年劳动教育项目开发与实施"项目的考点内容之一,要依据劳动教育中五步十法的要点进行设计。表9-7是基于"人员责任矩阵"设计的任务计划表。

表 9-7 任务计划表(二)

人物	WBS				
	教师 1	教师 2	学生 1	学生 2	任 务 描 述
1任务管理					
1.1 计划	▲				指导老师对任务进行规划
1.2 监督		▲			辅导员老师对计划实施监督
2实训条件					
2.1 准备无人机设备	▲		△	△	准备无人机及物资,确保设备完好
2.2 布置操场		▲	△	△	布置操场,划定安全区域
3安全保障					
3.1 安全教育	▲				对学生进行无人机操作安全教育
3.2 现场监督		▲			监督现场安全,防止意外发生
4任务行动					
4.1 飞行操作	○		▲	△	学生操作无人机进行物资投递
4.2 物资管理	○		▲	△	学生负责物资的装载和卸载
4.3 数据记录		○	▲	△	记录飞行数据和物资投递结果
4.4 应急处理		○	▲	△	处理飞行中可能出现的紧急情况
5小结					
5.1 检视评价	○		▲	△	检视劳动成效,开展评价
5.2 任务反思		○	▲	△	反思任务不足,持续改进
备注:	负责-▲ 辅助-△ 监督-○				

2. 任务自评表

根据任务内容设计任务的评价指标,形成量表,以便任务实施完成后自评,如表9-8所示。

表 9-8 任务自评表(二)

阶段	项 目	描 述	分值	自评分
劳动前	劳动方案、计划	任务方案完整,计划合理且具有可操作性,明确时间节点和责任分工	10	
	劳动准备	无人机设备检查完好,操场区域划分科学合理,任务分工明确,物资准备充分	15	

续表

阶段	项　　目	描　　述	分值	自评分
劳动中	劳动质量	各组成员分工协作,无人机操作精准,物资投递任务高质量完成,无安全事故,体现创新能力	30	
	劳动效率	按照计划高效完成任务,各环节衔接紧密,团队配合流畅,保证物资投递的效率	20	
劳动后	总结评价	小组共同检查劳动成效,完成成果展示和任务报告撰写,评价优化方案的合理性与可行性	15	
	任务反思	反思任务执行过程中的不足,提出明确的改进建议,形成实践经验积累	10	
总分			100	

9.3　智慧农业——利用无人机喷洒农药

9.3.1　任务综述

在当前全球气候变化和可持续发展的大背景下,智慧农业作为国家战略性新兴产业的重要组成部分,正受到越来越多的关注。《"十四五"规划和2035年远景目标纲要》中强调了全面推进生态文明建设和实现可持续发展的重要性,而教育部发布的《大中小学劳动教育指导纲要(试行)》也提出了劳动教育应注重绿色环保内容,培养学生的社会责任感和生态意识。

结合国家政策与教育目标,智慧农业,特别是利用无人机喷洒农药的技术,不仅是劳动教育与智慧技术融合的创新实践,更是实现农业现代化的重要手段。通过无人机技术,学生可以深入了解精准农业的基本方法,包括农药喷洒的精准控制、农田数据的采集与分析等,从而增强对"科技赋能农业生态"的深刻认识。

利用无人机喷洒农药,不仅是一项实践性的劳动教育任务,更是一次生动的思政教育机会。学生通过操作无人机进行农药喷洒,体会现代农业技术的实际应用,增强环保责任感和团队协作能力。这将帮助学生在智慧劳动实践中,成长为具有创新能力和社会责任感的新时代青年,为实现绿色低碳发展贡献力量。

9.3.2　任务主要技术指标

在推进智慧农业的过程中,特别是在利用无人机喷洒农药的实践中,明确技术指标是确保任务顺利进行的关键。技术指标的制定不仅为无人机的作业提供了明确的执行标准,还保障了作业结果的科学性和实效性。"智慧农业"——利用无人机喷洒农药任务的主要技术指标,为精准农业实践提供了具体的操作指南和评价体系。"智慧农业——利用无人机喷洒农药"任务的主要技术指标如表9-9所示。

表 9-9 "智慧农业——利用无人机喷洒农药"的任务指标

序号	指标类别	技 术 指 标
1	无人机设备	配备专业喷洒无人机(载药量≥10L,续航时间≥15分钟,喷洒精度高)
2	飞行操作	掌握无人机喷洒农药的基本飞行技能,包括起飞、悬停、转向、降落等
3	农药喷洒	通过无人机完成农田区域全覆盖农药喷洒,确保喷洒均匀且无重喷漏喷
4	数据采集	利用无人机搭载的多光谱传感器等设备,采集农田作物生长状况和病虫害情况的数据
5	处方图生成	使用 GIS 软件和图像处理技术,根据农田数据生成精准施药处方图
6	分析与优化	结合施药处方图和农田管理目标,优化农药喷洒方案,提高农药利用率,减少环境污染
7	环保指标	计算并评估农药喷洒对环境的影响,包括农药减量使用的效果和农田生态系统健康度的提升

9.3.3 任务准备

通过智慧农业技术的应用,能够有效提升农药使用效率,减少农业面源污染,推动农业可持续发展。请根据对"智慧农业——无人机喷洒农药技术实践"的理解,在表 9-10 中找到与您观点相符的陈述,并在相应的选项旁打钩(√)表示认同,打叉(×)表示不认同。

表 9-10 智慧农业现状自查表

序号	智慧农业现状	认同(√) 不认同(×)
1	对农业现代化和精准施药技术有浓厚兴趣,愿意参与相关活动	
2	发现农田农药使用不均或农药滥用现象时感到不满,希望改善	
3	对无人机技术或精准农业数据分析感兴趣,愿意学习相关技能	
4	曾尝试过传统农药喷洒或农业活动,但对如何更科学有效感到困惑	
5	想通过无人机喷洒等科技手段参与到现代农业实践中	
6	觉得现有农药喷洒方法效率低下,常见农药浪费或环境污染问题	
7	希望看到高效、环保、智能化的农业生产环境,并愿意为此付出努力	
8	对科技农业感兴趣,愿意通过智慧农业学习新技能并解决实际问题	

以上 8 项如果认同 3 项以上,或者有某一项你特别迫切地想改变,请加入"智慧农业"——利用无人机喷洒农药行动吧!在任务中,我们将通过实践和智慧农业相结合,利用无人机精准喷洒技术优化农药使用,让农田更高效、更环保、更智慧!

9.3.4 任务目标

本任务旨在引导学生运用无人机技术,探索农业种植中的精准施药问题,分析数据并优化农药喷洒方案,具体目标包括以下几方面。

(1)环保意识培养。

增强学生对农业可持续发展的关注,提升精准施药与环境保护意识,树立绿色农业发展理念。

（2）科技技能学习。

掌握无人机的基础操作技能，包括起飞、飞行、悬停、降落等，熟悉农药喷洒与数据采集的基本流程。

（3）数据分析能力提升。

学会使用农田数据分析工具，生成农田状况图，标注作物病虫害分布点，并通过数据分析提出优化喷洒方案。

（4）农药喷洒方案优化。

在科学数据支撑下，优化农药喷洒方案，提高农药使用效率、减少农药浪费，打造高效环保的现代农业。

（5）团队协作能力培养。

通过分组实践，锻炼学生团队合作与沟通能力，在共同劳动中培养责任感和集体意识。

（6）思政教育融合。

通过智慧农业实践，让学生深刻理解农业现代化的重要性，践行社会责任，成长为具有创新能力和环保担当的新时代青年。

9.3.5　任务内容

在"智慧农业——利用无人机喷洒农药"的任务中，学生将通过理论学习和实践操作完成以下具体内容。

（1）任务分工与计划制订。

组建团队：将学生分组，每组负责不同农田区域的农药喷洒任务。

制订计划：明确任务时间表，包括无人机操作培训、喷洒作业规划、数据采集和效果评估等环节。

（2）无人机操作与农药喷洒。

设备检查与调试：检查无人机设备是否正常，包括电池电量、喷洒系统和飞控系统的检查与调试。

农药喷洒：使用无人机对指定农田区域进行农药喷洒，确保喷洒的均匀性和覆盖面。

（3）数据采集与分析。

数据存储：将喷洒作业的数据保存在指定设备中，准备进行后续分析。

数据分析与喷洒优化：分析农田作物病虫害分布和农药喷洒效果，优化喷洒方案，提高农药利用率。

（4）实践总结与分享。

成果展示：每组制作一份任务报告，包括喷洒作业记录、农田状况分析和喷洒优化方案，向全班分享实践成果。

讨论与改进：通过全班讨论，评估喷洒方案的可行性，并提出进一步的改进建议。

（5）劳动教育与环保宣传。

实践反思：通过任务实施，引导学生反思自身在农业可持续发展和环境保护中的责任与担当。

宣传行动：将任务成果用于农业环保宣传活动，倡导科学施药和环保农业实践。

以上任务内容涵盖了无人机技术在农业中的应用，同时融入了劳动教育与环保意识的培养,帮助学生在智慧农业实践中提升技能、培养责任感。

9.3.6　任务实施

为有效开展"智慧农业——利用无人机喷洒农药"任务,本任务的实施划分为以下几个阶段。

第一阶段:任务启动与计划制订

组建团队与任务分工:学生分组,每组负责一块农田区域,明确角色分工,如无人机操控、农药配比、数据记录等。

制定时间表:第一周进行无人机操作培训与模拟喷洒;第二周执行农田航拍与农药喷洒;第三周进行数据分析与喷洒效果评估。

第二阶段:无人机操作与农药喷洒

飞行训练与设备调试:学习无人机基础操作,确保安全起飞、悬停、降落及精准喷洒。

农药喷洒与数据记录:按区域进行农药喷洒,记录喷洒覆盖区域、用药量和作物生长状况。

第三阶段:数据分析与喷洒优化

数据分析与处方图绘制:使用 GIS 软件分析农田数据,绘制农药喷洒处方图。

喷洒方案优化:根据作物生长状况和病虫害分布,优化农药喷洒方案,提高农药利用率。

第四阶段:成果展示与总结

任务报告与展示:各组汇报任务过程及喷洒优化方案,通过讨论完善喷洒策略。

农业环保宣传与实践:将成果转化为农业环保教育内容,推广精准施药与绿色农业实践。

通过以上步骤,学生将掌握无人机喷洒农药的基本技能,增强环保意识与农业实践能力,为智慧农业的发展贡献力量。

9.3.7　注意事项

(1) 无人机操作安全。

遵守操作规范:严格遵守无人机操作规范,检查设备电池电量、螺旋桨状态和飞控系统的稳定性,确保飞行安全。

保持安全距离:飞行时避免靠近人群和建筑物,防止意外发生。

(2) 数据采集规范。

确保喷洒数据准确:在喷洒农药时,保证记录的数据准确无误,包括喷洒时间、用药量和覆盖区域。

数据备份:数据存储后及时备份,避免因设备故障导致数据丢失。

(3) 环保意识与责任感。

维护环境整洁:在任务中注意不随意丢弃废弃物品,保持农田的整洁,展现环保责任感。

(4) 团队合作与分工明确。

明确职责与协作:小组成员之间应明确职责,加强沟通与协作,确保任务高效完成。

寻求指导:在遇到技术或操作上的难题时,及时向指导教师寻求帮助。

9.3.8 实践作业

1. 任务计划表

任务计划的设计是教育部 1＋X 职业技能证书"青少年劳动教育项目开发与实施"项目的考点内容之一,要依据劳动教育中五步十法的要点进行设计。表 9-11 是基于"人员责任矩阵"设计的任务计划表。

表 9-11　任务计划表(三)

人物	WBS				
	教师 1	教师 2	学生 1	学生 2	任 务 描 述
1 任务管理					
1.1 计划	▲				指导老师对任务进行规划
1.2 监督		▲			辅导员老师对计划实施监督
2 实训条件					
2.1 设备准备	▲		△	△	确保无人机设备状态良好,并提供必要的技术支持
2.2 场地安排		▲	△	△	确认航拍场地的安全性和适用性,划分任务区域
3 安全保障					
3.1 安全培训	▲				向学生提供无人机操作与任务执行的安全培训
3.2 安全检查		▲			确保设备及场地符合安全要求,避免意外发生
4 任务行动					
4.1 喷洒操作	○		▲	△	学生 1 负责操作无人机完成指定区域的农药喷洒
4.2 数据记录	○		▲	△	学生 2 记录喷洒数据并初步整理农田状况
4.3 数据分析		○	▲	△	教师 2 指导使用软件分析农田数据,优化喷洒方案
4.4 方案设计	○		▲	△	教师 1 负责指导学生设计农药喷洒优化方案
5 小结					
5.1 检视评价	○		▲	△	检视劳动成效,开展全组讨论与任务成效评价
5.2 任务反思		○	▲	△	教师 2 组织学生总结任务不足,提出持续改进建议
备注:	负责-▲　辅助-△　监督-○				

2. 任务自评表

根据任务内容设计任务的评价指标,形成量表,以便任务实施完成后自评,如表 9-12 所示。

表 9-12　任务自评表(三)

阶段	项　　目	描　　　述	分值	自评分
劳动前	劳动方案、计划	任务方案完整,计划合理且具有可操作性,明确时间节点和责任分工	10	
	劳动准备	调查农田农药需求翔实,无人机设备检查完好,区域划分科学合理,任务分工明确,农药准备充分	15	

续表

阶段	项　　目	描　　述	分值	自评分
劳动中	劳动质量	各组成员分工协作,农药喷洒任务高质量完成,无安全事故,能充分利用无人机技术体现创新能力	30	
	劳动效率	按照计划高效完成任务,各环节衔接紧密,团队配合流畅,保证农药喷洒与数据处理的效率	20	
劳动后	总结评价	小组共同检查劳动成效,完成成果展示和任务报告撰写,评价优化方案的合理性与可行性	15	
	任务反思	反思任务执行过程中的不足,提出明确的改进建议,形成实践经验积累	10	
总分			100	

实 践 篇

劳动实践指导手册

实践任务 **1**

"购物"任务单

引言

在日常生活中,购物是一项必不可少的活动。想象一下,新学期即将来临,你站在超市的入口,周围是琳琅满目的商品货架。你需要为自己购置新学期所用物品,你会如何开启这次购物之旅呢?是毫无头绪地闲逛,看到什么拿什么,还是心中早有一份清晰的规划?同时,还要考虑家庭的预算,不能超支。这时,一份精心规划的购物清单就显得尤为重要。它能帮助你有条不紊地挑选商品,避免遗漏,还能让你在众多商品中作出明智的选择,挑选到性价比高且真正需要的东西。在接下来的学习中,让我们一起走进购物的世界,通过模拟购物场景,学会如何制定一份完美的购物清单,成为聪明的购物小能手。

任务技术指标

1. 购物规划:明确购物需求,制定合理预算,避免冲动消费。

2. 时间管理:高效完成购物与整理任务,合理分配时间。

3. 性价比评估标准:包括但不限于商品质量、功能满足度、使用寿命、用户评价、售后服务等。

任务目标

1. 掌握购物规划技巧,减少不必要的开支。

2. 在预算限制内,挑选出性价比最高的商品。

3. 增强理性消费意识,避免冲动购买。

任务内容

任务主题:新学期经济型购物。

任务目的:学习如何在有限的预算内作出明智的购物决策,培养资源管理和预算规划的能力,了解基本的生活用品和学习用具。

预算限制:500元人民币。

任务要求:假设新学期开学,你需要为自己购置住宿所需物品以及学习用具。请你在表实践1-1的基础上列出一份自己的购物清单,并根据市场价写出每件单品的预算。你需要根据清单规划自己的预算,确保不超过500元,根据调研结果作出购买决策,选择性价比最高的商品。购物结束后,根据评价标准反思自己的本次购物行为,和同学分享自己的购物经历,讨论如何在有限的预算内作出最佳选择。

表实践 1-1 "购物"任务物品清单（示例）

项 目	价 格	项 目	价 格
住宿所需物品			
床上三件套		蚊帐	
毛巾		牙刷	
牙膏		洗发水	
沐浴露		衣架	
洗衣液		洗脸盆	
学习用具			
一盒圆珠笔		橡皮	
笔记本		教科书	
尺子		U 盘	
文具盒		胶带	

注意事项

1．信息真实性：确保收集的商品信息真实可靠，避免被虚假宣传误导。

2．售后服务：重视商家的售后服务，确保购买后有良好的售后保障。

3．个人信息安全：在线购物时注意保护个人隐私和支付安全。

任务自评表

在自评时，请根据自己的实际表现进行客观评价，并给出合理的得分，如表实践 1-2 所示（总分 50 分）。同时，你也可以根据评价结果，总结自己的优点和不足，以便在未来的购物任务中做得更好。

表实践 1-2 "购物"任务自评表

评价指标	指 标 内 容	得分(0~10分)
需求分析	是否根据新学期的学习计划和课程要求，详细列出了所需物品清单，并逐一核对，确保无遗漏	
预算控制	是否在给定预算内完成了购物	
性价比	在选择物品时，是否综合考虑了价格、质量、品牌和用户评价等因素，选择了性价比高、质量可靠的物品	
购买渠道	是否通过比较不同购买渠道的价格、服务和售后保障，选择了信誉良好、服务优质的购买渠道进行购买	
实用性	购买的物品是否满足新学期的住宿和学习需求	
总分(50分)		

实践任务2

"疏通下水道"任务单

引言

习近平总书记曾说"一勤天下无难事。必须牢固树立劳动最光荣、劳动最崇高、劳动最伟大、劳动最美丽的观念,让全体人民进一步焕发劳动热情、释放创造潜能,通过劳动创造更加美好的生活。"劳动可以激发出人的潜力,创造价值。

在日常生活和各类设施运行中,下水道的畅通无阻是确保环境卫生与排水系统正常运作的关键。随着时间的推移,由于各种污物、油脂、毛发及其他杂质的积累,下水道系统容易出现堵塞现象,不仅影响排水效率,还可能引发水患、卫生问题以及更严重的结构损害。因此,定期进行下水道疏通维护,清除管道内的淤积物,恢复其原有的流通能力,是维护公共卫生和个人健康的重要措施。本任务单旨在明确疏通下水道作业的具体要求与技术指标,确保作业过程高效、安全、环保。

任务技术指标

1. 疏通效果:实现下水道水流顺畅无阻,无明显积水或缓慢流动现象。

2. 安全性:操作过程中不损坏下水道管道,不造成人员伤害,使用化学品时需佩戴防护手套和口罩。

3. 环保性:优先采用物理方法或环保型疏通剂,减少对环境的影响。

任务准备

1. 工具与材料

疏通器(手动或电动),长柄钳或夹子,橡胶手套,口罩,桶或盆(用于接水),环保型疏通剂(如需),旧毛巾或抹布(用于擦拭),手电筒(用于查看堵塞情况)。

2. 安全准备

确保工作区域干燥,避免滑倒。

关闭相关水源阀门,减少水流。

穿戴好个人防护装备。

3. 信息收集

了解下水道堵塞的具体位置(如厨房水槽、浴室地漏等)。

判断可能的堵塞原因(如食物残渣、毛发、硬物等)。

任务目标

清除下水道内的堵塞物,恢复水流畅通;确保疏通过程中不对管道造成额外损伤。

任务内容

本任务是一项家庭实践任务,任务名称为"家庭维护我在行",需要学生完成疏通下水道任务,请根据表实践 2-1 进行操作,每完成一个步骤,就在相应的"完成标记"栏位打钩。这样的清单有助于你系统地完成整个任务,并且可以作为你完成任务的记录。完成后邀请父母检验你的劳动成果,并根据表实践 2-2 进行自评和家长评价。

表实践 2-1 "疏通下水道"任务清单表

任务名称:家庭维护我在行＿＿＿＿＿＿＿＿＿＿＿＿

学生姓名:＿＿＿＿＿＿＿＿＿＿＿＿＿＿＿＿＿＿＿

日期范围:＿＿＿＿＿＿＿＿＿＿＿＿＿＿＿＿＿＿＿

家长签字:＿＿＿＿＿＿＿＿＿＿＿＿＿＿＿＿＿＿＿

疏通下水道任务清单

序号	任务描述	完成标记
1	准备工具:皮搋子、铁丝、吸尘器、化学疏通剂、电动疏通机、高压清洗机	
2	检查下水道堵塞情况,确定堵塞位置	
3	清理水槽过滤篮,查看下水速度是否恢复正常	
4	使用皮搋子进行物理疏通;如物理疏通无效,使用化学疏通剂	
5	清理疏通过程中产生的废弃物,检查疏通效果,确保水流畅通	

表实践 2-2 "疏通下水道"任务评价表

任务名称:家庭维护我在行＿＿＿＿＿＿＿＿＿＿＿＿

学生姓名:

技能名称	掌握程度(1～10分)	评价点	自我打分	家长打分
疏通下水道	操作规范性	是否按照正确的步骤和方法进行操作		
	疏通效果	下水道是否成功疏通,水流是否恢复畅通		
	安全意识	在操作过程中是否注意个人和他人的安全		
劳动过程感受记录				
父母寄语				
评价说明	家长引导督促孩子按照要求完成相关劳动任务,并根据劳动情况进行评价,总分为 30 分,每一项的评分范围为 1～10 分,请学生和家长根据学生自身表现进行客观的评价			

实践任务 **3**

"插花"任务单

引言

　　插花(图实践 3-1)作为一门融合自然美、色彩学、空间构图与生活哲学的技艺,不仅能够美化环境、提升生活品质,还能培养人的审美能力和创造力。本插花任务旨在通过实践操作,让同学们掌握基本插花技巧,感受花卉之美,同时促进心灵的放松与愉悦。

图实践 3-1　插花

任务技术指标

　　1. 花卉选择与搭配:根据季节、色彩搭配原则及主题需求,选取至少 5 种不同类型的花卉或绿植。

　　2. 构图原则:遵循"高低错落、疏密有致、色彩和谐"的构图原则。

　　3. 技巧运用:熟练掌握平行设计、不对称均衡、三角构图等至少两种插花技巧。

　　4. 保鲜处理:了解并使用花卉保鲜剂或基础保鲜方法,延长插花作品的寿命。

任务目标

　　1. 完成一件符合个人风格且美观的插花作品。

　　2. 掌握并实践至少两种插花技巧,增进对花卉养护知识的了解。

　　3. 提升对花卉色彩与形态搭配的敏感度。

工具与材料清单

　　工具与材料清单如表实践 3-1 所示。

表实践 3-1 "插花"任务工具与材料清单

工具/材料	描 述	数 量
剪刀	锋利,适合修剪花卉枝叶	1 把
丝带或麻绳	用于装饰,增加作品美感	适量
花卉保鲜剂	延长花卉寿命,保持新鲜	1 瓶
花瓶	透明或彩色,根据作品风格选择	1 个
花卉选择	玫瑰、百合、满天星、尤加利叶等	各若干
辅助材料	花艺胶带、铁丝、装饰珠等	适量

注意事项

1. 花卉保鲜:确保花卉新鲜,及时处理枯萎部分,使用保鲜剂延长花期。

2. 尊重自然:尽量选择环保材料,减少浪费,尊重每一种花卉的生命。

任务内容

本活动是让学生体验插花师职业的工作内容,目的是让学生根据插花的不同风格了解插花艺术,培养学生的动手能力和团队合作能力,提高审美能力。

将班级学生分组进行插花创作,每组选择一个家居装饰风格作为主题,如现代简约、田园风、中式古典等。先由教师示范插花技巧,包括花枝的修剪、固定、造型等,然后由每一组学生合作完成一件插花作品并进行展示,最后根据评价表进行自评和教师评价。

任务评价表如表实践 3-2 所示。

表实践 3-2 "插花"任务评价表

任务名称:花艺师体验营

小组成员:_____

插花风格:现代简约/田园风/中式古典_____

评价指标	评价内容	评价等级		
		优秀	良好	一般
专业知识	对插花艺术的理解			
技能掌握	插花技巧准确性			
创意表现	插花设计的独特性			
操作规范	插花步骤的规范性			
参与度	活动的参与程度和积极性			
安全意识	操作过程中的安全意识			
教师评价	教师对学生表现的评价			
评价说明	学生根据自己的表现,老师根据学生的作品在相应的评价等级上打钩进行评价。 优秀:完全符合职业角色的要求,表现出色,技能掌握熟练,创意突出,积极参与,安全和环保意识强。 良好:基本符合职业角色的要求,技能掌握较好,有一定的创意,参与度较高,有一定的安全和环保意识。 一般:部分符合职业角色的要求,技能掌握一般,创意有待提高,参与度一般,安全和环保意识需要加强			

实践任务 **4**

"打救护结"任务单

引言

打救护结(也称"急救结"或"安全结",如图实践 4-1 所示)是一项重要的生存技能,尤其在紧急救援、户外运动、野外探险等场景中,它能快速而有效地固定担架、绳索,确保伤者的安全与稳定运输。掌握这一技能对于提高自救互救能力至关重要。本任务单旨在通过系统的教学与实践,使学生能够熟练掌握打救护结的方法,并能在模拟情境下正确应用。

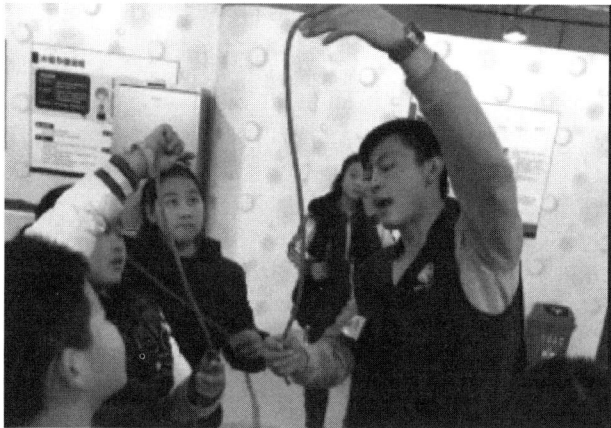

图实践 4-1　打救护结图片

任务技术指标

1. 结型识别:准确识别至少三种常见的救护结(如平结、双套结、八字结)。

2. 打结速度:在限定时间内(如 30 秒内)完成一种指定救护结的打法。

3. 结实程度:打出的结需能承受一定重量(如体重的 1/4),且不易松动。

任务目标

1. 能够理解救护结的应用场景,独立、迅速且准确地打出至少三种救护结。

2. 在模拟救援情境下,能够灵活运用救护结进行担架固定或人员搬运。

任务内容

1. 理论学习:介绍救护结的历史、种类、作用及选择原则。

2. 实操演示:由老师演示平结、双套结、八字结的打法步骤。

3. 模拟应用:设置模拟救援场景,如使用救护结固定担架、连接绳索等。

实践作业

1. 寻找案例

请你寻找有关真实救援事例中救护结应用的案例,写出救护结发挥了什么作用。

_____

_____

_____

_____

_____

_____

2. 模拟运用

模拟场景:一名伤员被困在陡峭的山坡上,需要使用救护结进行绳索固定和搬运。学员需使用普鲁士抓结等救护结进行绳索的固定和连接,确保伤员安全地下降到地面。

团队协作:学员分组进行模拟救援,每组 4~5 人,分别扮演救援人员、伤员等角色。在救援过程中,学员需相互协作,共同完成任务。

总结反馈:任务完成后,分享救援过程中的经验和教训,提出改进建议。

实践任务 **5**

"制作糖葫芦"任务单

引言

俗话说:"美食最能抚慰人心。"老北京街头的糖葫芦成了童年记忆。我们可以通过自己动手制作糖葫芦,在实践中体验劳动的乐趣,感悟劳动的价值,同时也能了解传统手工艺和现代美食制作的魅力。

劳动教育是学生成长过程中不可或缺的一部分,它不仅能培养学生的实践能力,还能增强学生的社会责任感和创新精神。让我们一起开启探索,寻找多样的自己。

任务技术指标

糖浆制作:糖浆要讲究白砂糖与水按一定比例混合,糖浆的稠度要适中,太稀容易滴落,太稠影响口感;注意把控熬制糖浆的火候和时长,糖浆不可有煳味。

裹糖技巧:裹上的糖浆要避免过厚,也避免过薄。

任务目标

1. 熟练掌握糖葫芦的制作流程,提高动手能力和创造力。

2. 尝试不同口味的糖葫芦,如加入其他水果或调整糖浆口味。

任务内容

本任务需要学生完成制作糖葫芦任务,请你根据表实践 5-1 进行操作,每完成一个步骤,就在相应的"完成标记"栏位打钩。这样的清单有助于你系统地完成整个任务,并且可以作为你完成任务的记录。任务完成后通过表实践 5-2 进行自评。

表实践 5-1 "制作糖葫芦"任务清单表

阶段		任 务 描 述	完成标记
准备阶段	材料	大小适中,新鲜美观的山楂(或其他水果)、白砂糖、水、竹签、保鲜膜或纸袋	☐
	清洗	使用湿巾纸轻轻擦拭山楂表面,确保干净无杂质	☐
制作阶段	制作糖浆	将白砂糖与水按 2∶1 的比例混合,大火熬制至糖浆冒泡泡并变得绵密,转小火继续熬制,用筷子测试糖浆是否嘎嘣脆。熬糖时火候要适中,避免糖浆过深或烧焦。糖浆测试需要用筷子蘸取糖浆放入凉水中,若糖浆嘎嘣脆,则说明糖浆熬制完成	☐
	处理山楂	将清洗干净的山楂进行去核处理,并用竹签串好	☐
	裹糖浆	将串好的山楂快速放入熬好的糖浆中,轻轻转动,确保均匀裹上糖浆。裹糖浆时要趁热做,速度要快,避免糖浆冷却后不易裹上	☐

续表

阶段		任 务 描 述	完成标记
等待阶段	晾干	将裹好糖浆的山楂放在通风处自然晾干,直至表面硬化。晾干过程中要避免糖葫芦相互粘连,可以放在通风处或使用筷子固定	☐

表实践 5-2 "糖葫芦制作"任务评价表

指导老师:＿＿＿＿＿＿＿＿＿＿＿＿＿＿＿＿

小组成员:＿＿＿＿＿＿＿＿＿＿＿＿＿＿＿＿

日期:＿＿＿＿＿＿＿＿＿＿＿＿＿＿＿＿

项目	维度	评 价 内 容	组长评价	教师评价
制作糖葫芦	外观	水果串得是否整齐美观,糖浆包裹是否均匀,色泽是否诱人		
	口感	糖浆甜度是否适中,口感是否酥脆或软糯		
	制作过程	水果清洗是否干净,熬糖火候掌握得好不好,操作是否安全规范		
	小组分工	分工是否合理,是否尽量保证每个同学都有安排而工作量又适宜		
	团队合作	成员之间是否有效沟通和协作		
评价说明	"组长评价""教师评价"处是等级评价,请填写 ABCD 四个等级中的一个。 评价等级说明: A:表示优秀,在所有评价项目中表现出色,技能掌握熟练,创意突出,团队协作好,积极参与,安全和环保意识强。 B:表示良好,在大部分评价项目中表现良好,技能掌握较好,有一定的创意,团队协作良好,参与度较高,有一定的安全和环保意识。 C:表示一般,在部分评价项目中表现一般,技能掌握一般,创意和团队协作有待提高,参与度一般,安全和环保意识需要加强。 D:表示需要改进,在多个评价项目中表现不佳,需要在技能、创意、团队协作、参与度、安全和环保意识等方面进行改进。		

实践任务 6

"缝制抱枕"任务单

引言

在快节奏的现代生活中,亲手制作一个温馨舒适的抱枕,不仅能增添居家的温馨氛围,还能享受 DIY 带来的乐趣与成就感。本任务旨在引导你通过缝制抱枕。学习基本的缝纫技巧,提升手工艺能力,并创作出属于自己的个性化抱枕。

任务技术指标

1. 缝合质量:缝线均匀、紧密,无明显跳线、断线现象,针距均匀。

2. 填充饱满度:填充后的抱枕饱满、均匀,无明显凹陷或结块。

任务目标

1. 学会使用缝纫机或手工缝制的基本方法、掌握抱枕缝制的基本工艺流程和技巧,包括裁剪、缝合、填充等环节。

2. 完成一个结构完整、外观美观的个性化抱枕。

注意事项

1. 安全第一:在使用剪刀、缝纫机等工具时,务必小心操作,避免意外伤害。如使用缝纫机,需熟悉其操作方法和安全注意事项,防止手指被针扎伤或卷入机器。

2. 面料选择:根据抱枕的用途和使用环境选择合适的面料。例如,用于客厅装饰的抱枕可选择质感较好、颜色鲜艳的面料;用于卧室的抱枕则可注重选择柔软舒适的材质。同时,要考虑面料的洗涤和保养要求。

任务内容

活动主题:抱枕暖心间,创意手中现。

要求:抱枕作为家居装饰和实用物品,能为生活空间增添温馨与舒适感。本次任务旨在对照表实践 6-1 通过亲手缝制抱枕,提升手工制作技能,发挥创意,制作出独一无二的抱枕作品,满足个人使用或作为礼物赠送他人的需求。

表实践 6-1 "缝制抱枕"任务清单表

实践步骤	活 动 内 容
材料工具准备	1. 面料:准备多种颜色、质地(如棉布、麻质、绒布等)和图案的面料,以满足不同需求。每种面料裁剪成足够制作一个抱枕的大小,并预留一定的裁剪余量。 2. 填充材料:准备优质的聚酯纤维棉,足够填充抱枕。 3. 缝纫工具:准备充足的剪刀(普通剪刀和裁剪布料专用剪刀)、不同型号的手缝针、顶针、拆线器、尺子(直尺、卷尺)、划粉等。 4. 装饰材料:蕾丝边、纽扣、珠子、绣花线、贴布绣、丝带等各种装饰材料,丰富创意选择

实践步骤	活 动 内 容
工艺流程	裁剪面料：使用尺子和剪刀，根据设计尺寸准确裁剪出抱枕的正面和反面两块布料，并预留缝合余量。讲究处理特殊形状和图案的裁剪技巧，同时强调裁剪过程中面料纹理方向和图案对称的重要性
	缝合：用缝纫机或手缝针示范将两块面料正面相对进行缝合的过程，注重如何起针、收针，如何保持针距均匀和缝线紧密，以及在缝合拐角处的特殊处理方法（如剪角、折叠缝合等），展示如何避免跳线、断线等常见问题
	填充：通过预留的填充口，将填充材料逐渐填入抱枕内部。填充时要均匀分布，避免出现局部过于饱满或空虚的情况，可边填充边用手轻轻拍打和调整抱枕形状。根据实际需要，控制填充量，达到预期的饱满度和柔软度后，停止填充，并将填充口缝合关闭，注意缝合的牢固性和美观性
	装饰（可选）：了解一些常见的抱枕装饰方法和技巧，如缝制蕾丝边、添加纽扣、绣花、贴布绣等，根据设计方案，添加装饰元素。可沿着抱枕边缘进行细致的缝合；若使用纽扣或绣花进行装饰，需提前规划好位置，并用针线牢固固定。装饰过程中要注重细节和整体协调性，确保装饰元素能够提升抱枕的美观度和独特性

实践任务 7

"制作木钟"任务单

引言

木钟(图实践 7-1)作为一种兼具实用与艺术价值的物品,能够为家居环境增添独特的韵味。通过亲手制作木钟,不仅可以锻炼我们的手工制作能力、木工技艺,还能在设计与雕琢过程中展现个人创意与审美,体验从原材料到精美成品的转化过程,感受创造的乐趣与成就感。

图实践 7-1　木钟

任务技术指标

1. 木材质量:选用干燥、无明显瑕疵(如虫蛀、裂缝等)的木材,木材硬度适中,保证钟体结构稳定。

2. 时间精度:装配的时钟机芯在 24 小时内的误差范围不超过±X 秒。

3. 表面处理:木钟表面打磨光滑,无明显毛刺、刮痕,涂层均匀,色泽一致,具有一定的光泽度和耐久性。

任务目标

1. 成功打造一个结构稳固、外观精致、走时准确的木钟。

2. 熟练掌握木工基本操作技能,包括切割、打磨、钻孔、榫卯连接等。

3. 学会安装和调试时钟机芯,确保其正常运行。

注意事项

1. 安全防护:在使用电锯、电钻等电动工具时,务必佩戴护目镜、耳塞、手套等防护装备,严格遵守工具的操作规程,防止意外伤害。

2. 木材干燥:确保所使用的木材已经充分干燥,避免因木材含水率过高导致钟体变形、开裂等问题。

3. 测量精准:在木材加工过程中,各个部件的尺寸测量要精确,尤其是涉及榫卯连接等部位,尺寸偏差可能会影响组装效果和钟体结构稳定性。

任务内容

请亲手制作一个木钟,经过设计规划、准备材料工具、加工组装木材、表面处理、调试和装饰等流程操作后填写任务反馈表,如表实践7-1所示。

表实践7-1 "制作木钟"任务反馈表

姓名:＿＿＿＿＿＿＿＿＿＿＿　　　班级:＿＿＿＿＿＿＿＿＿＿＿

1. 请你用铅笔绘制木钟的设计草图,标注各个部件的尺寸、形状及连接方式。

2. 以下组装方式各有什么特点和优势?

榫卯连接:

＿＿＿＿＿＿＿＿＿＿＿＿＿＿＿＿＿＿＿＿＿＿＿＿＿＿＿＿＿＿＿＿＿＿

木工胶与连接件:

＿＿＿＿＿＿＿＿＿＿＿＿＿＿＿＿＿＿＿＿＿＿＿＿＿＿＿＿＿＿＿＿＿＿

3. 你在木材加工时运用了哪些工艺(如切割、造型加工、打磨等)?

＿＿＿＿＿＿＿＿＿＿＿＿＿＿＿＿＿＿＿＿＿＿＿＿＿＿＿＿＿＿＿＿＿＿

4. 请评价一下自己制作的木钟。

木材加工:切割精准度、打磨光滑度、造型加工精细程度如何?

组装质量:榫卯连接是否紧密牢固? 连接件使用是否合理? 钟体结构是否稳定?

表面处理:涂层是否均匀? 表面是否光滑有光泽? 有无流坠、气泡等缺陷?

时间精度:时钟机芯24小时内的误差是否在规定范围内?

创意设计:木钟整体造型是否独特新颖? 表盘设计与装饰是否有创意? 是否与家居风格协调?

＿＿＿＿＿＿＿＿＿＿＿＿＿＿＿＿＿＿＿＿＿＿＿＿＿＿＿＿＿＿＿＿＿＿

＿＿＿＿＿＿＿＿＿＿＿＿＿＿＿＿＿＿＿＿＿＿＿＿＿＿＿＿＿＿＿＿＿＿

＿＿＿＿＿＿＿＿＿＿＿＿＿＿＿＿＿＿＿＿＿＿＿＿＿＿＿＿＿＿＿＿＿＿

＿＿＿＿＿＿＿＿＿＿＿＿＿＿＿＿＿＿＿＿＿＿＿＿＿＿＿＿＿＿＿＿＿＿

实践任务 **8**

"制作树叶标本"任务单

引言

在探索自然与日常生活的创意结合中,制作树叶标本是一项既环保又富有教育意义的活动。如图实践 8-1 所示,树叶标本不仅能让我们留住季节的色彩,感受大自然的魅力,还能作为教学或装饰之用。本任务单旨在引导同学们完成实践活动,培养动手能力、环保意识及创新思维。

图实践 8-1　树叶标本

任务技术指标

1. 标本的干燥处理,这决定了后续的工作。需要使用专业压平工具或自然干燥法。

2. 标本的消毒处理要到位。植物体上往往有虫子或虫卵在其内部,如不消毒到位,后期标本会被虫子蛀食破坏。

任务准备

新鲜树叶;吸水纸;标本夹或厚重书本;透明胶或细线;标签;相框。

任务目标

1. 成功制作至少 3 份不同种类的树叶标本,展示季节变化或地域特色。

2. 增强环保意识,学会资源循环利用;锻炼动手能力和创新思维。

任务内容

同学们需要利用树叶作为主要材料,结合自己家乡的民族特色,设计并制作一幅树叶标本装饰画。让我们开始吧!

任务名称:《家乡风情》装饰画制作。

任务步骤如下。

1. 研究家乡文化:学生首先需要研究自己家乡的民族文化,了解其特色图案、色彩和符号。

2. 收集材料:采集树叶(鼓励采集具有当地特色的树叶),优先选择形态完整、无病虫害、叶片大小适中且具有代表性的树叶。可以采集不同种类、不同形状、不同颜色的树叶,以丰富标本的多样性。例如,可以采集枫叶、银杏叶、梧桐叶等常见树叶,同时留意一些具有特殊形状或纹理的树叶。

3. 树叶整理:将采集回来的树叶放在清水中轻轻漂洗,去除表面的灰尘、泥土和杂质。对于一些附着较紧的污垢,可以用软毛刷轻轻刷洗,但要注意力度,防止损伤树叶。去除有破损、残缺或变形严重的叶片。

4. 压制树叶:将整理好的树叶平整地放在书本内的吸水纸上,注意叶片之间不要相互重叠或遮挡,尽量保持每片树叶都能充分接触吸水纸。对于较大的树叶,可以适当折叠或裁剪,但要确保能够完整展示其主要特征。在树叶上方再覆盖一层吸水纸,以防止树叶与书本直接接触。将书本合上,用绳子或夹子将书本捆绑紧实,确保对树叶施加均匀的压力。可以在书本上放置一些重物,如砖块或哑铃,以增加压力,加速树叶的干燥过程。

5. 干燥、消毒树叶:定期更换吸水纸,在压制过程中,树叶中的水分会逐渐被吸水纸吸收。为了保证干燥效果,需要每隔1至2天更换吸水纸,直到树叶完全干燥为止。更换吸水纸时要小心操作,避免移动树叶的位置。植物体上往往有虫子或虫卵在其内部,如不消毒,则会被虫子蛀食破坏。可以将压干的标本放在消毒室或消毒箱内,也可利用气熏法杀虫。

6. 设计草图:基于家乡民族文化研究,提取传统图案、色彩及符号元素,结合采集树叶的自然形态与纹理特征,通过创意拼贴、分层排列或组合重构的方式设计装饰画布局,注重主次对比与色彩呼应,在保留叶片原生美感的同时,巧妙融入民族图腾纹样、象征性色系等文化符号,并标注叶片加工方式及组合顺序,形成兼具生态意蕴与民族特色的装饰方案。

7. 组合装饰画:将树叶标本和辅助类装饰品组合在一起,形成完整的装饰画,把完成的装饰画装裱在画框或展示板上。

作品含义阐释表

亲爱的同学们,在这次用树叶标本制作体现民族特色的装饰工艺品的劳动教育作业中,大家都发挥了自己的创造力和动手能力,制作出了许多精美的作品。为了更好地分享和交流大家的创作思路与经验,请大家认真填写表实践8-1所示的作品含义阐释表,从创意与设计、材料运用等方面详细介绍自己的作品,让我们共同学习和进步。

表实践 8-1　作品含义阐释表

作品名称:_____

项　　目	阐 释 维 度	内 容 阐 释
民族特色融合度	体现了哪个民族的特色	
	作品中融入了哪些民族特色元素,如民族图案、色彩、符号等	

项　　目	阐　释　维　度	内　容　阐　释
创意与设计	1. 阐述作品的创意来源	
	2. 说明作品如何体现民族特色,包括运用了哪些民族元素	
	3. 描述作品的整体设计思路和各个部分的设计意图	
材料运用	说明选择的树叶有哪些特点,以及对树叶进行了哪些处理	
制作过程	1. 分享在制作过程中遇到的困难及解决方法	
	2. 介绍是否运用了什么特别的工艺,如雕刻、编织等	
作品感悟	谈谈通过这次制作,对劳动教育的理解和体会	

实践任务 9

"饮料瓶多用"任务单

引言

在日常生活中,饮料瓶被大量使用后往往被丢弃,不仅造成了资源的浪费,还对环境产生了压力。然而,饮料瓶具有材质坚固、形状多样等特点,如果能充分发挥创意对其进行改造利用,它们可以变身为各种实用且有趣的物品(图实践 9-1),为生活增添便利与乐趣,同时也有助于践行环保理念,减少废弃物对环境的负面影响。

图实践 9-1 饮料瓶创意制作

任务技术指标

1. 改造后的饮料瓶制品应结构稳固,能够正常承担其设计功能,例如作为容器使用时无渗漏现象,作为支撑结构时能保持稳定。

2. 切割、粘贴、拼接等工艺处理后的边缘应光滑平整,无尖锐边角,避免在使用过程中造成划伤等安全隐患。

任务目标

1. 利用饮料瓶制作出至少三种不同用途的物品,如家居饰品、收纳工具、创意小摆件等,拓展饮料瓶的功能价值。

2. 掌握饮料瓶改造过程中的基本手工技能,包括切割、钻孔、粘贴、彩绘等,提高动手实践能力与创新思维。

3. 通过对饮料瓶的再利用,增强环保意识,养成节约资源、减少浪费的良好习惯,并能激发对废旧物品再创造的兴趣与热情。

注意事项

1. 安全防护：在使用剪刀、美工刀、打孔器等工具时，务必佩戴防护手套，防止手部受伤。使用热熔胶枪时，不要触摸刚出胶的部位，避免烫伤，使用完毕后及时拔掉电源，放在儿童不易接触的地方。

2. 操作规范：切割饮料瓶时，要在平稳的桌面上进行，用力均匀，避免瓶子破裂飞溅。钻孔时要控制好力度和方向，防止瓶子被钻穿或损坏工具。使用颜料、胶水等材料时，要注意通风良好，避免吸入有害气体。

3. 材料选择：尽量选择质量较好、无破损的饮料瓶进行改造。辅助材料要符合环保要求，避免使用有毒有害的材料，尤其是用于与食品接触或放置在室内环境中的饮料瓶制品。

任务内容

本任务需要你对照表实践 9-1 进行操作，每完成一个步骤，就在相应的"完成标记"栏位打钩。这样的清单有助于你系统地完成整个任务，并且可以作为你完成任务的记录。

表实践 9-1 "塑料瓶多用"任务清单表

姓名：＿＿＿＿＿＿＿＿＿＿＿＿＿＿＿＿＿＿＿＿＿＿＿

日期：＿＿＿＿＿＿＿＿＿＿＿＿＿＿＿＿＿＿＿＿＿＿＿

阶　段	任 务 描 述	完成标记
设计规划	根据饮料瓶的形状、大小、颜色以及个人需求和创意灵感，确定要制作的物品类型及具体设计方案。例如，可以将大饮料瓶改造成简易的垃圾桶，并绘制独特的图案；把多个小饮料瓶组合成一个桌面收纳盒；或者利用饮料瓶的瓶颈部分制作悬挂式小花瓶等	□
材料与工具准备	1. 材料：收集各种饮料瓶（如塑料瓶、玻璃瓶），根据设计方案准备辅助材料，如剪刀、美工刀、打孔器、热熔胶枪及胶棒、彩色颜料、画笔、装饰贴纸、布料、绳子、珠子等。 2. 工具：确保工具齐全且能正常使用，如剪刀应保持锋利，打孔器能打出合适大小的孔，热熔胶枪能正常加热出胶等	□
饮料瓶处理	1. 清洁：将收集来的饮料瓶彻底清洗干净，去除瓶内残留的饮料和标签，可用热水浸泡、洗洁精清洗以及小刀刮除等方法，确保瓶子表面干净整洁，以便后续加工与装饰。 2. 切割与塑形：根据设计需求，使用剪刀或美工刀对饮料瓶进行切割。例如，将饮料瓶的上半部分剪掉制作无盖容器，或者将瓶子剪成各种形状的部件用于拼接组合。在切割过程中要注意安全，缓慢而稳定地操作，避免切到手或造成瓶子破裂。对于一些需要弯曲或塑形的部位，可以利用热水浸泡使其变软后再进行操作。 3. 钻孔：若设计中需要在饮料瓶上安装挂钩、穿绳或进行拼接连接等，使用打孔器在相应位置打孔。打孔时要保持打孔器垂直于瓶身，力度均匀，确保打出的孔边缘整齐	□

阶　　段	任 务 描 述	完成标记
组装与装饰	1. 组装：按照设计方案，将切割、打孔后的饮料瓶部件进行组装。如使用热熔胶枪将不同部分粘贴在一起，或用绳子、铁丝等进行捆绑连接。在组装过程中，要确保各个部件连接牢固，位置准确，结构稳定。 2. 装饰：根据个人喜好和创意，对组装好的饮料瓶制品进行装饰。可以使用彩色颜料进行彩绘，绘制各种图案、花纹或文字；贴上装饰贴纸，增加色彩和趣味性；缠绕布料、丝带等材料，营造出不同的质感和风格；还可以添加珠子、亮片等小饰品，提升美观度与精致感	☐
功能测试与完善	1. 对制作完成的饮料瓶多用物品进行功能测试。例如，若是收纳工具，检查其收纳空间是否合理，物品放置是否稳固；若是花瓶，测试其盛水是否渗漏；若是小摆件，观察其摆放是否平稳等。 2. 根据功能测试的结果，对物品存在的不足之处进行完善。如发现有渗漏的地方，重新进行密封处理；若结构不稳定，加强连接部位或调整部件的组合方式等	☐

实践任务 *10*

"制作扇子"任务单

引言

"秋来纨扇合收藏,何事佳人重感伤?请把世情详细看,大都谁不逐炎凉。"唐寅通过题画诗,借秋风中被闲置的纨扇,表达了对世态炎凉的感慨,体现出一种对人生的洞察和无奈。古人通过扇子来寄托自己的感情,让情感有了栖身之地。扇子被赋予了具体的内涵。

在劳动教育中,应该鼓励学生通过动手实践来学习技能、发挥创意,并培养环保意识。本次课程将通过制作扇子,让学生体验创造的乐趣,同时学习资源的再利用和设计思维。

任务技术指标

扇面:纸张或布料材质平整无褶皱、无破损,与扇骨贴合紧密,扇面边缘修剪整齐,与扇骨边缘对齐。

整体结构:扇子开合顺畅,无卡顿现象,扇骨与扇面连接牢固,能承受正常使用时的轻微外力拉扯而不松散。

任务准备

纸张(如宣纸、绢纸)或布料(如丝绸、棉布)、竹片、木片、胶水、剪刀、装饰物(如丝带、贴纸等)、颜料、画笔、书法用具、刺绣针线。

任务目标

1. 培养学生的动手实践能力和耐心细致的品质。

2. 增强学生的环保意识,学会利用废旧物品进行创意制作。

3. 提高学生的审美能力和设计能力。

任务内容

国庆佳节即将到来,我们迎来了一次特别的劳动教育作业。本次任务是按照表实践 10-1 的步骤制作扇子,要求作品主题体现国庆佳节,与国同庆。希望大家通过自己的创意和劳动,表达对祖国的热爱和祝福,同时也锻炼自己的动手能力和创造力。让我们一起用双手为祖国母亲献上一份独特的礼物!

表实践 10-1 "制作扇子"任务清单表

任务阶段	制 作 扇 子
材料准备	扇骨：可选用竹片、木片、金属丝等材料，根据设计需求确定数量和长度。 扇面：准备合适的纸张（如宣纸、绢纸）或布料（如丝绸、棉布），面积需大于扇子展开后的面积，以便裁剪。 连接材料：如胶水、线绳等，用于将扇骨与扇面固定连接。若采用线绳连接，需准备与扇骨颜色相匹配或有装饰性的线绳。 装饰材料：颜料、画笔、书法用具、刺绣针线、珠子、蕾丝等，用于装饰扇面
工具准备	切割工具：如锯子（用于切割扇骨原材料）、剪刀（用于修剪扇面和线绳等）。 测量工具：直尺、卷尺，用于测量扇骨和扇面的尺寸。 钻孔工具（若需要）：如小型手钻，用于在扇骨上打孔以便穿线连接。 绘画与刺绣工具：画笔、颜料、绣花针等
扇骨制作	切割原材料：根据设计的扇骨长度和宽度，使用锯子将竹片或木片切割成合适的形状和尺寸，切割时注意保持边缘整齐。 打磨处理：用砂纸对扇骨表面进行打磨，从粗砂纸到细砂纸逐步打磨，使扇骨表面光滑，无毛刺，手感舒适
扇面准备	裁剪：根据扇骨的大小和形状，使用剪刀将纸张或布料裁剪成略大于扇子展开面积的形状，一般为扇形或长方形（后续折叠成扇形）。如果是纸张扇面，可先将纸张折叠几次，然后按照折痕进行裁剪，以保证边缘整齐。 装饰（可选）：在扇面未与扇骨连接之前，进行装饰设计。使用颜料在扇面上绘制与国庆相关的元素和图案；或者用书法工具书写爱国诗词、名言警句；也可以进行刺绣，绣出表现国泰民安的精美花纹，增添扇子的美观度和艺术感
扇骨与扇面连接组装	胶水粘贴法：将适量胶水均匀涂抹在扇骨的一侧，然后将扇面平整地覆盖在扇骨上，从一端开始，依次将扇骨与扇面紧密贴合，用手轻轻按压，使胶水充分粘牢，去除多余胶水。注意胶水不要涂抹过多，以免渗透到扇面正面，影响美观。 线绳穿连法：使用钻孔工具在扇骨的适当位置（一般靠近顶部和底部）打孔，然后将线绳穿过孔眼，把扇骨与扇面连接起来。可以采用交叉编织或平行穿连等方式，让连接牢固且美观。线绳的长度要适中，结尾处可打个小结或装饰性的结扣
整体修整与完善	修剪边缘：检查扇面与扇骨连接后的边缘，使用剪刀将多余的扇面材料修剪掉，使扇面边缘与扇骨边缘整齐对齐，呈现出精致的外观。 检查与调整：开合扇子，检查其顺畅度和牢固度，如有卡顿或连接不牢固的地方，及时进行调整和修复。例如，若扇骨与扇面粘贴处有缝隙，可补充少量胶水再次按压；若线绳连接过松，可重新收紧线绳

　　接下来请根据表实践 10-2 进行自我评价，在制作的项目下进行勾选，对该项进行评价。每一项评价分值为 1～5 分，总分为 20 分。

表实践 10-2 "制作扇子"作品评价表

评价项目	评 价 维 度	自我评价(1～5分)
主题体现	国庆元素运用得当,主题鲜明突出。绘画、书法、刺绣等技艺运用娴熟,无明显瑕疵	
制作工艺	扇骨尺寸精准,形状符合要求,表面光滑无毛刺,自制扇骨工艺精湛或选购扇骨质量优良	
创意设计	扇子设计独特新颖,具有个人风格	
劳动态度	制作的扇子不仅具有较高的艺术价值和实用性,其制作过程还体现出制作者良好的耐心和细致,以及认真专注、积极投入的态度	
总分		

实践任务 **11**

"制作海报"任务单

引言

在当今数字化时代,计算机制作的海报广泛应用于广告宣传、活动推广、文化传播等众多领域。通过计算机软件的强大功能,我们能够将创意与设计元素巧妙融合,制作出具有视觉冲击力和信息传达力的海报作品,以吸引目标受众的关注并有效传递特定的信息或情感。

任务技术指标

1. 图像分辨率:图像分辨率不低于 300dpi,以确保海报在印刷或高清显示时清晰锐利,无明显锯齿或模糊现象。对于仅用于网络展示的海报,分辨率也不应低于 72dpi。

2. 色彩模式:采用 CMYK 色彩模式以满足印刷需求,确保色彩在印刷过程中的准确性和稳定性;若仅用于网络发布,则可使用 RGB 色彩模式,充分利用其丰富的色彩表现力。

3. 文件格式:根据用途选择合适的文件格式。用于印刷的海报通常保存为 PDF 格式,以保证图像质量和色彩完整性;用于网络展示的海报可保存为 JPEG、PNG 等格式,在保证一定图像质量的同时兼顾文件大小和加载速度。

任务目标

1. 独立完成一张主题明确、创意新颖、布局合理且视觉效果突出的海报设计,有效传达特定的信息或宣传内容,能够吸引目标受众的注意力并激发其兴趣。

2. 熟练掌握至少一种专业的图形设计软件(如 Adobe Photoshop、Illustrator 等)的基本操作技能,包括图像编辑、文字排版、图形绘制、色彩调整、图层管理等,能够运用这些技能实现海报设计的各种创意和效果。

3. 通过对海报设计元素的选择、组合与优化,培养审美能力和设计思维,提升对视觉传达原理的理解和运用能力,使海报在满足信息传达功能的基础上,具有较高的艺术价值和审美水准。

任务内容

任务名称:乐学于此,育见未来——招生宣传海报设计。

任务背景:

在学校招生工作中,宣传海报是吸引潜在学生及其家长关注的重要媒介之一。通过学生亲自参与制作招生宣传海报,不仅能够发挥他们的创意和设计才能,还能让他们更深入地了解学校的特色与优势,增强对学校的归属感和认同感,同时也为学校的招生宣传注入新鲜活力。

任务要求

使用计算机图形设计软件(如 Adobe Photoshop、Illustrator 等)的基本操作,包括图像编辑、文字排版、图形绘制、色彩运用等,独立完成一张高质量的招生宣传海报设计。完成后填写表实践 11-1 所示的作品介绍表。

表实践 11-1 作品介绍表

项　　目	阐　释　维　度		内　容　阐　释
查阅学校资料 (准备工作)	文案资料	特色文化	
		教育资源	
		校园环境	
		校园文化活动	
	图片资料	校园全景、教学楼、图书馆、体育馆设施、校园绿化景观、学生宿舍、食堂等场景的照片	
创意与设计	作品的创意构思、主要设计元素		
	作品整体排版和色彩搭配设计		
作品感悟	在制作过程中遇到的困难及解决方法		
	对制作电子海报的收获		

实践任务 *12*

"和面"任务单

引言

　　劳动教育是全面发展教育体系的重要组成部分,通过实际动手操作,培养学生的实践能力、创造力和责任感。和面是制作面食的基础步骤之一,它直接影响到面食的口感、质地和外观。无论是制作馒头、饺子、面条还是面包,掌握正确的和面技巧都是至关重要的。本次任务将带领学生体验和面,用和好的面制作一份美食,让学生在劳动中感受生活的乐趣,提升综合素质。

图实践 12-1　和面

任务技术指标

1. 酵母要用温水化开,水温不宜过高,否则会杀死酵母菌,影响发酵效果。

2. 和面时水要慢慢加入,根据面粉的吸水性适当调整水量,避免面团过软或过硬。

3. 发酵环境要温暖湿润,可放在有阳光的地方或靠近暖气,但要避免阳光直射。

任务准备

1. 材料准备:面粉(如中筋面粉、高筋面粉等)、水、酵母、牛奶、鸡蛋液等。

2. 工具准备:蒸笼、盆、擀面杖、案板、筷子、勺子等。

任务目标

1. 掌握和面的基本步骤和技巧,能够根据面食类型调整配料比例和和面方法。

2. 增强学生的团队合作意识和责任感,在完成任务的过程中,学会分工合作,共同完成任务。

注意事项

1. 水温控制：夏季使用冷水,冬季使用温水,避免影响酵母活性。
2. 醒发环境：醒发时保持环境温暖、湿润,避免面团表面干燥。

任务内容

本次作业是美食制作——和面,并制作出一份包子(重点在于领悟和面的技术要点),要求前期自行查阅相关资料和视频进行自主学习,按照任务材料准备食材,在学习中领悟中华传统美食的魅力。完成后填写表实践 12-1 所示的任务反馈表,以此来对制作过程进行梳理和总结。

任务材料包括：中筋面粉 500 克；干酵母 5 克(或鲜酵母 15 克)；温水 250 毫升左右(温度约为 35～40℃)；白糖 10 克(用于促进酵母发酵)；馅料(如猪肉馅、牛肉馅、蔬菜馅等,根据个人口味选择)；蒸锅、蒸笼布或蒸纸；面板、擀面杖、刀等厨房工具。

表实践 12-1　和面做包子实践任务反馈表

姓名：_____　　　　班级：_____

一、美食制作任务(和面并制作一份包子)

1. 在查阅资料和视频过程中,了解到的和面关键技术要点有哪些？

调制酵母水：

_____

面团发酵所需要的时间和温度：

_____

2. 实际操作过程中,你遇到了哪些问题？是如何解决的？

问题：

_____

解决办法：

_____

3. 如何根据面食类型选择面粉？

_____

4. 请评价一下自己制作的面食。

面团状态：

_____

醒发效果：

_____

馅料制作：

_____

包子外观：

_____

包子口感：

_____

二、整体总结

你认为这次劳动教育实践任务对你的成长有哪些帮助?

_____

_____

对于今后的劳动教育实践活动,你有什么建议或期望?

_____

_____

实践任务 *13*

"编织网兜"任务单

引言

网兜在我们的生活中有许多实用之处,它可以用来装水果、蔬菜,也可以作为装饰品。编织网兜是一项既传统又实用的手工艺活动,它不仅能够锻炼学生的动手能力、空间想象力,还能增进对材料科学和编织技艺的理解。本次任务旨在通过让学生亲手编织网兜,体验传统工艺的魅力,同时培养耐心、细致的工作态度。通过实践,学生将学会选择合适的材料、掌握基本的编织技巧,并能够设计出具有个人特色的网兜作品。

任务技术指标

网眼大小:基础网眼大小均匀且适中,约为 5~8 厘米,确保所装物品不易掉落。

编织针法:针法紧密、整齐,无明显松散或错乱。

任务准备

材料:棉线/麻绳、剪刀、打火机(用于收尾处理)、装饰品(可选);编织用硬纸板或圆环作为辅助工具(用于保持网兜形状)。

任务目标

1. 学生能够了解网兜编制的基本原理和方法,掌握相关的编织技巧。学会正确使用编织工具,如剪刀、钩针(可选)等。

2. 培养学生在编织过程中解决问题的能力,如应对绳子缠绕、网眼大小不均等问题。

培养学生的耐心和细心,体验手工制作的乐趣,增强对传统手工艺的热爱和传承意识。

注意事项

1. 安全第一:在使用剪刀等工具时,务必小心操作,避免意外伤害。不用时将工具放置在安全位置,严禁手持工具嬉戏打闹。

2. 节约材料:合理估算所需绳子的长度,避免浪费。若绳子有剩余,应妥善保管,以便下次使用。

任务内容

请你为奶奶或者妈妈编织一个用于装菜的网兜,根据表实践 13-1 所示的实施计划表实施,并根据表实践 13-2 进行评价。

表实践 13-1 "编织网兜"任务清单表

任务阶段		具 体 操 作
材料准备		1. 绳子：根据所需网兜的大小，剪取适当长度的绳子若干根。通常，网兜的底部需要较粗的绳子以增加承重能力，而侧面则可以使用较细的绳子以保持轻便。 2. 剪刀、卷尺(用于测量尺寸)
编织阶段	编织底部	将绳子分成若干组(每组绳子数量根据网兜大小决定)，每组绳子在中间打结固定，形成网兜的底部。然后，每组绳子分别向两侧编织，形成网状结构
	编织侧面	在底部的基础上，继续向上编织网兜的侧面。可以采用简单的平结或交叉结等编织方法，确保编织紧密且均匀。控制好网眼的大小和形状，确保网兜的结构稳定
	收尾处理	当编织到所需高度时，进行收口操作，使网兜边缘整齐、牢固，将剩余的绳子打结固定，并修剪整齐。如果需要，可以在网兜的边缘添加装饰物，如彩色珠子、流苏等(可选)，以增加美观度
调整阶段		检查网兜的编织是否紧密、均匀，确保没有松动的绳子或破损的地方。如有需要，进行必要的调整和修复

表实践 13-2 "编织网兜"任务评价表

评价项目	自 评 描 述	自 评 等 级
编织技巧	针法正确、熟练，网眼均匀、大小合适，无明显错误(如绳子缠绕、脱针)	A(优秀)：完全符合标准 B(良好)：有少量错误，但不影响整体效果 C(合格)：存在一些错误，经修改后可达到基本要求 D(待提高)：错误较多，编织技巧有待加强
网兜尺寸	长、宽符合任务要求，偏差在允许范围内	A(优秀)：尺寸精确 B(良好)：偏差较小 C(合格)：偏差在可接受范围内 D(待提高)：尺寸偏差较大
外观设计	整体美观，收口整齐，如有装饰元素则搭配协调	A(优秀)：设计精美，具有创意 B(良好)：外观整洁，装饰合理 C(合格)：外观普通，无明显缺陷 D(待提高)：外观粗糙，需改进设计
学习态度	全程认真专注，主动学习编织知识和技巧，遇到问题积极解决	A(优秀)：学习态度端正，热情高 B(良好)：态度较好，有一定的积极性 C(合格)：学习态度一般，需进一步提高 D(待提高)：学习态度不认真，缺乏主动性

实践任务 **14**

"制作泥条水杯"任务单

引言

陶艺,作为一门古老而富有创意的艺术形式,不仅能够锻炼学生的动手能力,还能激发其创新思维与审美意识。本次任务旨在通过制作泥条水杯(图实践 14-1)的实践,让学生亲手体验陶艺的魅力,学习基本的陶艺成型技巧,同时培养耐心、细致的工作态度。让我们用双手塑造泥土,赋予它新的生命与形态。

图实践 14-1　泥条水杯

任务技术指标

1. 成型技术:掌握泥条盘筑法,确保水杯结构稳固,无明显裂缝或塌陷。

2. 装饰与修整:利用刻划、按压等方法进行简单装饰,使边缘平滑,底部平整。

3. 材料选择:选用无裂痕、无杂质的细腻陶土或专用陶艺泥料。

任务准备

1. 准备适合泥条成型的陶土,可根据需求选择不同质地与颜色的陶土。

2. 准备陶艺制作工具,如切割线、擀泥杖、木制或塑料制的泥条成型工具、修坯刀、海绵等。

任务目标

熟练掌握泥条的制作、盘筑、粘接等手工技巧,能够运用工具对泥条水杯进行修饰与完善。学会判断泥土的干湿程度,掌握陶艺作品在干燥与烧制过程中的基本特性与注意事项。

在制作过程中,引导学生学会分析问题与解决问题,如应对泥条断裂、形状变形等情况。

任务概述

1. 学习泥条盘筑技法,掌握制作泥条水杯的基本方法。

2. 动手实践,独立完成泥条水杯的制作。

3. 对水杯进行修整和打磨,确保其表面光滑平整。根据个人喜好进行装饰,如刻画图案、贴花等。

任务内容

本任务需要学生制作泥条水杯,让学生在手工制作中体验成就感与满足感,增强自信心。请你根据表实践 14-1 进行操作,每完成一个步骤,就在相应的"完成标记"栏位打钩。通过这份任务单,学生能够系统地完成泥条水杯的制作任务,在实践中不断提升自己的陶艺制作技能与艺术素养,享受手工创作带来的乐趣与收获。完成后通过表实践 14-2 进行自评。

表实践 14-1 "制作泥条水杯"任务清单表

阶段	任务描述	完成标记
准备材料	准备适量的黏土、水、毛巾、转盘、刮板、刀具、砂纸等工具	☐
制作泥条	选择质地细腻、无杂质、可塑性好的泥料,将泥料揉捏至柔软适中,排出泥料中的气泡。将泥料搓成粗细均匀的泥条,注意保持泥条的湿度和柔韧性	☐
制作底部	1. 选择适当的泥料制作底部泥片,将泥料擀成厚度均匀的泥片,作为水杯的底部。 2. 根据设计需求,确定底部直径,并用刀具切割出圆形底部。将底部泥片边缘修整平滑,确保与后续泥条盘筑部分紧密衔接	☐
盘筑	从底部开始,将泥条一圈一圈地盘筑上去,每盘一圈都要用手指或工具压实,确保泥条之间紧密无缝隙。 在盘筑过程中要保持水杯形状的匀称和线条的流畅,避免出现歪斜、扭曲等现象。同时,要控制好泥条的干湿程度,防止干裂或变形	☐
修整	1. 在泥条盘筑完成后,对水杯的整体形状进行调整,使其符合设计要求。 2. 用刀具或砂纸对水杯表面进行修整,去除多余的泥料和毛刺,使表面光滑平整	☐
装饰	1. 在水杯表面刻画图案、文字或贴花等装饰元素,以增加水杯的美观性和个性化特征。 2. 根据个人喜好或设计需求,对水杯进行染色、烧制等个性化处理,使其更具特色	☐

表实践 14-2 "制作泥条水杯"任务评价表

评价指标	具体描述	得分(0~10分)
泥条制作与塑形	泥条粗细均匀,水杯形状规整,结构稳定,无明显变形和裂缝	
知识学习	对陶艺历史文化、泥条成型法等知识理解透彻,能清晰阐述相关要点	
装饰创意	装饰设计新颖独特,与水杯的整体风格协调,技法运用娴熟	
任务完成度	按时完成任务,水杯的各项技术指标达标,具备实用性与美观性	
总分		

实践任务 **15**

"补自行车胎"任务单

引言

你是否遇到过骑行自行车过程中车胎破了的情况？你是如何应对的呢？劳动教育是培养学生综合素质的重要途径。在日常生活中,掌握一些实用的技能不仅能提高学生的生活自理能力,还能培养他们的动手能力和解决问题的能力。本任务将介绍如何补自行车胎,让学生能够自助,自己能够修补自行车胎,在实践中体验劳动的乐趣和价值。

任务技术指标

1. 补胎后轮胎能够正常充气并保持气压稳定,在正常骑行条件下(如平坦路面、合理载重等),轮胎气压在 3 小时内无明显下降。

2. 补胎处与轮胎贴合紧密,无漏气现象,且补胎材料牢固,能够承受轮胎转动摩擦及颠簸考验而不脱落或损坏。

3. 补胎操作过程符合基本的安全规范,不会对自行车其他部件造成损坏或影响其正常功能。

任务准备

1. 检查自行车胎破损情况,确定破损位置和类型(如扎钉、划破等)。

2. 准备补胎工具,包括撬胎棒、打气筒、砂纸、补胎胶片、胶水、剪刀等,并确保工具完好无损且干净整洁。

任务目标

1. 让学生掌握自行车补胎的基本技能和方法,能够独立完成常见自行车胎破损的修补工作。使学生了解自行车的基本结构和维护知识,增强对交通工具的维护意识。

2. 培养学生的动手实践能力、问题解决能力以及耐心和细心的品质。

任务内容

学生学习如何检查自行车轮胎的漏气部位,使用补胎工具进行修补,并掌握正确的打气方法。

(1) 自行车部件辨认。

任务要求:请根据图实践 15-1,指一指,认一认,说一说,根据以下部件名称,对车的部件进行指认。

车架:支撑整个自行车的基本结构。

车把:骑行者握持的部分,用于控制方向。

座杆:连接车架和座椅的部件,可调节座椅高度。

座椅/坐垫：骑行者乘坐的部分,提供舒适度。

脚踏板：骑行者踩踏的部件,通过链条驱动后轮。

链条：连接前后齿轮的传动部件。

图实践 15-1 自行车整体结构图

（2）补自行车胎。

要求：请根据表实践 15-1 所示的计划实施及评价表进行操作与评价,评价等级包括:优秀、良好、一般。

表实践 15-1 "补自行车胎"任务计划实施及评价表

任务阶段	具体内容	评价维度	学生自评
材料准备	准备自行车内胎、补胎工具(补胎片、胶水、锉刀、打气筒等)	准备充分,能快速找到所需材料为优秀;准备较充分但速度稍慢为良好;准备不充分,需要多次提醒为一般	
检查漏气	1. 将自行车内胎从车轮上拆下。 2. 给内胎充气,然后将其放入水中,观察冒泡的位置以确定漏气点	准确快速找到漏气点为优秀;经过尝试后找到为良好;找不到漏气点为一般	
打磨处理	用锉刀将漏气点周围的区域打磨粗糙,以增加胶水的附着力	打磨细致均匀为优秀;打磨效果一般为良好;打磨不到位为一般	
涂抹胶水	1. 在打磨好的区域均匀涂抹胶水。 2. 等待胶水稍微干燥,一般以不粘手为宜	胶水涂抹均匀且掌握好干燥时间为优秀;基本能做到但稍有不足为良好;涂抹不规范或时间掌握不好为一般	
粘贴补胎片,安装内胎	将补胎片准确地贴在涂有胶水的漏气点上,用力按压,确保粘贴牢固。将补好的内胎重新安装回车轮上	补胎片粘贴牢固且位置准确为优秀;粘贴较牢固但位置有点偏差为良好;粘贴不牢固或位置错误为一般	
检查安装	检查内胎安装是否正确,有无扭曲或折叠	检查仔细且全面为优秀;检查较认真但有遗漏为良好;检查不认真为一般	
打气测试	1. 使用打气筒将轮胎充气至合适的气压。 2. 再次检查轮胎是否存在漏气现象	打气操作正确且确认无漏气为优秀;操作基本正确但确认不仔细为良好;操作错误或未确认漏气为一般	
整理工具	整理补胎工具,妥善存放	整理有序为优秀;整理较乱但工具都收好为良好;不整理工具为一般	

实践任务 16

"制作九连环"任务单

引言

你在小时候是否玩过智力玩具九连环？你成功破解了吗？九连环是一种古老的传统智力玩具,凝结着中国古代人民的智慧结晶。它不仅能锻炼我们的动手能力、逻辑思维能力和耐心,还能让我们深入了解传统民间工艺的魅力。本次任务要求同学们亲手制作一个九连环(图实践 16-1),在制作过程中感受传统工艺与数学逻辑的完美结合,体验手工创造的乐趣,进一步领悟游戏的奥秘,开发智力。

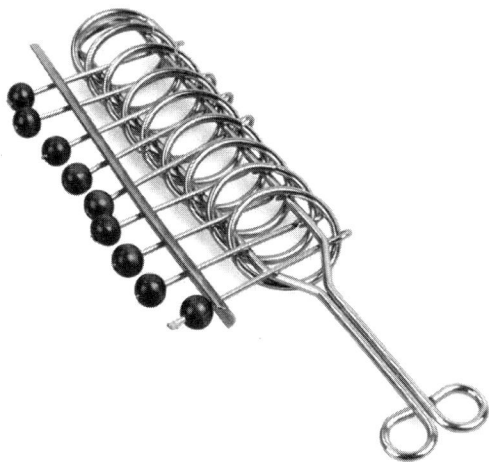

图实践 16-1　九连环

任务准备

合适的金属丝或硬线材料,如铁丝、铜丝等,同时准备好钳子、镊子、锤子、锉刀等必要的制作工具。

任务目标

1. 深入了解九连环的结构和工作原理,掌握其拆解与复原的基本方法,熟悉相关数学逻辑。

2. 熟练掌握金属丝或硬线的弯折、连接等基本手工制作技巧,能够运用工具制作出精致的九连环作品。

3. 激发学生对传统民间工艺的热爱和对传统文化的传承意识,增强民族自豪感和文化自信心。

注意事项

1. 安全第一：在使用钳子、镊子、锤子等工具时，要严格按照操作规程操作，避免因操作不当造成人身伤害。尤其是在弯折金属丝时，要注意用力均匀，防止金属丝突然断裂弹伤眼睛等部位。

2. 材料选择：金属丝或硬线的材质和线径要根据任务要求合理选择，既要保证九连环的强度和耐用性，又要便于制作和操作。在购买材料时，要注意检查材料的质量，避免使用有缺陷或易生锈的材料。

任务内容

你知道九连环的历史起源吗？《战国策·齐策·齐闵王之遇杀》中记载，秦昭王曾派使臣送给齐王后一副玉连环，并说："齐国人都很聪明，但是能解开这个玉连环吗？"齐国群臣都不知怎样解这副玉连环。这个故事说明连环的出现最早可追溯到战国时代。

九连环是一种难度较高的智力玩具，解开它需要运用奇妙的数学理论、深邃的哲学思想和丰富的想象力。它代表着古人对智力挑战的追求和对智慧的崇尚，能够锻炼人的逻辑思维能力，也是传统技艺的体现。九连环的制作工艺是中国传统民间技艺的一部分，其制作过程需要精湛的手艺和耐心，体现了中国古代工匠的智慧和技艺水平。如今，九连环制作技艺已被列入陕西省非物质文化遗产名录。

接下来让我们动手探索九连环的奥秘吧，试着制作九连环。

任务：制作九连环。

要求：请根据表实践16-1所示的计划实施及评价表进行操作与评价，在每个阶段完成后，对自己的表现进行客观评价，总结经验教训，为下一阶段的制作提供参考。评价等级包括：优秀、良好、一般。

表实践 16-1 "制作九连环"任务计划实施及评价表

任务阶段	具 体 内 容	评 价 维 度	学生自评
材料准备	准备金属丝(如铁丝、铜丝等)、钳子、锤子等工具	能独立准备齐全为优秀；需部分提醒为良好；完全依赖他人准备为一般	
设计规划	确定九连环的大小、形状等设计方案	设计合理、有创意为优秀；设计较为常规为良好；设计不合理为一般	
制作环体	用金属丝制作单个环体，确保形状规整	环体制作精美、尺寸一致为优秀；环体基本合格但有瑕疵为良好；环体制作粗糙为一般	
连接环节	将各个环体依次连接起来，保证连接牢固且活动顺畅	连接牢固、活动自如为优秀；连接较牢固但活动稍显卡顿为良好；连接不牢固或活动困难为一般	
调整完善	检查九连环整体，对不规整或有问题的地方进行调整	调整后九连环完美无缺为优秀；调整后基本可用为良好；调整后仍有较多问题为一般	
总结反思	总结制作过程中的经验教训和收获	总结深刻、全面为优秀；总结较为简单为良好；无总结反思为一般	

希望同学们能够认真制作九连环，在劳动中锻炼自己的动手能力和创造力，同时培养耐心和细心的品质。

实践任务 *17*

"蒸米饭" 任务单

引言

在生活的舞台上,劳动是一曲动人的旋律,奏响着成长与责任的乐章。当我们踏入劳动教育的奇妙世界,能从蒸米饭时升腾的热气中感受生活最质朴的温暖。

蒸米饭,那是对生活基本技能的掌握。一捧洁白的米粒在我们手中变成喷香的佳肴,见证着我们独立生活的开始。让我们一同开启制作美食之旅,在动手实践中感悟劳动的价值,在付出与收获中茁壮成长,开启一段充满意义的生活探索。

任务技术指标

1. 米饭熟度:米饭应熟透,无夹生现象,米粒饱满且软硬适中,口感适宜。

2. 水量控制:米饭与水的比例恰当,煮出的米饭既不干硬也不软烂,表面无明显积水或过于干燥。

3. 外观形态:蒸出的米饭整体松散均匀,无大块饭团或粘锅底现象,色泽自然、洁白。

任务目标

1. 学生能够熟练掌握用电饭煲蒸米饭的正确步骤和方法,精准控制米饭与水的比例,确保蒸出的米饭质量上乘。

2. 引导学生体会劳动带来的成就感,增进对食物的尊重与珍惜之情,养成良好的饮食习惯。

注意事项

1. 安全用电:在使用电饭煲过程中,务必确保电源线连接完好,无破损、漏电现象。不要湿手触摸电饭煲或插拔电源线,避免发生触电事故。

2. 防止烫伤:电饭煲在煮饭过程中会产生高温,尤其是锅盖和内胆边缘。在揭开锅盖或取出内胆时,一定要使用隔热手套或毛巾,防止烫伤手部。

任务内容

任务名称:米香课堂,"蒸"出精彩

要求:爸爸妈妈辛苦工作一天,请你为家人做一顿饭,其中重点为蒸米饭,根据表实践 17-1 来实施,并且就"蒸米饭"任务完成表实践 17-2 的填写,以此来对制作过程进行梳理和总结。

表实践 17-1 "蒸米饭"任务实施计划表

阶段	步 骤 描 述
准备工作	认识电饭煲的各个部件及功能,包括内胆、锅盖、操作面板、电源线等。 准备适量的大米,根据用餐人数确定大米的量,一般每人 50~100 克大米较为合适。 准备装米的容器、水瓢、抹布等工具
淘米	将大米倒入容器中,加入适量清水,用手轻轻搅拌,使米粒充分湿润。 倒掉淘米水,重复上述步骤 2~3 次,直至淘米水清澈为止。注意淘米时动作要轻柔,避免过度搓揉导致营养流失
加水	将淘好的米倒入电饭煲内胆,根据大米的量加入适量的水。一般米与水的比例为 1∶1.2~1∶1.5,可根据个人口感适当调整。例如,如果大米量为 200 克,那么加水量在 240~300 毫升之间。可以使用手指测量法辅助判断,将食指垂直插入米中,指尖触碰到米后,水刚好没过第一节手指关节为宜
开始蒸饭	将内胆放入电饭煲,擦干外壳及底部的水渍,盖上锅盖,确保锅盖密封良好。 插上电源线,按下电饭煲的煮饭键开始煮饭。等待煮饭过程完成,电饭煲自动跳至保温挡后,不要立即打开锅盖,继续焖 5~10 分钟,使米饭更加松软可口

表实践 17-2 "蒸米饭"任务反馈表

姓名:＿＿＿＿＿＿＿＿＿＿＿ 班级:＿＿＿＿＿＿＿＿＿＿＿

一、美食制作任务(蒸米饭)

1. 蒸米饭过程中如何确定加的水量?参考了哪些方法?

＿＿＿

＿＿＿

2. 实际操作过程中,你遇到了哪些问题?是如何解决的?

问题:

＿＿＿

解决办法:

＿＿＿

请评价一下自己制作的米饭。

蒸出的米饭外观如何?(如颗粒饱满度、色泽等)

口感怎么样?(如软糯程度、香味等)

＿＿＿

＿＿＿

如需做香菇鸡肉焖饭,需要如何制作,请写出步骤。

＿＿＿

＿＿＿

实践任务 **18**

"制作西红柿菜肴" 任务单

引言

在烹饪的世界里,每一道菜都承载着厨师的情感与创意。西红柿作为常见的食材,其菜肴制作不仅简单易学,而且营养丰富,深受大众喜爱。通过亲手制作这些菜肴,我们不仅能够享受到美食带来的愉悦,还能在实践中学习烹饪的基本技巧,提升生活技能,培养对食材的理解和搭配能力。

在动手制作西红柿菜肴的过程中,我们不仅是在学习烹饪技巧,更是在培养耐心、细心与创造力。每一次的切菜、翻炒,都是对细节的雕琢;每一次的调味尝试,都是对味蕾的探索。更重要的是,通过亲手为家人或朋友准备一顿美食,我们能够传递爱与温暖,增进彼此之间的情感交流,让餐桌成为传递幸福与快乐的场所。总之,制作西红柿菜肴不仅是一次提升烹饪技能的旅程,更是一场关于味觉、情感与生活的美好体验。让我们在厨房这个小天地里,用爱与热情,烹饪出属于自己的幸福味道。

任务技术指标

1. 西红柿外观:西红柿切块或切片后形状完整、大小均匀,无过度挤压破碎情况。

2. 糖液浓度与分布:糖均匀包裹西红柿,糖液浓度适中,无明显未融化的糖粒堆积,西红柿表面糖液呈晶莹状且覆盖均匀。

3. 口感与风味:西红柿口感酸甜适中,汁水丰富,保留西红柿原本的果香与清新味道,且甜味自然不腻。

任务准备

新鲜西红柿、白砂糖、蜂蜜、刀、盘子。

任务目标

1. 学生能够掌握糖渍西红柿的制作方法与技巧,包括西红柿的处理、糖量控制、腌制时间把握等;了解食材特性与烹饪原理,明白糖在腌制过程中对食材风味和保存的作用,提升学生的生活技能与知识储备。

2. 通过亲手制作美食,培养学生的耐心、细心和创造力,提高学生的动手实践能力与审美情趣,让学生在劳动中获得成就感与自信心,增进对美食文化的理解与热爱。

任务内容

生活是一场丰富多彩的旅程,而劳动则是其中最美的风景之一。当我们走进厨房,拿起锅铲,一场美味的"冒险"便就此开启。现在,让我们一起系上围裙,拿起厨具,制作糖渍西红柿,在厨房的舞台上展现我们的劳动风采。根据表实践 18-1 开始实施吧。

表实践 18-1　"制作西红柿菜肴"任务实施计划表

任务阶段	步 骤 描 述
材料准备	1. 新鲜、成熟度适中的西红柿 2 个; 2. 白砂糖 30 克(根据个人口味可适量增减); 3. 密封容器 1 个(用于储存糖渍西红柿)
清洗阶段	将西红柿放在流动的水下,用手轻搓洗表面,去除泥土和杂质。用干净的布或纸巾擦干西红柿表面的水分
切割阶段	将西红柿的蒂部去掉,然后切成大小均匀的块状或片状。切块的大小可以根据个人喜好来定,但建议切成适口的大小,方便食用
制作阶段	腌制西红柿 1. 如果煮了糖浆,将切好的西红柿块放入糖浆中,用小火煮 5 分钟左右,让西红柿充分吸收糖浆的甜味。期间可以用铲子轻轻翻动,避免煳底。 2. 如果直接腌制,将切好的西红柿块放入碗中,撒上白砂糖,轻轻拌匀,让每一块西红柿都裹上糖粒
装盘	1. 将腌制好的西红柿块捞出(如果煮了糖浆),放入干净的密封容器中。 2. 如果糖浆还有剩余,可以适量倒入容器中,以增加甜味和保湿效果。 3. 选择合适的盘子进行摆盘,使食物更加美观,激发人的食欲

实践任务 *19*

"手缝布偶"任务单

引言

　　手缝布偶不仅是一个可爱的玩具,更是我们心灵与手巧的结晶。通过一针一线的缝制,我们不仅能学习到基本的缝纫技巧,还能在布偶的每一个细节中融入自己的创意与情感。每一个布偶的诞生都意味着一次成功的实践,凝聚着我们对美好生活的向往和追求。更重要的是,我们还可以通过将亲手制作的布偶赠予需要关爱的人,传递温暖与善意,培养服务他人、奉献社会的精神。如图实践 19-1 所示是一个小猫咪布偶。

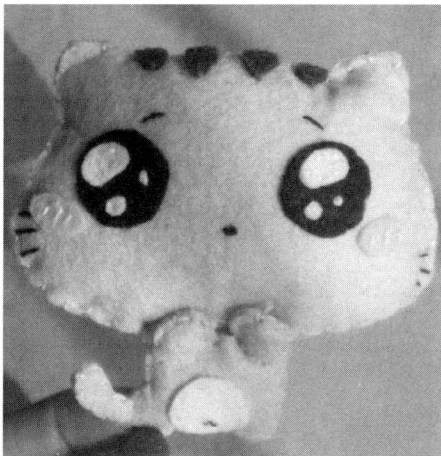

图实践 19-1　小猫咪布偶

任务技术指标

　　1. 缝线质量:针脚细密均匀,针距控制在 0.3～0.5 厘米,缝线牢固,无明显跳线、断线现象,缝合处平整,不影响布偶外观与结构强度。

　　2. 填充效果:填充饱满且均匀,触感柔软适中,拍打或挤压后能快速恢复原状,无明显凹陷或结块,填充量合适,使布偶保持良好的立体感与造型。

　　3. 装饰细节:尾巴部分颜色、纹理逼真,缝制牢固;若有添加表情或其他装饰元素,位置恰当、色彩搭配协调,与整体风格统一,且装饰牢固不易脱落。

任务准备

　　布料(各种颜色的棉布、绒布等)、针线、剪刀、棉花、纽扣等装饰材料、铅笔、橡皮、图样模板。

任务目标

1. 学生能够熟练掌握手缝针法,包括平针缝、回针缝、锁边缝等,并能根据不同部位需求合理运用,提高手工操作能力与手眼协调能力。

2. 了解布偶制作流程,从裁剪布料到填充、装饰,培养学生的耐心、细心与专注力,增强学生的观察力与审美能力,提升艺术素养。

注意事项

1. 安全使用工具:在使用剪刀和针时,要注意安全,避免刺伤自己或他人。剪刀不用时要放在安全位置,针尖不要对着人。

2. 节约材料资源:根据布偶的尺寸合理裁剪布料,避免浪费过多材料。剩余的布料和填充棉要妥善保管,可用于其他手工制作项目。

任务内容

任务名称:生肖布偶DIY

要求:生肖文化是中华民族传统文化的重要组成部分,通过制作自己生肖的布偶,不仅能让学生更深入地了解生肖文化,还能培养学生的动手能力、创新思维和审美情趣。本次实践作业要求学生根据自己的生肖制作一个布偶,旨在将传统文化与创意实践相结合,让学生在动手制作的过程中体验传统文化的魅力。根据表实践19-1开始实施,任务完成后填写表实践19-2,对任务完成情况进行评价。

表实践 19-1 "手缝布偶"任务实施计划表

实践步骤	活 动 内 容
材料准备	彩色布料(学生可根据自己的设计选择颜色和材质); 填充物(如棉花、海绵等); 缝纫线、缝纫针; 剪刀、布料笔、尺子
设计草图	在纸上绘制出生肖偶的设计草图,包括正面、背面和侧面的轮廓,以及布偶各部分的尺寸比例。草图要尽可能详细,以便后续裁剪布料时参考
裁剪布片	按照自己的喜好剪出想要制作的生肖的头、身子、四肢等部位。 注意保留适当的缝边宽度,以便后续缝制。在裁剪好的布料上,用布料笔标记出缝合位置,如头部与身体的连接处、四肢与身体的连接处等
缝制布偶	缝合布偶各部分: 先将布偶的各部分(如头部、身体、四肢等)分别进行缝合。使用缝纫机或手工缝纫工具,沿着标记的缝合线进行直线或曲线缝制。注意缝制时要保持针脚均匀、整齐,避免断线、脱线现象
	填充布偶: 缝合完成后,将填充物适量填充至布偶内部,确保布偶形态饱满、手感舒适。填充时要均匀分布,避免局部过厚或过薄
	缝合布偶整体: 将填充好的布偶各部分进行整体缝合。注意缝合时要保持布偶的完整性,避免缝合过程中出现错位、变形等问题
修剪线头	缝合完成后,使用剪刀修剪掉多余的线头和布料边缘,使布偶外观整洁

表实践 19-2　生肖布偶 DIY 评价表

此评价表旨在全面、客观地评价自己的生肖布偶 DIY 作品,从设计、缝制工艺、外观细节与创意等方面进行综合考量。通过评价,可以了解自己在制作过程中的优点与不足,为今后的创作提供参考和改进方向。

学生姓名:_____　生肖:_____

评价项目	评价标准	自评描述	自评分
设计与创意 (40分)	生肖特征准确性 (10分)	布偶是否准确体现了所代表生肖的基本特征和形象	
	设计独特性 (10分)	布偶设计是否新颖、独特,具有个人创意和风格	
	色彩搭配 (10分)	布偶的色彩搭配是否和谐、美观,是否符合生肖形象的特点	
	草图与实物一致性 (10分)	实物是否与设计草图保持一致,细节处理是否到位	
缝制工艺 (30分)	针脚均匀度 (10分)	布偶的针脚是否均匀、整齐,无明显断线、脱线现象	
	缝合完整性 (10分)	各部分缝合是否紧密、完整,无错位、变形等问题	
	填充效果 (10分)	填充是否适量、均匀,形态饱满,手感舒适	
外观细节与创意 (30分)	外观整洁度 (10分)	外观是否整洁,有无线头、污渍等瑕疵	
	细节处理 (10分)	细节处理是否到位,如眼睛、鼻子、嘴巴等五官是否精致、生动	
	创意表达 (10分)	布偶在装饰和整体设计上是否体现了独特的创意和个性	
总分(100分)			

实践任务 20

"制作花草牌"任务单

引言

在美好的校园生活中,劳动不仅是一种必需的技能,更是一种崇高的精神追求。今天,我们将一起踏上一场别开生面的劳动教育之旅,通过制作花草牌,探索劳动的乐趣与价值。通过收集校园内外的花草标本,了解它们的名称、特点和生长习性,我们不仅能增长植物知识,还能感受到大自然的神奇与美妙。在制作如图实践 20-1 所示花草牌的过程中,我们需要用心观察、精心设计,将每一片花瓣、每一片叶子都定格在小小的牌子上,让更多的人能够认识并爱护这些美丽的植物。这不仅锻炼了我们的动手能力,更激发了我们对自然的热爱和保护意识。

图实践 20-1　制作花草牌

任务技术指标

1. 尺寸规格:花草牌高度为 30~50 厘米,宽度为 20~40 厘米,厚度不低于 0.3 厘米,确保大小适中、醒目且稳定。

2. 材料选用:主体材料可选用防水防腐的木板(如雪松木板)、塑料板(如亚克力板)或金属板(如镀锌钢板),颜料使用户外专用防水颜料或喷漆,保证在户外环境下至少能维持 1~2 年不褪色、不变形、不损坏。

3. 文字图案清晰度:文字与图案印刷、绘制或雕刻清晰,边缘整齐,无模糊、重影或掉色现象,文字大小根据花草牌尺寸合理设置,一般标题字高不低于 3 厘米,正文内容字高不低于 1.5 厘米,图案与文字搭配协调美观。

4. 安装牢固性:配备合适的安装支架或挂钩,安装在土壤、草地或墙面等指定位置时,能承受至少 3～5 级风力而不倾倒、不松动,安装高度距离地面约 30～50 厘米,方便人们阅读观看。

任务准备

木板(合适大小)、颜料、画笔、砂纸、铅笔、橡皮、绳子或铁丝、钉子、锤子、创意设计草图。

任务目标

1. 学生能够掌握花草牌制作的基本流程与工艺,包括材料选择、设计构思、制作加工、后期处理与安装等环节,独立完成一个具有创意与实用价值的花草牌作品。

2. 培养学生的创新思维与审美能力,使其能够根据花草牌的使用场景与受众群体,设计出独特新颖、富有美感与文化内涵的文字内容与图案样式,提升艺术修养与设计水平。

3. 引导学生树立环保意识与责任感,了解花草牌在美化环境、保护植物、传递信息等方面的重要作用,激发学生积极参与校园或社区环境美化建设的热情与主动性。

注意事项

1. 材料节约与环保:合理选择材料,避免浪费,对剩余材料要妥善保管或回收利用。在制作过程中,注意减少废弃物的产生,如切割产生的边角料、废弃的颜料容器等,要按照环保要求进行分类处理,以保护环境。

2. 工具使用与维护:正确使用工具,不得随意损坏或挪用工具。使用完毕后,要及时清理工具上的杂物,对工具进行保养维护,如擦拭、上油、归位等,以延长工具使用寿命,确保下次使用时工具性能良好。

任务内容

任务名称:守护花草,人人有责

要求:花草牌是公园、校园、社区等公共场所常见的标识牌,用于介绍和宣传各种植物。大自然是我们的朋友,请你自行寻找制作视频或资料进行学习,选择一种自己感兴趣或熟悉的植物,作为花草牌的主题来制作花草牌。制作完成后请填写表实践 20-1。

表实践 20-1 "制作花草牌"任务反馈表

学生姓名:_____ 班级:_____

一、基本信息
你选择制作的花草牌主题植物是:_____

二、制作过程反馈
1. 在准备材料阶段,你遇到了哪些困难?(如:材料不足、材料选择不当等)
具体困难是:_____
2. 在设计草图阶段,你的创意灵感来源于哪里?(如:网络、书籍、实地考察等)
灵感来源:_____
3. 制作过程中,你觉得最具挑战性的环节是什么?你是如何克服的?
最具挑战性的环节:_____
克服方法:_____

续表

三、学习收获与反思

1. 通过制作花草牌,你对所选植物的了解有哪些增加?(如:生长习性、养护方法等)

_____

_____

2. 在制作过程中,你学到了哪些新技能或知识?(如:设计技巧、材料使用等)

_____

_____

实践任务**21**

"织围巾" 任务单

引言

织围巾是一项简单而富有创意的手工活动。在寒冷的冬季,亲手编织一条围巾不仅能为自己或亲朋好友带来温暖,还能让人享受手工创作的乐趣与成就感。在快节奏的现代生活中,劳动不仅是我们获取生活所需的基本手段,更是一种培养耐心、细心与创造力的有效途径。亲手编织围巾,不仅能够让我们在寒冷的季节里为自己或亲人传递一份温暖,更是一种情感的表达。

任务技术指标

1. 针法均匀度:在编织过程中,针法应保持相对均匀,相邻针目之间的大小差异不超过 X 毫米,使围巾表面平整,没有明显的松紧不均或扭曲现象。

2. 边缘整齐度:围巾的边缘应整齐顺滑,没有过多的毛线线头或参差不齐的针目,边缘的针目排列紧密且规律。

任务准备

材料:羊毛、棉线等适合冬季保暖的毛线 100~200 克(根据围巾长度和宽度决定)。

工具:织针(建议使用 6mm 或 5.5mm 针,适合初学者)、剪刀、记号扣(可选)。

任务目标

1. 掌握基本的织围巾技巧,包括起针、织平针、收针等。

2. 能够根据个人喜好选择颜色和图案进行创意设计,完成一条至少 1.5 米长、20 厘米宽的围巾。

注意事项

1. 使用织针时要注意避免刺伤自己或他人,尤其是在携带织针移动时要格外小心。

2. 选择毛线时要注意质量和材质,避免选择易引起过敏或对皮肤有刺激的毛线。

3. 编织时要保持适度的松紧度,过紧会使围巾僵硬,过松则会影响围巾的形状和保暖性。

任务内容

任务名称:编织围巾的温度

要求:

本任务需要你对照任务清单表实践 21-1 进行操作,每完成一个步骤,就在相应的"完成标记"栏位打钩。这样的清单有助于你系统地完成整个任务,并且可以作为你完成任务的记录。

表实践 21-1 "织围巾"任务清单表

阶段	步 骤 描 述	完成标记
准备材料	1. 毛线：根据自己的喜好选择毛线的颜色和材质。常见的毛线有羊毛线、羊绒线、棉线等。 2. 织针：一般选择适合毛线粗细的直针或环形针	☐
起针	1. 先打一个活结，套在一根织针上。用另一根织针从活结中穿过，将毛线绕在针上，然后把这个线圈从活结中拉出来，这就完成了第一针。 2. 继续按照相同的方法起针，起针的数量可以根据想要的围巾宽度来决定。一般来说，粗毛线可以少起一些针，细毛线则需要多起一些针	☐
编织平针	正面（也称为下针）：将右针从左针的第一个线圈中穿过，把毛线绕在右针上，然后将这个线圈从左针上挑下来，放在右针上。 反面（也称为上针）：将毛线绕到右针的前面，然后将右针从左针的第一个线圈中穿过，把毛线绕在右针上，再将这个线圈从左针上挑下来，放在右针上。 重复正面和反面的编织步骤，就可以一直编织下去	☐
编织花纹	如果想要编织一些花纹，可以在平针的基础上加入一些变化。比如，可以每隔几行编织一行反针，或者编织一些麻花针、鱼骨针等花纹	☐
收针	当围巾编织到所需的长度时，就可以开始收针了。先编织两针下针，然后将第一针从第二针上挑过来，这样就收掉了一针。 继续按照相同的方法收针，直到最后只剩下一针。 用剪刀将毛线剪断，留下一段长长的线头。然后将线头穿过最后一针，拉紧，这样就完成了收针	☐
整理围巾	将围巾的两端整理整齐，用剪刀修剪掉多余的毛线。 可以根据自己的喜好选择不同的颜色和花纹，编织出属于自己的独特围巾	☐

看视频学习
织围巾

完成作品后，对照表实践 21-2 进行自我评价，在"得分"处相应的数字下打"√"，5 分表示优秀，3 分表示良好，1 分表示需改进。满分 20 分。

表实践 21-2 "织围巾"任务评价表

评价项目	评 价 标 准	得 分
织法掌握	能正确运用所学织法，无明显错误	5/3/1(优秀/良好/需改进)
围巾外观	围巾平整、边缘整洁，线头处理得当	5/3/1
创造力	围巾设计有特色，色彩搭配和谐	5/3/1
劳动态度	积极参与，耐心细致，遵守课堂纪律	5/3/1
总分		

实践任务 22

"贴春联"任务单

引言

"爆竹声中一岁除,春风送暖入屠苏。千门万户曈曈日,总把新桃换旧符。"春联作为中华民族传统春节的重要文化符号,是中国春节期间特有的传统民俗文化,承载着人们对新年的美好期望与祝福。以对仗工整、简洁精巧的文字描绘美好形象,它不仅是一种装饰,更承载着深厚的文化底蕴和历史传承。通过参与贴春联活动(图实践 22-1),可以深入了解中华传统文化,感受传统节日的浓厚氛围,同时提升动手实践能力与审美情趣,在劳动实践中传承文化,增强文化自信与民族自豪感。

图实践 22-1 贴春联

任务技术指标

1. 纸张质量:春联纸张应具有一定的厚度和韧性,以防止在张贴过程中轻易撕裂。好的纸张触摸时质感均匀,没有明显的粗糙或厚薄不均现象。

2. 张贴整体布局美观:上下联之间的间距应根据春联的字数和门的大小来确定,一般为 10~15 厘米,使上下联看起来疏密得当。横批与上下联之间也应有适当的间距,通常横批与上联之间的间距为 3~5 厘米。

3. 张贴牢固:春联张贴后应牢固地附着在门面上,用手轻轻拉扯春联的边缘,不应出现松动、翘起的情况。在正常的风吹、开关门等情况下,春联能够保持完整且原位不动,至少能保证在整个春节期间(15~20 天)完好无损。

任务准备

1. 材料工具：准备好书写或印刷精美的春联(上联、下联、横批)、福字等；购置适量的胶水、双面胶、透明胶带、小扫帚等张贴必备工具；若需张贴在较高位置,准备稳固且安全的梯子,并检查其安全性。

2. 场地准备：提前对家门及周边环境进行清洁整理,确保张贴春联的表面干净、干燥、无灰尘,为春联的牢固粘贴创造良好条件。

任务目标

1. 深度认知春联的起源、发展历程、文化寓意及张贴传统,丰富传统文化知识储备。

2. 熟练掌握贴春联的整套流程与操作要点,包括春联的区分、张贴位置的确定、粘贴方法的运用等,切实提高动手实践能力与劳动技能水平。

3. 在贴春联过程中培养学生的团队协作精神与审美感知能力,增强对传统文化的认同感与自豪感,激发文化传承的责任感与使命感。

注意事项

1. 安全保障：在使用剪刀裁剪春联、用胶带粘贴春联以及借助梯子登高张贴春联等过程中,学生务必严格遵守安全操作规程,小心谨慎操作,防止发生划伤、摔倒、坠落等意外伤害事故；教师及家长要在现场进行全程安全监督与指导,确保学生人身安全。

2. 环境保护：活动结束后,组织学生及时清理现场残留的垃圾、废弃物以及使用过的工具材料等,保持环境整洁卫生,培养学生良好的环保意识与劳动习惯,树立生态文明理念。

任务内容

新的一年即将开始,请同学们在除夕夜与家人一起了解春联的内涵与意义,然后一起贴春联,感受春节的喜庆氛围。请按照以下操作步骤作为活动参考。

1. 实践准备

(1) 知识储备。

查阅网上相关资料和视频,了解春联的起源、发展、种类、对仗规则、寓意等知识,增加对春联的初步认识和理解,加深对春联文化的了解。

(2) 材料准备。

学生准备好书写或购买的春联、横批、福字、胶水、胶带、剪刀等张贴工具。

2. 实践内容与步骤

(1) 知识巩固与家庭调研。

① 学生回顾所学春联知识,向家庭成员介绍春联的相关文化知识,包括春联的历史、寓意等,并与家人讨论自家往年春联的内容和意义。

② 与家人一起检查准备张贴的春联,判断其内容是否符合对仗要求,是否体现春节的喜庆氛围,并记录春联的内容以及自己对其的理解。

(2) 张贴春联实践。

① 清洁门庭。

学生与家人一起打扫家门及周围环境,确保张贴春联的表面干净、干燥、平整,为春联的张贴做好准备。

② 规划布局。

根据门的大小、形状以及周边环境,与家人共同商讨春联、横批、福字的张贴位置与顺序,可先用铅笔在门上轻轻标记,以达到整体美观协调的效果。

③ 张贴操作。

小心地撕开春联的包装,区分上联、下联和横批。按照传统习俗,若横批为从右至左读,则上联贴在门的右侧(面对门时),下联贴在门的左侧,横批贴在门楣上方。

选择合适的粘贴工具,如胶水、胶带等,均匀地涂抹或粘贴在春联背面,然后将春联准确地贴在预先规划好的位置上,确保春联平整、无褶皱、无歪斜,粘贴牢固。在张贴过程中,注意安全,避免剪刀等工具造成意外伤害。

将"福"字贴在合适的位置,如门中央或窗户等处。"福"字的张贴有正贴和倒贴等不同方式,学生可以与家人探讨不同贴法的寓意并选择合适的方式张贴。

(3)成果展示与分享。

拍摄自己张贴好的春联照片或短视频,记录下家门焕然一新的喜庆景象,并配上简短的文字介绍,包括春联的内容、张贴过程中的趣事或感悟等。将照片或短视频分享到班级群或指定的线上平台,与同学们互相交流、展示自己的实践成果,同时也可以欣赏其他同学的作品,增进对不同春联内容和家庭文化的了解。

3. 评价方式与评价表

学生根据自己在实践活动中的表现,对自己的知识掌握、动手能力、团队协作等方面进行自我评估,填写表实践 22-1 所示的任务评价表。

表实践 22-1 "贴春联"任务评价表

评价项目	评 价 标 准	得 分
知识理解	能准确阐述春联的起源、寓意、对仗规则等知识,并且能清晰说明自家春联的含义	A(非常好) B(较好) C(一般) D(较差)
动手能力	熟练完成春联的张贴操作,包括清洁、布局、粘贴等步骤,且效果美观	A(非常好) B(较好) C(一般) D(较差)
团队协作	积极与家人沟通合作,共同完成任务,尊重家人的意见,并能提出合理的建议	A(非常好) B(较好) C(一般) D(较差)
实践态度	对贴春联实践活动充满热情,主动参与各项任务,认真对待每一个环节	A(非常好) B(较好) C(一般) D(较差)
文化感悟	深刻体会到春联所蕴含的文化内涵,对中华传统民俗文化有了更深的热爱和敬意	A(非常好) B(较好) C(一般) D(较差)

实践任务 *23*

"组织校园义卖"任务单

引言

校园义卖活动(图实践 23-1)是一项极具意义的实践活动,它将商业运营与慈善公益有机融合。通过组织校园义卖,学生们能够亲身体验从策划到执行的全过程,深刻领悟市场规律,不仅可以锻炼组织协调、沟通交流、市场营销等多方面的能力,还能在校园内传递爱心与温暖,培养社会责任感和团队合作精神,为有需要的群体贡献一份力量,同时丰富校园文化生活,营造积极向上、充满关爱的校园氛围,全方位锻炼自身的综合能力,为未来更好地融入社会、服务社会奠定坚实基础。

图实践 23-1　校园义卖活动

任务技术指标

1. 活动策划:义卖主题具有独特性、吸引力,且紧密贴合公益目标,能精准打动目标受众;活动流程设计科学合理、紧凑流畅,无明显逻辑漏洞,也不拖沓,各环节过渡自然;场地布局规划因地制宜,能高效利用空间,摊位设置合理有序,方便顾客浏览选购;宣传推广策略多元且具创新性,线上线下渠道有机结合,宣传资料制作精良,信息传达准确清晰。

2. 团队协作:团队组织架构清晰合理,成员分工明确具体,职责到人,各项任务分配均衡,无明显任务过重或过轻现象;成员间沟通渠道畅通,信息传递及时准确,沟通效率高,因内部沟通不畅导致的工作失误率较低;团队协作配合默契高效,在面对突发情况或问题时能够迅速响应、协同解决,团队凝聚力与战斗力强。

任务准备

根据义卖活动的规模与定位,精心挑选并采购具有吸引力且成本可控的义卖商品,商品种类应丰富多样,包括但不限于手工艺品、文具用品、生活用品、特色食品等,同时确保商品质量合格、安全可靠;准备充足的活动宣传物料,如海报、传单、宣传册、横幅、展示架等,宣传物料设计应突出义卖主题与特色,信息传达直观明了;购置活动所需的设备设施,如桌椅、帐篷、遮阳伞、音响设备、照明工具、收银设备(包括现金收款箱、移动支付终端等)、标价签、包装袋等,提前检查设备设施的性能状态,确保正常使用;准备必要的医疗急救药品与器材,以应对活动现场可能出现的突发健康状况。

任务目标

1. 成功策划并高效执行一场义卖活动,达成预设的义卖金额目标,为特定的慈善对象或公益项目募集到充足的资金支持。

2. 深度掌握活动策划的全流程,包括精准定位义卖主题与目标受众、合理规划活动时间与场地、科学制定营销策略与预算方案等,显著提升组织协调与规划管理能力。

3. 全面培养团队协作精神,在团队内部实现成员间的明确分工与默契配合,有效提升沟通交流与问题解决能力,同时增强对社会公益事业的深度关注与积极参与意识,塑造强烈的社会责任感与使命感。

注意事项

1. 安全保障:在活动现场设置明显的安全标识和疏散指示标志,确保师生在活动过程中能够清晰地了解安全出口和疏散通道的位置。安排专人负责现场秩序维护,特别是在人员密集的区域和活动高峰时段,要加强巡逻和疏导,防止出现拥挤踩踏等安全事件。准备必要的急救药品和器材,如创可贴、消毒药水、绷带、担架等,以便在发生意外情况时能够及时进行初步处理。

2. 应急处理:制定完善的应急预案,针对可能出现的恶劣天气(如暴雨、大风等)、设备故障(如收银系统瘫痪、电力中断等)、人员冲突等突发情况,制定相应的应对措施和解决方案。建立应急指挥小组,明确各成员在应急处理中的职责和分工,确保在突发事件发生时能够迅速响应、协同作战,将损失和影响降到最低。

任务内容

在充满爱与温暖的季节里,我们迎来了一次意义非凡的劳动实践活动——"组织校园义卖"。此次活动旨在通过我们的双手和智慧,将闲置物品转化为爱心基金,用于帮助需要帮助的人或支持社会公益事业。请你撰写一份"组织校园义卖"的策划书,下面是一份策划指引单,目的在于引导你学会写策划。

请你根据表实践 23-1 中的"填写说明"完成"策划内容"的填写。

表实践 23-1 "组织校园义卖"策划指引单

策 划 内 容	填 写 说 明
一、活动主题	确定一个简洁且富有吸引力、能体现义卖活动核心目的与特色的主题

续表

策 划 内 容	填 写 说 明
二、活动目的 1. 2.	1. 明确阐述本次校园义卖活动主要的、具体的目标。 2. 阐述活动对学生自身能力提升方面的目的,如锻炼学生的组织协调、沟通交流能力
三、活动时间与地点 1. 2.	1. 时间:选择校园内合适的时间段,优先考虑课余时间或周末。 2. 场地:选择要依据活动规模、预计参与人数、交通便利性以及是否具备必要的基础设施(如电源、桌椅摆放空间等)来确定,同时要考虑到场地的安全性和对校园其他区域正常活动的影响
四、活动对象	面向的主要对象
五、活动流程安排 1. 前期筹备阶段(活动前 1~2 周) (1) 团队组建 (2) 商品准备 (3) 宣传推广 2. 活动当天流程(按时间顺序详细列出) (1) 开场准备(提前 1~2 小时) (2) 活动开场(活动正式开始时间) (3) 义卖时段(持续时间较长的核心环节)	活动流程需要按照筹办顺序明确人员安排、组织责任等

策 划 内 容	填 写 说 明
3. 后期总结阶段 （1）财务结算与善款处理 （2）活动总结与评估	
六、活动预算	详细列出活动所需各项费用的预算明细，计算出活动总预算金额，并说明预算的大致分配比例，如商品采购占比 X%、宣传推广占比 X%、场地布置占比 X% 等，以便清晰展示活动经费的主要流向与重点投入领域
七、人员分工安排	制作详细的人员分工表格，明确列出每个团队成员的姓名、所属部门或岗位（如活动策划组、商品采购组、宣传推广组、现场销售组、财务组、后勤保障组等）、具体职责与任务描述（如活动策划人员负责制定活动方案、协调各部门工作）
八、风险评估与应对措施 1. 风险识别 2. 应对策略	分析可能面临的各类风险，如天气变化，针对每种识别出的风险，制定相应的具体应对措施

实践任务 **24**

"买水果看望爷爷奶奶、制作凉拌菜、泡茶"任务单

引言

在生活的多彩画卷中,劳动是那一抹最温暖的底色。当我们怀揣着爱与关怀,精心挑选水果去看望爷爷奶奶时,亲情在劳动的纽带中愈发醇厚;当我们亲手洗净菠菜,调制出爽口的凉拌菠菜,味蕾在劳动的创造中绽放惊喜;当我们静心煮水、优雅泡茶,生活在劳动的仪式感里沉淀出宁静与美好。

买水果看望爷爷奶奶,是感恩之心的践行,让我们学会关爱长辈,传承中华民族的孝道美德。制作凉拌菜,是对生活技能的探索,让我们体验从食材到美味的奇妙转化。泡茶,是对生活品质的追求,在一冲一泡之间,感悟生活的宁静与从容。

让我们踏上这段充满意义的劳动之旅,在买水果的温情中、制作凉拌菜的创意里、泡茶的优雅中,发现劳动的价值,收获成长的喜悦,用双手创造出生活中最动人的篇章。

任务准备

买水果看望爷爷奶奶:准备一定的资金、购物袋,了解爷爷奶奶的喜好和忌口。

制作凉拌菜(这里以凉拌菠菜为例):准备菠菜、蒜、盐、醋、生抽、香油、盘子、刀具等。

泡茶:准备茶叶、茶壶、茶杯、热水壶、开水。

任务目标

(1)培养学生的关爱长辈意识和感恩之情,通过买水果看望爷爷奶奶的行动,增进家庭情感。

(2)让学生掌握简单的烹饪技能,学会制作凉拌菜,提高生活自理能力。

(3)了解茶文化,学会泡茶的基本方法,培养学生的耐心和优雅的生活态度。

任务内容

(1)买水果看望爷爷奶奶。

根据爷爷奶奶的喜好选择合适的水果。前往水果店购买水果,学会挑选新鲜水果并与商家交流。带着水果去看望爷爷奶奶,表达关爱和问候。

(2)制作凉拌菜(这里以凉拌菠菜为例)。

清洗菠菜,去除杂质。准备调料,如蒜、盐、醋、生抽、香油等。将菠菜切段,放入盘中。加入调料,搅拌均匀,制作凉拌菠菜。

(3)泡茶。

了解不同种类的茶叶特点和泡茶方法。准备泡茶所需的器具,如茶壶、茶杯、热水壶

等。烧开水,将适量茶叶放入茶壶。用开水冲泡茶叶,掌握泡茶的时间和水温。将泡好的茶倒入茶杯,品尝茶的味道。

实践任务 1

主题:果传暖意,情系亲恩

目的:

(1)培养学生的感恩意识和关爱长辈的品德。

(2)提高学生的生活实践能力,包括挑选水果、合理安排预算等。

(3)增进家庭亲情,让学生在实际行动中感受家庭的温暖和重要性。

要求:

对照表实践 24-1,在给定预算的前提下,合理规划使用资金,了解常见水果的种类、营养价值和挑选方法;并且在购买水果前,需要了解爷爷奶奶的喜好和身体状况,以便选择合适的水果。

表实践 24-1 "买水果看望爷爷奶奶"任务清单表

实践步骤	活动内容
了解需求	与父母交流,了解爷爷奶奶的口味偏好、是否有特殊的饮食限制(如糖尿病不能吃太甜的水果等)
	询问爷爷奶奶最近的身体状况,确定适合他们的水果种类
制订计划	根据了解到的信息和资金预算,制定购买水果的计划。确定要购买的水果种类、数量和预算
前往购买	前往水果店、超市等场所,仔细挑选水果,注意水果的新鲜度、成熟度和外观
	与商家交流讲价,选择合适的谈判技巧以保证不超预算,并且询问水果的产地、保存方法等信息
看望爷爷奶奶	带着水果前往爷爷奶奶家,送上水果,表达对爷爷奶奶的关爱和问候,可以和爷爷奶奶一起分享水果,聊天交流,增进感情

实践任务 2

主题:美食制作之厨艺大秀

要求:夏日炎炎,请你为家人做凉拌菠菜菜肴,任务完成后请填写表实践 24-2 所示的实践任务反馈表,以此来对制作过程进行梳理和总结。

表实践 24-2 "制作凉拌菜"任务反馈表

姓名:＿＿＿＿＿＿＿＿＿＿＿ 班级:＿＿＿＿＿＿＿＿＿＿＿

1. 你准备了哪些食材和工具?

＿＿＿

2. 如何清洗菠菜?清洗过程中有哪些注意事项?

＿＿＿

3. 调料的比例是如何确定的?是否进行了尝试和调整?

＿＿＿

4. 请评价一下自己制作的菜肴。

外观评价：凉拌菠菜的颜色、摆盘等外观方面如何？

口味评价：口味是否符合家人的喜好？（如酸度、咸度、香味等）

家人反馈：家人对这道凉拌菠菜有哪些评价和建议？

_____

_____

实践任务3

主题：茶香四溢，品味生活

要求：

本任务需要你对照表实践 24-3 进行操作，每完成一个步骤，就在相应的"完成标记"栏位打钩。这样的清单有助于你系统地完成整个任务，并且可以作为你完成任务的记录。

表实践 24-3   "泡茶"任务清单表

姓名：_____

日期：_____

阶段	任 务 描 述	完成标记
准备工具	准备茶叶，如绿茶、红茶、乌龙茶等，以及泡茶所需的茶具，如茶壶、茶杯、茶盘、茶匙等	☐
清洁茶具	用热水冲洗茶壶、茶杯等茶具，去除灰尘和杂质。用茶巾擦拭茶具，使其保持干净整洁	☐
温杯烫壶	将热水倒入茶壶和茶杯中，轻轻晃动，让热水充分接触茶具内壁，然后倒掉热水。这一步可以提高茶具的温度，有利于茶叶香气的散发	☐
投茶	根据选择的茶叶种类和个人口味，确定适量的茶叶放入茶壶中。一般来说，绿茶每杯约 3 克，红茶和乌龙茶每杯约 5 克。可以观察茶叶的形态和色泽，感受茶叶的魅力	☐
注水	1. 根据茶叶的种类，确定合适的水温。一般来说，绿茶用 80℃ 左右的水温，红茶和乌龙茶用 100℃ 的水温。 2. 采用高冲低斟的方法注水。高冲可以让茶叶在水中翻滚，充分释放香气；低斟可以避免热水溅出，同时让茶叶在水中慢慢舒展。 3. 注水时要注意水量，一般以茶壶容量的七八分为宜	☐
闷泡	根据茶叶的种类和个人口味，确定泡茶的时间。一般来说，绿茶泡 1、2 分钟，红茶和乌龙茶泡 3～5 分钟	☐
出汤	用滤网或茶漏将泡好的茶倒入茶杯中，注意要均匀出汤，让每一杯茶的浓度和口感一致。出汤时要动作轻缓，避免茶叶随茶汤流出	☐
品茶	1. 观察茶汤的颜色、透明度和光泽，感受茶叶的色泽之美。 2. 闻一闻茶汤的香气，分辨不同茶叶的香气特点，如绿茶的清香、红茶的甜香、乌龙茶的花果香等。 3. 小口品尝茶汤，感受茶叶的滋味，如甜度、酸度、苦涩度等。可让茶汤在口中停留片刻，使其充分与口腔接触，感受茶叶的韵味	☐

实践任务 **25**

"校园公共场所建设行动"任务单

引言

为了增强学生的劳动意识和团队协作精神,提高他们的劳动实践能力,以班级为单位,组织一次校内劳动实践活动。由辅导员牵头,劳动委员组织安排班委组队开展,每个班级的每个小队根据自身情况选择不同的实践内容,如清洁校园公共卫生、整理图书资料、打造校园文化角、清理卫生死角等。

集体劳动不仅能锻炼个人劳动技能,还能弘扬热爱劳动和尊重劳动人民的美德,更能增强学生的团队意识和团队精神,发扬热爱班集体的精神。

任务主要技术指标

"集体劳动"与"个体劳动"的对比图,通过对比,能够清晰地看出增强"团体意识"的重要性(表实践 25-1)。

表实践 25-1　"集体劳动"与"个体劳动"的对比

对 比 内 容	集 体 劳 动	个 体 劳 动
前提	团体、协作(主动)	个体、单独(被动)
主角	团体	自己
焦点	有组织相互协作	无组织自发行为
核心轴	计划、分工、专一、流程	随机、独自、全套、无章
时间轴	现在、当下	过去、未来、曾经、今后
意识	协作、互助	自我
劳动程序	流水作业、高效有序	无序作业、低效无章
所需工具	少	多
劳动效率	高	低

任务准备

我们为什么要开展"集体劳动"? 以下几点请先试着对号入座(见表实践 25-2)。

表实践 25-2　参加集体劳动现状自查表

序号	参加集体劳动现状	认同(√) 不认同(×)
1	有参加集体劳动、锻炼自己的强烈愿望	
2	看到环境脏、乱、差,心里面很不舒服	
3	自己一个人没有打扫周边卫生的习惯	

续表

序号	参加集体劳动现状	认同(√) 不认同(×)
4	自己想尝试参加图书馆图书整理相关工作	
5	想通过参加校园文化建设工作发挥特长	
6	一个人没办法完成校园文化角建设工作	
7	看见卫生死角心里就不舒服	
8	时常希望看见美丽的校园环境	

以上8项如果认同3项以上,或者有某一项你特别迫切地想改变,请开始"团队有我"行动吧!

任务目标

学生对劳动的意识、实践能力和团队协作都有很大的提高。活动结束,学校组织检查评比,对优秀班级进行表彰,各班对表现优秀的学生进行表彰。

任务内容

制订校园劳动计划,组织完成班级劳动。

任务实施

1. 学校学生管理部门划分班级劳动区域,提供一定数量的劳动用具和材料。

2. 各班劳动委员制订班级分组计划。

3. 各班同学按照分组积极参与,团队协作,认真完成任务。

4. 评比表彰优秀班级和优秀个人。

注意事项

1. 组织"校园公共场所建设行动",除完成必要的劳动内容外,更要注重协作精神的培养。

2. 注意在劳动过程中分组完成任务,分组时要注意人员搭配。

3. 劳动前要做好人员分工,如谁扫地、谁倒垃圾、谁拖地等。

实践作业

任务计划表

任务计划的设计是教育部1+X职业技能证书"青少年劳动教育项目开发与实施"项目的考点内容之一,需基于劳动教育、五步十法的要点进行设计。表实践25-3是基于"人员责任矩阵"设计的任务计划表。中、高职学生可以自行设计。

表实践 25-3 "校园公共场所建设行动"任务计划表

项　　目	人　物				
	教师1	教师2	学生1	学生2	任务描述
1 任务管理					
1.1 计划	▲				指导老师对任务进行规划
1.2 监督		▲			辅导员老师对计划实施监督
2 实训条件					
2.1 工具准备	▲		△	△	
2.2 工具领取		▲	△	△	

项 目	教师1	教师2	学生1	学生2	任务描述
人 物					
3 安全保障					
3.1 安全培训	▲				
3.2 安全指导		▲			
4 任务行动					
4.1 清扫	○		▲	△	
4.2 洒水	○		▲	△	
4.3 拖地		○	▲	△	
4.5 桌面清洁		○	▲	△	
5 小结					
5.1 检视评价	○		▲	△	检视劳动成效,开展评价
5.2 任务反思		○	▲	△	反思任务不足,持续改进
备注:	负责-▲ 辅助-△ 监督-○				

任务自评表

根据任务内容设计任务的评价指标,形成量表,以便任务实施完成后自评(表实践 25-4)。

表实践 25-4 "校园公共场所建设行动"任务评价表

阶段	项 目	描 述	分值	自评分
劳动前	劳动方案、计划	方案完整,计划详实、可行	10	
	劳动准备	劳动现状调查齐全、劳动分组详细、工作分工明确、工具准备到位	15	
劳动中	劳动质量	小组内各岗位配合佳、无安全事故、劳动质量达到预期水平、体现劳动创新精神	30	
	劳动效率	按照预定程序开展工作、流水作业中体现高效与紧密合作	20	
劳动后	总结评价	小组长组织检查、评价	15	
	任务反思	查找不足、提出改进	10	
总分			100	

参 考 文 献

［1］ 王东明.推动新时代新征程工会工作高质量发展［EB/OL］.（2025-05-16）［2025-07-12］.http://www.qstheory.cn/20250515/7831e6016e9f4ce39b3813d1fcbeb9df/c.html.

［2］ 新华网.浙江建德：头茬西瓜"五一"抢鲜上市［EB/OL］.（2024-05-03）［2025-07-12］.https://www.news.cn/photo/20240503/4caf8d18787b435eaf9b484b2c26dd94/c.html

［3］ 新华网."妙手书医"再现古籍风华［EB/OL］.（2024-04-20）［2025-07-12］.https://www.news.cn/photo/20240420/f334e48f3f0149c592325e57379eb0a4/c.html.

［4］ 人民网.浙江玉环：休渔季 修渔船［EB/OL］.（2024-05-05）［2025-07-12］.http://pic.people.com.cn/n1/2024/0505/c1016-40229091.html.

［5］ 中共中央马克思恩格斯列宁斯大林著作编译局.马克思恩格斯选集［M］.北京：人民出版社,2012.

［6］ 胡乔木,姜椿芳,梅益.中国大百科全书［M］.北京：中国大百科全书出版社,1993.

图 书 资 源 支 持

感谢您一直以来对清华版图书的支持和爱护。为了配合本书的使用，本书提供配套的资源，有需求的读者请扫描下方的"书圈"微信公众号二维码，在图书专区下载，也可以拨打电话或发送电子邮件咨询。

如果您在使用本书的过程中遇到了什么问题，或者有相关图书出版计划，也请您发邮件告诉我们，以便我们更好地为您服务。

我们的联系方式：

清华大学出版社计算机与信息分社网站：https://www.shuimushuhui.com/

地　　址：北京市海淀区双清路学研大厦 A 座 714

邮　　编：100084

电　　话：010-83470236　010-83470237

客服邮箱：2301891038@qq.com

QQ：2301891038（请写明您的单位和姓名）

资源下载： 关注公众号"书圈"下载配套资源。

资源下载、样书申请　　　　图书案例

书圈　　　　清华计算机学堂　　　　观看课程直播